燃气经营企业从业人员专业培训教材

# 城镇燃气法律法规与经营企业管理
## （第二版）

李　帆　主编

中国建筑工业出版社

**图书在版编目（CIP）数据**

城镇燃气法律法规与经营企业管理/李帆主编. —
2 版. —北京：中国建筑工业出版社，2022.10（2024.8 重印）
燃气经营企业从业人员专业培训教材
ISBN 978-7-112-27948-7

Ⅰ. ①城…　Ⅱ. ①李…　Ⅲ. ①城市燃气－管理－法规
－中国－技术培训－教材②城市燃气－企业管理－中国－
技术培训－教材　Ⅳ. ① D922.181 ② F426.22

中国版本图书馆 CIP 数据核字（2022）第 174346 号

本书是根据《燃气经营企业从业人员专业培训考核大纲》（建办城函〔2015〕225号）编写的，是《燃气经营企业从业人员专业培训教材》丛书之一，属于通用教材。本书包括：城镇燃气相关法律法规及政策规定、城镇燃气经营企业管理、城镇燃气标准规范三篇内容。本书汇编了燃气行业最新的法律法规和标准规范，节选了与燃气行业相关的条款，内容紧扣考核大纲又保证了书稿的实用性。本书可供燃气经营企业从业人员学习和培训使用。


责任编辑：李　慧
责任校对：董　楠

燃气经营企业从业人员专业培训教材
**城镇燃气法律法规与经营企业管理**
**（第二版）**
李　帆　主编

\*

中国建筑工业出版社出版、发行（北京海淀三里河路9号）
各地新华书店、建筑书店经销
北京建筑工业印刷厂制版
天津安泰印刷有限公司印刷

\*

开本：787毫米×1092毫米　1/16　印张：15½　字数：387千字
2022年10月第二版　2024年8月第二次印刷
定价：**55.00元**
ISBN 978-7-112-27948-7
（39969）

# 燃气经营企业从业人员专业培训教材
# 审定委员会

主　　任：高延伟

副 主 任：夏茂洪　胡　璞　叶　玲　晋传银

　　　　　何卜思　邓铭庭　张广民　李　明

委　　员：（按姓氏笔画排序）

　　　　　方建武　白俊锋　毕黎明　朱　军

　　　　　仲玉芳　刘金武　李　帆　杨益华

　　　　　汪恭文　张　俊　唐洪波　傅达明

　　　　　雷　明　简　捷　蔡全立

# 出 版 说 明

为了加强燃气企业管理，保障燃气供应，促进燃气行业健康发展，维护燃气经营者和燃气用户的合法权益，保障公民生命、财产安全和公共安全，国务院第 129 次常务会议于 2010 年 10 月 19 日通过了《城镇燃气管理条例》（国务院令第 583 号公布），并自 2011 年 3 月 1 日起实施。

住房和城乡建设部依据《城镇燃气管理条例》，制定了《燃气经营企业从业人员专业培训考核管理办法》（建城〔2014〕167 号），并结合国家相关法律法规、标准规范等有关规定编制了《燃气经营企业从业人员专业培训考核大纲》（建办城函〔2015〕225 号）。

为落实考核管理办法，规范燃气经营企业从业人员岗位培训工作，我们依据考核大纲，组织行业专家编写了《燃气经营企业从业人员专业培训教材》。

本套教材培训对象包括燃气经营企业的企业主要负责人、安全生产管理人员以及运行、维护和抢修人员，教材内容涵盖考核大纲要求的考核要点，主要内容包括法律法规及标准规范、燃气经营企业管理、通用知识和燃气专业知识等四个主要部分。本套教材共 9 册，分别是：《城镇燃气法律法规与经营企业管理》《城镇燃气通用与专业知识》《燃气输配场站运行工》《液化石油气库站运行工》《压缩天然气场站运行工》《液化天然气储运工》《汽车加气站操作工》《燃气管网运行工》《燃气用户安装检修工》。本套教材严格按照考核大纲编写，符合促进燃气经营企业从业人员学习和能力的提高要求。

限于编者水平，我们的编写工作中难免存在不足，恳请使用本套教材的培训机构、教师和广大学员多提宝贵意见，以便进一步的修正，使其不断完善。

燃气经营企业从业人员专业培训教材审定委员会

# 前　言

城镇燃气具有易燃易爆等特点，一旦发生事故，易造成国家和人民生命财产的损失。保证燃气安全生产运营、保证燃气正常供应、保障公共安全是城镇燃气行业重要课题，而不断提高燃气从业人员专业素养是保证燃气安全的重要手段之一。

国家非常重视燃气行业安全管理，2010年底国务院颁发了第583号令《城镇燃气管理条例》，规定："从事燃气经营活动企业的主要负责人、安全生产管理人员以及运行、维护和抢修人员经专业培训并考核合格"。据此，住房和城乡建设部在2014年印发了"关于印发《燃气经营企业从业人员专业培训考核管理办法》的通知"建城〔2014〕167号，其中的第四条规定："从事燃气经营活动的企业，应组织本企业燃气从业人员参加有关燃气知识的专业培训考核和继续教育"。

为搞好燃气行业从业人员培训工作，浙江省住房和城乡建设厅干部学校牵头组织燃气企业、设计院、培训学院等单位专家、学者编写《城镇燃气法律法规与经营企业管理》。本书分3篇，第1篇城镇燃气相关法律法规及政策规定，对燃气行业相关的重点法规政策进行详细解读，如《安全生产法》《城镇燃气管理条例》等，并辅以相关案例分析以帮助大家对法规政策的理解；第2篇城镇燃气经营企业管理，不仅讲述了企业管理，而且重点讲述了安全生产管理、事故及应急管理；第3篇城镇燃气标准规范，将与燃气相关的强制性条文及其他燃气安全相关条文节选汇总，以方便城镇燃气从业人员阅读。

本书第1篇由徐松强编写；第2篇由王胜炎、李威信、诸立新、王双双、林荣、顾建丰、周兴磊编写；第3篇由王胜炎和祝俊宗编写。全书由李帆统稿，并担任主编。在此过程中，叶玲、毕黎明、陆芳做了大量的组织协调工作，在此表示感谢。

# 目　　录

## 第 1 篇　城镇燃气相关法律法规及政策规定

## 第 2 篇　城镇燃气经营企业管理

# 第3篇　城镇燃气标准规范

第 **1** 篇

城镇燃气相关法律法规及政策规定

# 1 我国城镇燃气法律法规及政策规定概述

## 1.1 我国的法律体系框架

### 1.1.1 按法律效力划分

按照法律效力的不同，根据《立法法》，我国的法律体系可划分为宪法、法律、行政法规、地方性法规、自治条例和单行条例、规章。在立法权的行使上，全国人民代表大会和全国人民代表大会常务委员会行使国家立法权。行政法规由国务院根据宪法和法律制定。省、自治区、直辖市的人民代表大会及其常务委员会根据本行政区域的具体情况和实际需要，在不与宪法、法律、行政法规相抵触的前提下，可以制定地方性法规；设区的市的人民代表大会及其常务委员会根据本市的具体情况和实际需要，在不同宪法、法律、行政法规和本省、自治区的地方性法规相抵触的前提下，可以对城乡建设与管理、环境保护、历史文化保护等方面的事项制定地方性法规；国务院各部委、委员会、中国人民银行、审计署和具有行政管理职能的直属机构，可以根据法律和国务院的行政法规、决定、命令，在本部门的权限范围内，制定规章。

### 1.1.2 按调整范围划分

按照法律规范调整的社会关系和调整方法的不同，将法律规范划分为宪法及相关法、民商法、行政法、经济法、社会法、刑法、诉讼与非诉讼程序法七个法律部门组成的统一整体。

宪法是国家的根本大法，规定了国家的根本任务和根本制度。其相关法主要有：《组织法》《选举法》《国际法》《民族区域自治法》《特别行政区基本法》《授权法》《立法法》《国籍法》等。

民法是调整作为平等主体的公民之间、法人之间、公民和法人之间的财产关系和人身关系的法律规范的总称。商法是调整平等主体之间的商事关系或商事行为的法律规范的总称。我国采用的是民商合一的立法模式。我国主要的民法、商法有：《民法典》《公司法》《招标投标法》等。

行政法是调整国家行政管理活动中行政主体与行政相对人的各种社会关系的法律规范的总和。作为行政法调整对象的行政关系，主要包括行政管理关系、行政法制监督关系、行政救济关系、内部行政关系。我国主要的行政法有：《行政处罚法》《行政复议法》《行政许可法》《环境影响评价法》《城市房地产管理法》《城乡规划法》《建筑法》等。

经济法是调整国家在经济管理中发生的经济关系的法律。它一方面与行政法的联系很密切，另一方面又与民法、商法的联系很密切。往往在同一个经济法中包括两种不同性质的法律规范，既有调整纵向法律关系的，也有调整横向法律关系的，因而具有相对的独立

2

性。经济法主要有：《中外合资经营企业法》《反不正当竞争法》《反垄断法》《中国人民银行法》《个人所得税法》《计量法》《产品质量法》等。

社会法是调整有关劳动关系、社会保障和社会福利关系的法律规范的总和。包括保护弱势群体、维护社会稳定、保护自然资源和生态环境、促进社会公益、促进科教文卫体育事业发展的法律规范，社会法主要有：《残疾人保障法》《劳动法》《劳动合同法》《安全生产法》《职业病防治法》《矿山安全法》《环境保护法》《义务教育法》等。

刑法是规定犯罪和刑罚的法律。刑法这一法律部门中，占主导地位的规范性文件是《刑法》，一些单行法律、法规的有关条款也可能规定刑法规范。

诉讼法又称诉讼程序法，是规范诉讼程序的法律的总称。我国有三大诉讼法，即《民事诉讼法》《刑事诉讼法》《行政诉讼法》。非诉讼的程序法主要是《仲裁法》。《律师法》《法官法》《检察官法》《仲裁法》《公证法》《调解法》《监狱法》等法律的内容也属于这个法律部门。

## 1.2　城镇燃气经营企业特点

城镇燃气经营企业有以下特点：

（1）所经营的主要产品具有易燃易爆的危险特性。

（2）所经营的主要产品属于公共产品。

（3）当所经营的主要产品以管道方式输送时具有自然垄断的特性。

基于以上特点，城镇燃气经营企业在生产运营中会涉及经营管理、安全生产等多方面的法律法规、规章规定的约束，企业的主要负责人、安全管理人员、运行维护抢修人员必须熟悉国家相关法律法规及政策规定，同时对城镇燃气产业链上下游的相关规定有所了解。

## 1.3　城镇燃气经营企业相关法律法规及政策规定分类

与城镇燃气经营企业相关的法律法规及政策规定非常多，从调整范围来说，有综合性的，如《城镇燃气管理条例》，有专门对某一范畴进行规定的，如《安全生产法》。从调整内容来说，大致可以分为调整燃气经营企业投资建设与经营管理方面的法律法规及政策规定和安全生产与事故管理方面的法律法规及政策规定。当然部分法律法规可能同时调整上述两方面的内容。

### 1.3.1　投资建设与经营管理类

主要包括《民法典》《公司法》《价格法》《计量法》《反不正当竞争法》《反垄断法》《建筑法》《城乡规划法》《招标投标法》《劳动法》《劳动合同法》等法律，《城镇燃气管理条例》《工伤保险条例》《价格违法行为行政处罚规定》《基础设施和公用事业特许经营管理办法》等行政法规，《政府制定价格听证办法》《天然气利用政策》《工商行政管理机关禁止滥用市场支配地位行为的规定》《市政公用事业特许经营管理办法》《建筑业企业资质管理规定》《房屋建筑和市政基础设施工程竣工验收备案管理办法》《燃气燃烧器具安装维修管理规定》

等部门规章，《燃气经营许可管理办法》《燃气经营企业从业人员专业培训考核管理办法》《天然气管道运输价格管理办法（暂行）》《天然气管道运输定价成本监审办法（暂行）》《关于明确储气设施相关价格政策的通知》《关于印发城市供水、管道燃气、城市生活垃圾处理特许经营协议示范文本的通知》《关于燃气燃烧器具安装、维修企业资质管理有关事项的通知》等政策规定。

### 1.3.2　安全生产与事故管理类

　　主要包括《安全生产法》《消防法》《特种设备安全法》《石油天然气管道保护法》《道路交通安全法》《突发事件应对法》《反恐怖主义法》《刑法》等法律，《建设工程质量管理条例》《公路安全保护条例》《铁路安全管理条例》《企业事业单位内部治安保卫条例》《生产安全事故报告和调查处理条例》《特种设备安全监察条例》《危险化学品安全管理条例》《道路运输条例》《国内水路运输管理条例》《国务院关于特大安全事故行政责任追究的规定》等行政法规，《住宅室内装饰装修管理办法》《消防监督检查规定》《机关、团体、企业、事业单位消防安全管理规定》《生产安全事故应急预案管理办法》《国内水路运输管理规定》《营业性道路运输驾驶员职业培训管理规定》《锅炉压力容器压力管道特种设备事故处理规定》《特种设备质量监督与安全监察规定》《气瓶安全监察规定》《压力管道安全管理与监察规定》《危险化学品重大危险源监督管理暂行规定》等部门规章，《关于加强城镇燃气用户安全工作的通知》《关于加强城镇燃气安全工作的通知》《关于加强非职业性一氧化碳中毒防范工作的通知》《关于加强城市地下管线建设管理的指导意见》《关于开展重大危险源监督管理工作的指导意见》《企业安全生产费用提取和使用管理办法》《关于加强超大城市综合体消防安全工作的指导意见》《特种设备目录》《关于压力管道气瓶安全监察工作有关问题的通知》《原油、天然气长输管道与铁路相互关系的若干规定》等政策规定。

# 2 《安全生产法》解读

## 2.1 安全生产法律体系框架

安全生产法律体系是指我国全部现行的、不同的安全生产法律规范形成的有机联系的统一整体。构成安全生产法律体系的法律规范处在不同的法律层级。法的层级可以分为上位法与下位法，法的层级不同，其法律地位和效力也不同。上位法是指法律地位、法律效力高于其他相关法的立法。下位法相对于上位法而言是指法律地位、法律效力低于相关上位法的立法。不同的安全生产立法对同一类或者同一个安全生产行为做出不同的法律规定的，以上位法的规定为准，适用上位法的规定。上位法没有规定的，可以适用下位法。下位法的数量一般要多于上位法。安全生产法律体系具体可以分为以下层级：

### 2.1.1 法律

法律是安全生产法律体系中的上位法，居于整个体系的最高层级，其法律地位和效力高于行政法规、地方性法规、部门规章、地方政府规章等下位法。

国家现行的有关安全生产的专门法律有《安全生产法》《消防法》《道路交通安全法》《海上交通安全法》《矿山安全法》等，与安全生产相关的法律主要有《劳动法》《工会法》《矿产资源法》《铁路法》《公路法》《民用航空法》《港口法》《建筑法》《煤炭法》《电力法》等。

### 2.1.2 法规

安全生产法规分为行政法规和地方性法规。

#### 2.1.2.1 行政法规

安全生产行政法规的法律地位和法律效力低于有关安全生产的法律，高于地方性安全生产法规、地方政府安全生产规章等下位法。

#### 2.1.2.2 地方性法规

地方性安全生产法规的法律地位和法律效力低于有关安全生产的法律、行政法规，高于地方政府安全生产规章。经济特区安全生产法规和民族自治地方安全生产法规的法律地位和法律效力与地方性安全生产法规相同。

### 2.1.3 规章

安全生产行政规章分为部门规章和地方政府规章。

#### 2.1.3.1 部门规章

国务院有关部门依照安全生产法律、行政法规的授权制定发布的安全生产规章的法律地位和法律效力低于法律、行政法规，高于地方政府规章。

### 2. 1. 3. 2　地方政府规章

地方政府安全生产规章是最低层级的安全生产立法，其法律地位和法律效力低于其他上位法，不得与上位法相抵触。

### 2. 1. 4　法定安全生产标准

我国没有技术法规的正式用语且未将其纳入法律体系的范畴，但是国家制定的许多安全生产立法却将安全生产标准作为生产经营单位必须执行的技术规范而载入法律，安全生产标准法律化是我国安全生产立法的重要趋势。安全生产标准一旦成为法律规定必须执行的技术规范，它就具有了法律上的地位和效力。执行安全生产标准是生产经营单位的法定义务，违反法定安全生产标准的要求，同样要承担法律责任。因此，将法定安全生产标准纳入安全生产法律体系范畴来认识，有助于构建完善的安全生产法律体系。法定安全生产标准分为国家标准和行业标准，两者对生产经营单位的安全生产具有同样的约束力。法定安全生产标准主要是指强制性安全生产标准。

## 2. 2　《安全生产法》（节选）相关条文解读

《中华人民共和国安全生产法》于 2021 年 6 月 10 日第十三届全国人民代表大会常务委员会第二十九次会议第三次修正，自 2021 年 9 月 1 日起施行。

新版《安全生产法》首次提出"安全生产工作坚持中国共产党的领导"，明确安全生产工作党政同责，强调以人为本，坚持人民至上、生命至上，把保护人民生命安全摆在首位，要求"管行业必须管安全、管业务必须管安全、管生产经营必须管安全"；强化和落实生产经营单位在安全生产方面的主体责任，规定生产经营单位应当建立全员安全生产责任制和安全生产规章制度，要求建立并落实安全风险分级管控和隐患排查治理双重预防工作机制，加大对从业人员的人文关怀和保护力度，发挥市场机制的推动作用，鼓励生产经营单位投保安全生产责任保险，并明确高危行业、领域的生产经营单位应当投保安全生产责任保险，并且首次在法律层面就餐饮等行业使用燃气的安全措施作出具体规定；新版《安全生产法》加大了对安全生产违法行为的处罚力度。为有效开展安全生产监督管理工作，新版《安全生产法》还专门对负有安全生产监管职责的部门的监管职能进行了明确。

安全生产是城镇燃气经营企业的生命线，《安全生产法》规定了生产经营单位最基本的安全生产法定责任和义务，是燃气经营企业安全生产工作必须坚守的底线。

城镇燃气经营企业主要从事危险物品的经营、储存、运输、装卸活动，肩负着城镇居民和工商业用户的用气安全重任，需要重点关注以下相关条款：

第一章　总　　则

**第一条**　为了加强安全生产工作，防止和减少生产安全事故，保障人民群众生命和财产安全，促进经济社会持续健康发展，制定本法。

解读：这条明确了《安全生产法》的立法目的。

**第二条**　在中华人民共和国领域内从事生产经营活动的单位（以下统称生产经营单位）

的安全生产，适用本法；有关法律、行政法规对消防安全和道路交通安全、铁路交通安全、水上交通安全、民用航空安全以及核与辐射安全、特种设备安全另有规定的，适用其规定。

解读：这条明确了法律的适用范围，管辖对象明确就是生产经营单位。

第三条　安全生产工作坚持中国共产党的领导。

安全生产工作应当以人为本，坚持人民至上、生命至上，把保护人民生命安全摆在首位，树牢安全发展理念，坚持安全第一、预防为主、综合治理的方针，从源头上防范化解重大安全风险。

安全生产工作实行管行业必须管安全、管业务必须管安全、管生产经营必须管安全，强化和落实生产经营单位主体责任与政府监管责任，建立生产经营单位负责、职工参与、政府监管、行业自律和社会监督的机制。

解读：这条是安全生产工作方针和工作机制。在安全生产工作党政同责的要求下提出了安全生产工作要坚持党的领导，强化了"以人为本"的安全生产工作理念和"安全第一、预防为主、综合治理"是安全生产工作方针。强调行业管理部门、生产经营单位的业务部门和经营部门都要承担相应的安全管理责任，进一步强化和落实生产经营单位的主体责任，提出建立生产经营单位负责、职工参与、政府监管、行业自律、社会监督的安全生产工作格局，其中，落实生产经营单位主体责任是根本，职工参与是基础，政府监管是关键，行业自律是发展方向，社会监督是实现预防和减少生产安全事故目标的保障。

第四条　生产经营单位必须遵守本法和其他有关安全生产的法律、法规，加强安全生产管理，建立、健全安全生产责任制和安全生产规章制度，加大对安全生产资金、物资、技术、人员的投入保障力度，改善安全生产条件，加强安全生产标准化、信息化建设，构建安全风险管控和隐患排查治理双重预防机制，健全风险防范化解机制，提高安全生产水平，确保安全生产。

平台经济等新兴行业、领域的生产经营单位应当根据本行业、领域的特点，建立健全并落实全员安全生产责任制，加强从业人员安全生产教育和培训，履行本法和其他法律、法规规定的有关安全生产义务。

解读：本条规定了生产经营单位的基本义务，结合以往事故案例，对生产经营单位安全生产工作的要求进行了细化，提出了双重预防机制。针对新兴行业、领域安全生产工作没有较多经验的情况，提出了综合性的管理要求。

第五条　生产经营单位的主要负责人是本单位安全生产第一责任人，对本单位的安全生产工作全面负责。其他负责人对职责范围内的安全生产工作负责。

解读：本条规定了生产经营单位主要负责人的主体责任。生产经营单位的主要负责人包括法定代表人、董事长、总经理，还包括不担任上述职务的生产经营单位实际控制人。结合本法第三条规定，这里也对其他负责人的责任作了规定。

第六条　生产经营单位的从业人员有依法获得安全生产保障的权利，并应当依法履行安全生产方面的义务。

解读：本条规定了生产经营单位从业人员的权利义务。本法所称的生产经营单位从业人员，指该单位从事生产经营活动各项工作的所有人员，包括管理人员、技术人员和各岗位的工作人员，也包括生产经营单位临时聘用的人员和被派遣劳动者。

第七条　工会依法对安全生产工作进行监督。

生产经营单位的工会依法组织职工参加本单位安全生产工作的民主管理和民主监督，维护职工在安全生产方面的合法权益。生产经营单位制定或者修改有关安全生产的规章制度，应当听取工会的意见。

解读：这条规定了工会在安全生产方面的职责。

第十一条　国务院有关部门应当按照保障安全生产的要求，依法及时制定有关的国家标准或者行业标准，并根据科技进步和经济发展适时修订。

生产经营单位必须执行依法制定的保障安全生产的国家标准或者行业标准。

解读：本条是关于保障安全生产的国家标准或者行业标准的制定、修订与执行的规定。对生产经营单位来说，必须执行国家标准和行业标准，不得置标准于不顾，我行我素，盲目追求经济效益，忽视安全生产。任何单位和个人都无权擅自变更、降低这种标准。这是生产经营单位的一项法定义务，也是防患于未然、防止和减少生产安全事故的重要前提。

第十四条　有关协会组织依照法律、行政法规和章程，为生产经营单位提供安全生产方面的信息、培训等服务，发挥自律作用，促进生产经营单位加强安全生产管理。

解读：本条是关于有关协会组织在安全生产工作中的作用的规定。随着政府部分职能向行业协会转移、政府与行业协会脱钩，作为相关生产经营单位的自律组织的行业协会责无旁贷。

第十五条　依法设立的为安全生产提供技术、管理服务的机构，依照法律、行政法规和执业准则，接受生产经营单位的委托为其安全生产工作提供技术、管理服务。

生产经营单位委托前款规定的机构提供安全生产技术、管理服务的，保证安全生产的责任仍由本单位负责。

解读：本条是关于安全生产技术、管理服务机构为生产经营单位的安全生产工作提供服务的规定。

对生产经营单位来说，本条的重点在第2款，就是说委托专业服务机构提供安全生产技术、管理服务的，并不因此改变保证本单位安全生产的责任主体。这样规定是为了进一步强调生产经营单位在保证本单位安全生产方面的主体责任，防止规避和推脱责任。

第十六条　国家实行生产安全事故责任追究制度，依照本法和有关法律、法规的规定，追究生产安全事故责任人员的法律责任。

解读：本条是关于生产安全事故责任追究制度的规定。这是第一次以法律的形式宣布实行生产安全事故责任追究制度。

## 第二章　生产经营单位的安全生产保障

第二十条　生产经营单位应当具备本法和有关法律、行政法规和国家标准或者行业标准规定的安全生产条件；不具备安全生产条件的，不得从事生产经营活动。

解读：本条是关于生产经营单位应当具备安全生产条件的原则性规定。对城镇燃气经营企业而言，就是必须具备《市政公用事业特许经营管理办法》《燃气经营许可管理办法》《城镇燃气设计规范》等规定的要求。

第二十一条　生产经营单位的主要负责人对本单位安全生产工作负有下列职责：

（一）建立、健全并落实本单位安全生产责任制，加强安全生产标准化建设。

（二）组织制定并实施本单位安全生产规章制度和操作规程。

（三）组织制定并实施本单位安全生产教育和培训计划。

（四）保证本单位安全生产投入的有效实施。

（五）组织建立并落实安全风险分级管控和隐患排查治理双重预防工作机制，督促、检查本单位的安全生产工作，及时消除生产安全事故隐患。

（六）组织制定并实施本单位的生产安全事故应急救援预案。

（七）及时、如实报告生产安全事故。

解读：本条是关于生产经营单位的主要负责人对本单位安全生产工作所负具体职责的规定。新法强调了主要负责人职责的落实，强调了开展安全生产标准化建设和建立双重预防机制这些安全生产基础性工作的要求。

第二十二条　生产经营单位的全员安全生产责任制应当明确各岗位的责任人员、责任范围和考核标准等内容。

生产经营单位应当建立相应的机制，加强对全员安全生产责任制落实情况的监督考核，保证全员安全生产责任制的落实。

解读：本条是关于生产经营单位安全生产责任制的内容与监督考核的规定，强调责任制要覆盖全体员工。

第二十三条　生产经营单位应当具备的安全生产条件所必需的资金投入，由生产经营单位的决策机构、主要负责人或者个人经营的投资人予以保证，并对由于安全生产所必需的资金投入不足导致的后果承担责任。

有关生产经营单位应当按照规定提取和使用安全生产费用，专门用于改善安全生产条件。安全生产费用在成本中据实列支。安全生产费用提取、使用和监督管理的具体办法由国务院财政部门会同国务院应急管理部门征求国务院有关部门意见后制定。

解读：本条是关于保证生产经营单位安全生产所需资金投入的责任主体以及安全生产费用的提取、使用和管理制度的规定。《应急管理部办公厅关于征求〈企业安全生产费用提取和使用管理办法（征求意见稿）〉意见的函》（应急厅函〔2019〕428号）明确了提取安全生产费用的企业范围、安全生产费用的提取标准、使用范围以及监督检查等事项。根据该管理办法的规定，安全生产费用是指企业按照规定提取在成本中列支，专门用于完善和改进企业或者项目安全生产条件的资金。办法没有明确城镇燃气经营企业的适用标准，从规定内容看，可以参照危险品生产与储存企业或交通运输企业执行。

第二十四条　矿山、金属冶炼、建筑施工、道路运输单位和危险物品的生产、经营、储存、装卸单位，应当设置安全生产管理机构或者配备专职安全生产管理人员。

前款规定以外的其他生产经营单位，从业人员超过一百人的，应当设置安全生产管理机构或者配备专职安全生产管理人员；从业人员在一百人以下的，应当配备专职或者兼职的安全生产管理人员。

解读：本条是关于生产经营单位设置安全生产管理机构和配备安全生产管理人员的规定。城镇燃气经营企业符合本条第1款的规定，同时应当符合《燃气经营许可管理办法》的规定。

第二十五条　生产经营单位的安全生产管理机构以及安全生产管理人员履行下列职责：

（一）组织或者参与拟订本单位安全生产规章制度、操作规程和生产安全事故应急救援预案。

（二）组织或者参与本单位安全生产教育和培训，如实记录安全生产教育和培训情况。

（三）组织开展危险源辨识和评估，督促落实本单位重大危险源的安全管理措施。

（四）组织或者参与本单位应急救援演练。

（五）检查本单位的安全生产状况，及时排查生产安全事故隐患，提出改进安全生产管理的建议。

（六）制止和纠正违章指挥、强令冒险作业、违反操作规程的行为。

（七）督促落实本单位安全生产整改措施。

生产经营单位可以设置专职安全生产分管负责人，协助本单位主要负责人履行安全生产管理职责。

解读：本条是关于生产经营单位的安全生产管理机构以及安全生产管理人员应当履行的职责的规定。考虑到安全生产工作对精力投入、专业技能的要求，这次修改后的《安全生产法》增加了专职安全生产分管负责人的规定。明确职责有利于安全生产管理机构和管理人员依法开展安全生产工作，也有利于责任追究。

第二十六条　生产经营单位的安全生产管理机构以及安全生产管理人员应当恪尽职守，依法履行职责。

生产经营单位作出涉及安全生产的经营决策，应当听取安全生产管理机构以及安全生产管理人员的意见。

生产经营单位不得因安全生产管理人员依法履行职责而降低其工资、福利等待遇或者解除与其订立的劳动合同。

危险物品的生产、储存单位以及矿山、金属冶炼单位的安全生产管理人员的任免，应当告知主管的负有安全生产监督管理职责的部门。

解读：本条是关于生产经营单位的安全生产管理机构和安全生产管理人员尽职履责及其相关机制保障的规定，鼓励安全生产管理人员依法开展安全生产管理工作。

规定安全生产管理机构和安全生产管理人员应当履行的职责，为保证这些职责能够切实履行到位，还需要进一步明确规定安全生产管理机构和安全生产管理人员要切实尽职履责，并规定相应的机制保障。

第二十七条　生产经营单位的主要负责人和安全生产管理人员必须具备与本单位所从事的生产经营活动相应的安全生产知识和管理能力。

危险物品的生产、经营、储存、装卸单位以及矿山、金属冶炼、建筑施工、道路运输单位的主要负责人和安全生产管理人员，应当由主管的负有安全生产监督管理职责的部门对其安全生产知识和管理能力考核合格。考核不得收费。

危险物品的生产、储存、装卸单位以及矿山、金属冶炼单位应当有注册安全工程师从事安全生产管理工作。鼓励其他生产经营单位聘用注册安全工程师从事安全生产管理工作。注册安全工程师按专业分类管理，具体办法由国务院人力资源和社会保障部门、国务院应急管理部门会同国务院有关部门制定。

解读：本条是关于生产经营单位的主要负责人和安全生产管理人员应当具备的知识、能力和考核制度，以及注册安全工程师制度的原则规定。

第二十八条　生产经营单位应当对从业人员进行安全生产教育和培训，保证从业人员具备必要的安全生产知识，熟悉有关的安全生产规章制度和安全操作规程，掌握本岗位的安全操作技能，了解事故应急处理措施，知悉自身在安全生产方面的权利和义务。未经安全生产教育和培训合格的从业人员，不得上岗作业。

生产经营单位使用被派遣劳动者的，应当将被派遣劳动者纳入本单位从业人员统一管理，对被派遣劳动者进行岗位安全操作规程和安全操作技能的教育和培训。劳务派遣单位应当对被派遣劳动者进行必要的安全生产教育和培训。

生产经营单位接收中等职业学校、高等学校学生实习的，应当对实习学生进行相应的安全生产教育和培训，提供必要的劳动防护用品。学校应当协助生产经营单位对实习学生进行安全生产教育和培训。

生产经营单位应当建立安全生产教育和培训档案，如实记录安全生产教育和培训的时间、内容、参加人员以及考核结果等情况。

解读：本条是关于生产经营单位应当对从业人员、实习学生进行安全生产教育和培训的规定。

人是生产活动的第一要素，从业人员是生产经营活动最直接的承担者，每个岗位从业人员的具体生产经营活动安全了，整个生产经营单位的安全生产才能有保障。因此，从制度上保证每个从业人员具有在本职工作岗位进行安全操作的知识和能力，是非常必要的。本条第 1 款主要规定了三方面的内容：一是明确规定对从业人员进行安全生产教育和培训，是生产经营单位必须承担的法定义务；二是明确通过教育培训使从业人员掌握必要的技能；三是规定教育培训不合格不得上岗。第 3 款对派遣工、实习生等明确在安全生产方面同等对待的要求。

第二十九条　生产经营单位采用新工艺、新技术、新材料或者使用新设备，必须了解、掌握其安全技术特性，采取有效的安全防护措施，并对从业人员进行专门的安全生产教育和培训。

解读：本条是关于生产经营单位采用新工艺、新技术、新材料、新设备时有关安全责任的规定。要求生产经营单位不能盲目使用新工艺、新技术、新材料或者新设备，而是在使用前必须对其进行充分的研究，有充分的认识，不仅要知道这些新工艺、新技术、新材料或者新设备的使用能给单位带来哪些经济效益，还要知道其存在什么不安全因素，并在采取了足以保证安全的防护措施后，才能采用这些新工艺、新技术、新材料或者使用这些新设备。

第三十条　生产经营单位的特种作业人员必须按照国家有关规定经专门的安全作业培训，取得相应资格，方可上岗作业。

特种作业人员的范围由国务院应急管理部门会同国务院有关部门确定。

解读：本条是关于生产经营单位的特种作业人员上岗资格及特种作业人员范围的确定机制的规定。

第三十一条　生产经营单位新建、改建、扩建工程项目（以下统称建设项目）的安全设施，必须与主体工程同时设计、同时施工、同时投入生产和使用。安全设施投资应当纳入建设项目概算。

解读：本条是关于生产经营单位建设项目的安全设施与主体工程"三同时"的要求以及安全设施投资纳入建设项目概算的规定。"三同时"的具体要求按原国家安全监管总局《建设项目安全设施"三同时"监督管理办法》的规定执行。

第三十二条　矿山、金属冶炼建设项目和用于生产、储存、装卸危险物品的建设项目，应当按照国家有关规定进行安全评价。

解读：本条规定了应当进行安全评价的建设项目范围，城镇燃气工程建设项目中的储存、接收等场站项目一般需要进行安全评价，城镇管道输配工程等其他城镇燃气工程一般不属于评价范围，但城镇燃气经营企业可以参照相关规定进行安全评价，并将评价结论告知当地燃气行业主管部门和应急管理部门。

第三十四条　矿山、金属冶炼建设项目和用于生产、储存、装卸危险物品的建设项目的施工单位必须按照批准的安全设施设计施工，并对安全设施的工程质量负责。

矿山、金属冶炼建设项目和用于生产、储存危险物品的建设项目竣工投入生产或者使用前，应当由建设单位负责组织对安全设施进行验收；验收合格后，方可投入生产和使用。安全生产监督管理部门应当加强对建设单位验收活动和验收结果的监督核查。

解读：本条是对第三十一条"三同时"规定具体落实的要求，通常需要请第三方技术机构进行安全验收评价，并根据验收评价提出的问题进行整改落实，相关结果告知或向安全生产监督管理部门备案后投入生产和使用。

第三十五条　生产经营单位应当在有较大危险因素的生产经营场所和有关设施、设备上，设置明显的安全警示标志。

解读：本条是关于设置安全警示标志的规定。在有较大危险因素的生产经营场所或者有关设施、设备上设置明显的安全警示标志，可以提醒、警告作业人员或其他有关人员时刻清醒认识所处环境的危险，提高注意力，加强自身安全保护，严格遵守操作规程，防止错误操作，减少生产安全事故的发生。

第三十六条　安全设备的设计、制造、安装、使用、检测、维修、改造和报废，应当符合国家标准或者行业标准。

生产经营单位必须对安全设备进行经常性维护、保养，并定期检测，保证正常运转。维护、保养、检测应当作好记录，并由有关人员签字。

生产经营单位不得关闭、破坏直接关系生产安全的监控、报警、防护、救生设备、设施，或者篡改、隐瞒、销毁其相关数据、信息。

餐饮等行业的生产经营单位使用燃气的，应当安装可燃气体报警装置，并保障其正常使用。

解读：本条是关于安全设备的设计、制造、安装、使用、检测、维修、改造和报废及维护、保养、检测的基本要求的规定，并强调由有关人员做好记录并签字，保证安全设备运行正常、数据有效，以增强生产经营单位有关人员的责任心，促使其认真按照要求履行对安全设备进行维护、保养、检测的责任。

鉴于近些年餐饮等行业燃气重特大安全事故频发，本条第4款特别强调餐饮等行业应当安装可燃气体报警装置。在法律中专门就某一具体安全措施作出规定的情况极其罕见。

第三十七条　生产经营单位使用的容器、运输工具，以及涉及人身安全、危险性较大的海洋石油开采特种设备和矿山井下特种设备，必须按照国家有关规定，由专业生产单位生产，并经取得专业资质的检测、检验机构检测、检验合格，取得安全使用证或者安全标志，方可投入使用。检测、检验机构对检测、检验结果负责。

解读：本条是关于危险物品的容器、运输工具以及部分特种设备的生产、检测、检验的安全管理要求的规定。

**第三十八条**　国家对严重危及生产安全的工艺、设备实行淘汰制度，具体目录由国务院应急管理部门会同国务院有关部门制定并公布。法律、行政法规对目录的制定另有规定的，适用其规定。

省、自治区、直辖市人民政府可以根据本地区实际情况制定并公布具体目录，对前款规定以外的危及生产安全的工艺、设备予以淘汰。

生产经营单位不得使用应当淘汰的危及生产安全的工艺、设备。

解读：这是一项禁止性规定，本条第3款规定生产经营单位必须执行。明令淘汰、禁止使用的危及生产安全的工艺、设备公布后，生产经营单位必须遵照实行，不得继续使用此类工艺和设备，也不得转让给他人使用，否则，应当承担相应的法律责任。这里所说的应当淘汰的危及生产安全的工艺、设备，既包括国家层面淘汰目录规定的工艺、设备，也包括省、自治区、直辖市人民政府依照本条规定制定的淘汰目录规定的工艺、设备。

**第三十九条**　生产、经营、运输、储存、使用危险物品或者处置废弃危险物品的，由有关主管部门依照有关法律、法规的规定和国家标准或者行业标准审批并实施监督管理。

生产经营单位生产、经营、运输、储存、使用危险物品或者处置废弃危险物品，必须执行有关法律、法规和国家标准或者行业标准，建立专门的安全管理制度，采取可靠的安全措施，接受有关主管部门依法实施的监督管理。

解读：本条是关于生产、经营、运输、储存、使用危险物品或者处置废弃危险物品的安全管理要求的衔接性规定。

**第四十条**　生产经营单位对重大危险源应当登记建档，进行定期检测、评估、监控，并制定应急预案，告知从业人员和相关人员在紧急情况下应当采取的应急措施。

生产经营单位应当按照国家有关规定将本单位重大危险源及有关安全措施、应急措施报有关地方人民政府应急管理部门和有关部门备案。有关地方人民政府应急管理部门和有关部门应当通过相关信息系统实现信息共享。

解读：本条是关于生产经营单位对重大危险源的安全管理的规定。重大危险源的规定源于《危险化学品安全管理条例》，但该条例附则中规定"法律、行政法规对燃气的安全管理另有规定的，依照其规定"实际将城镇燃气排除在了调整范围，在各地的安全生产监督管理实践中各地应急管理部门也普遍没有把城镇燃气经营企业纳入监管范围，但从压力容器、压力管道范畴，符合条件的城镇燃气设施仍应按本条规定作为重大危险源进行管理，并报当地燃气行业主管部门和应急管理部门备案。

**第四十一条**　生产经营单位应当建立安全风险分级管控制度，按照安全风险分级采取相应的管控措施。

生产经营单位应当建立健全生产安全事故隐患排查治理制度，采取技术、管理措施，及时发现并消除事故隐患。事故隐患排查治理情况应当如实记录，并通过职工大会或者职工代表大会、信息公示栏等方式向从业人员通报。其中，重大事故隐患排查治理情况应当及时向负有安全生产监督管理职责的部门和职工大会或者职工代表大会报告。

县级以上地方各级人民政府负有安全生产监督管理职责的部门应当将重大事故隐患纳入相关信息系统，建立健全重大事故隐患治理督办制度，督促生产经营单位消除重大事故隐患。

解读：本条是关于生产经营单位建立安全风险分级管控制度和生产安全事故隐患排查治理制度的规定。

本次《安全生产法》修改时新增了建立安全风险分级管控制度的规定，实行双重预防机制。切实做好双重预防工作机制，努力做到重点管控，防患于未然，是预防发生生产安全事故，特别是重特大事故发生的关键，也是生产经营单位日常安全生产管理的核心工作。

第四十二条　生产、经营、储存、使用危险物品的车间、商店、仓库不得与员工宿舍在同一座建筑物内，并应当与员工宿舍保持安全距离。

生产经营场所和员工宿舍应当设有符合紧急疏散要求、标志明显、保持畅通的出口。禁止锁闭、封堵生产经营场所或者员工宿舍的出口。

解读：本条是关于员工宿舍、生产经营场所安全管理要求的规定。

这是《安全生产法》一条很有特点、针对性很强的规定，是在总结大量事故经验教训的基础上做出的规定，目的在于减少事故发生后的人身伤亡。

第四十四条　生产经营单位应当教育和督促从业人员严格执行本单位的安全生产规章制度和安全操作规程；并向从业人员如实告知作业场所和工作岗位存在的危险因素、防范措施以及事故应急措施。

生产经营单位应当关注从业人员的身体、心理状况和行为习惯，加强对从业人员的心理疏导、精神慰藉，严格落实岗位安全生产责任，防范从业人员行为异常导致事故发生。

解读：本条规定了生产经营单位对从业人员教育、督促、告知与身心关怀的义务。

新增加的第2款充分体现了新版《安全生产法》以人为本的理念。

第四十五条　生产经营单位必须为从业人员提供符合国家标准或者行业标准的劳动防护用品，并监督、教育从业人员按照使用规则佩戴、使用。

解读：本条规定了生产经营单位关于劳动防护用品的提供以及佩戴、使用的义务和责任。

第四十六条　生产经营单位的安全生产管理人员应当根据本单位的生产经营特点，对安全生产状况进行经常性检查；对检查中发现的安全问题，应当立即处理；不能处理的，应当及时报告本单位有关负责人，有关负责人应当及时处理。检查及处理情况应当如实记录在案。

生产经营单位的安全生产管理人员在检查中发现重大事故隐患，依照前款规定向本单位有关负责人报告，有关负责人不及时处理的，安全生产管理人员可以向主管的负有安全生产监督管理职责的部门报告，接到报告的部门应当依法及时处理。

解读：本条是关于生产经营单位的安全生产管理人员检查本单位安全生产状况以及报告安全问题和重大事故隐患的规定。

第四十七条　生产经营单位应当安排用于配备劳动防护用品、进行安全生产培训的经费。

解读：本条是关于生产经营单位安排用于配备劳动防护用品、进行安全生产培训的经费的规定。

生产经营单位必须为从业人员提供符合国家标准或者行业标准的劳动防护用品，并应当对从业人员进行安全生产教育和培训，这是其法定义务，本法第28条、第45条对此作了明确规定。真正落实这些要求，一个重要保障就是生产经营单位安排一定数量的经费。如果经费没有保障，配备劳动防护用品、进行安全生产培训实际上就是一句空话。

第四十八条　两个以上生产经营单位在同一作业区域内进行生产经营活动，可能危及对方生产安全的，应当签订安全生产管理协议，明确各自的安全生产管理职责和应当采取的安全措施，并指定专职安全生产管理人员进行安全检查与协调。

解读：本条是关于两个以上生产经营单位在同一作业区域内进行生产经营活动时的安全生产管理的规定。

实践中，经常会有两个以上生产经营单位在同一作业区域内进行生产经营活动的情况，如：LPG、LNG 装卸作业就涉及运输和储存两家经营单位，城镇燃气管道运行中遇到第三方交叉施工等情形也一样，应通过协议明确各自职责和相应的安全措施。

第四十九条　生产经营单位不得将生产经营项目、场所、设备发包或者出租给不具备安全生产条件或者相应资质的单位或者个人。

生产经营项目、场所发包或者出租给其他单位的，生产经营单位应当与承包单位、承租单位签订专门的安全生产管理协议，或者在承包合同、租赁合同中约定各自的安全生产管理职责；生产经营单位对承包单位、承租单位的安全生产工作统一协调、管理，定期进行安全检查，发现安全问题的，应当及时督促整改。

矿山、金属冶炼建设项目和用于生产、储存、装卸危险物品的建设项目的施工单位应当加强对施工项目的安全管理，不得倒卖、出租、出借、挂靠或者以其他形式非法转让施工资质，不得将其承包的全部建设工程转包给第三人或者将其承包的全部建设工程支解以后以分包的名义分别转包给第三人，不得将工程分包给不具备相应资质条件的单位。

解读：本条是关于生产经营单位将生产经营项目、场所、设备发包或者出租时的安全管理要求，以及施工单位违法进行工程项目转包、分包的规定。

根据本条规定，生产经营项目、场所发包或者出租给其他单位时，生产经营单位首先要与承包单位、承租单位签订专门的安全生产管理协议，或者在承包合同、租赁合同中约定各自的安全生产管理职责。这种专门协议或者专项条款，对于明确生产经营单位与承包单位、承租单位各自的安全生产管理职责，促使其加强安全生产管理，具有重要意义。同时，也是发生生产安全事故后判断各方责任的重要依据。

本条第 3 款对矿山、金属冶炼建设项目和用于生产、储存、装卸危险物品的建设项目的转包、分包参照招标投标法的规定作了明确规定。

第五十条　生产经营单位发生生产安全事故时，单位的主要负责人应当立即组织抢救，并不得在事故调查处理期间擅离职守。

解读：本条是关于事故情况下对单位主要负责人的规定。

第五十一条　生产经营单位必须依法参加工伤保险，为从业人员缴纳保险费。

国家鼓励生产经营单位投保安全生产责任保险；属于国家规定的高危行业、领域的生产经营单位，应当投保安全生产责任保险。具体范围和实施办法由国务院应急管理部门会同国务院财政部门、国务院保险监督管理机构和相关行业主管部门制定。

解读：本条是关于生产经营单位保障从业人员权利、参加工伤保险法定义务，以及投保安全生产责任保险的规定。为更好地保障从业人员的权利，除了要求参加工伤保险外，国家也鼓励生产经营单位为从业人员购买商业保险。

第2款则是对投保企业安全生产责任险的规定，新《安全生产法》除了继续鼓励全部企业投保安全生产责任保险外，明确规定高危行业、领域的生产经营单位必须投保安全生产责任保险。

## 第三章　从业人员的安全生产权利义务

第五十二条　生产经营单位与从业人员订立的劳动合同，应当载明有关保障从业人员劳动安全、防止职业危害的事项，以及依法为从业人员办理工伤保险的事项。

生产经营单位不得以任何形式与从业人员订立协议，免除或者减轻其对从业人员因生产安全事故伤亡依法应承担的责任。

解读：本条是关于劳动合同应当载明有关安全生产事项以及生产经营单位不得通过协议免除或减轻自身责任的规定。

第五十三条　生产经营单位的从业人员有权了解其作业场所和工作岗位存在的危险因素、防范措施及事故应急措施，有权对本单位的安全生产工作提出建议。

解读：本条规定了从业人员了解危险因素和应急防范措施、提出安全生产工作建议的权利。

第五十四条　从业人员有权对本单位安全生产工作中存在的问题提出批评、检举、控告；有权拒绝违章指挥和强令冒险作业。

生产经营单位不得因从业人员对本单位安全生产工作提出批评、检举、控告或者拒绝违章指挥、强令冒险作业而降低其工资、福利等待遇或者解除与其订立的劳动合同。

解读：本条规定了从业人员有批评、检举、控告和拒绝违章指挥的权利，并就其工资、福利待遇和劳动合同保障作出规定。

第五十五条　从业人员发现直接危及人身安全的紧急情况时，有权停止作业或者在采取可能的应急措施后撤离作业场所。

生产经营单位不得因从业人员在前款紧急情况下停止作业或者采取紧急撤离措施而降低其工资、福利等待遇或者解除与其订立的劳动合同。

解读：本条是关于从业人员在紧急情况下的停止作业权和撤离作业场所权的规定，同时就其工资福利待遇和劳动合同保障作出规定。

第五十六条　生产经营单位发生生产安全事故后，应当及时采取措施救治有关人员。

因生产安全事故受到损害的从业人员，除依法享有工伤保险外，依照有关民事法律尚有获得赔偿权利的，有权向本单位提出赔偿要求。

解读：本条规定生产经营单位发生事故后，首先要及时救治人员，并规定从业人员因生产安全事故受到损害时的工伤保险和民事求偿权利。

新版《安全生产法》增加了第1款的规定，体现了以人为本的理念。

工伤保险是为了保障因工作遭受事故伤害或者患职业病的从业人员获得医疗救治和经济补偿，促进工伤预防和职业康复，分散生产经营单位的工伤风险的一种制度。实践中有一种观点认为，享受了工伤保险就不能再要求民事赔偿，这是不正确的。

第五十七条　从业人员在作业过程中，应当严格遵守本单位的安全生产规章制度和操作规程，服从管理，正确佩戴和使用劳动防护用品。

解读：本条是关于从业人员应当严格遵守安全生产规章制度和操作规程，以及服从管理、正确佩戴和使用劳动防护用品的义务的规定。从业人员必须增强遵章守纪意识，不折不扣地遵守安全生产规章制度和操作规程，从维护国家利益、集体利益和自身利益出发，把遵章守纪、按章操作落实到具体的作业活动中，确保安全生产的实现。从业人员服从管理，是保持生产经营活动秩序，保障本单位安全生产各项要求得到落实，有效避免、减少生产安全事故发生的基本条件。实践中，因从业人员不正确佩戴和使用劳动防护用品而导致受到伤害的现象普遍存在。因此，从业人员在作业过程中必须提高安全生产意识，按照规则和要求正确佩戴和使用劳动防护用品。这既是保护从业人员自身安全和健康的需要，也是实现安全生产的客观需要。

第五十八条　从业人员应当接受安全生产教育和培训，掌握本职工作所需的安全生产知识，提高安全生产技能，增强事故预防和应急处理能力。

解读：本条是关于从业人员应当接受安全生产教育和培训的规定。这既是从业人员的权利，也是其法定义务。实践中，对于不接受安全生产教育和培训的从业人员，生产经营单位有权拒绝安排其上岗作业。

第五十九条　从业人员发现事故隐患或者其他不安全因素，应当立即向现场安全生产管理人员或者本单位负责人报告；接到报告的人员应当及时予以处理。

解读：本条是关于从业人员发现事故隐患履行报告义务的规定。

第六十条　工会有权对建设项目的安全设施与主体工程同时设计、同时施工、同时投入生产和使用进行监督，提出意见。

工会对生产经营单位违反安全生产法律、法规，侵犯从业人员合法权益的行为，有权要求纠正；发现生产经营单位违章指挥、强令冒险作业或者发现事故隐患时，有权提出解决的建议，生产经营单位应当及时研究答复；发现危及从业人员生命安全的情况时，有权向生产经营单位建议组织从业人员撤离危险场所，生产经营单位必须立即作出处理。

工会有权依法参加事故调查，向有关部门提出处理意见，并要求追究有关人员的责任。

解读：本条是第七条关于工会在维护职工在安全生产方面的合法权益的具体规定。

第六十一条　生产经营单位使用被派遣劳动者的，被派遣劳动者享有本法规定的从业人员的权利，并应当履行本法规定的从业人员的义务。

解读：本条规定了生产经营单位被派遣劳动者的权利义务。被派遣劳动者的人事关系在派遣单位，工作场所在本法调整的生产经营企业，权利义务往往容易混淆，本条因此进行了明确。

## 第五章　生产安全事故的应急救援与调查处理

解读：《生产安全事故的应急救援与调查处理》一章共 11 条，主要规定了生产安全事故的应急救援、调查处理两个方面的内容。具体包括：国家加强生产安全事故应急能力建设，从人、财、物、信息等多个方面提高应急救援能力。县级以上地方各级人民政府、有关生产经营单位都应当制定生产安全事故应急救援预案。同时，对发生生产安全事故后，生产经营单位负责人、有关地方人民政府及负有安全生产监督管理职责的部门负责人承担的职责、应当采取的具体措施等，都作了明确规定。关于生产安全事故的调查处理，主要是在事故发生后，及时、准确地查清事故原因，查明事故性质和责任，依法追究事故责任。此外，本章还规定安全生产监督管理部门应当定期统计分析本行政区域内发生的生产安全事故，并向社会公布。

第八十一条　生产经营单位应当制定本单位生产安全事故应急救援预案，与所在地县级以上地方人民政府组织制定的生产安全事故应急救援预案相衔接，并定期组织演练。

解读：本条是关于生产经营单位制定并定期组织演练本单位生产安全事故应急救援预案和制定原则的规定。

第八十二条　危险物品的生产、经营、储存单位以及矿山、金属冶炼、城市轨道交通运营、建筑施工单位应当建立应急救援组织；生产经营规模较小的，可以不建立应急救援组织，但应当指定兼职的应急救援人员。

危险物品的生产、经营、储存、运输单位以及矿山、金属冶炼、城市轨道交通运营、建筑施工单位应当配备必要的应急救援器材、设备和物资，并进行经常性维护、保养，保证正常运转。

解读：依照本条规定，城镇燃气经营企业涉及危险物品的生产、经营、储存、运输业务，应当依法建立应急救援组织，配备必要的应急救援器材、设备和物资，并进行经常性维护、保养，保证正常运转。

第八十三条　生产经营单位发生生产安全事故后，事故现场有关人员应当立即报告本单位负责人。

单位负责人接到事故报告后，应当迅速采取有效措施，组织抢救，防止事故扩大，减少人员伤亡和财产损失，并按照国家有关规定立即如实报告当地负有安全生产监督管理职责的部门，不得隐瞒不报、谎报或者拖延不报，不得故意破坏事故现场、毁灭有关证据。

解读：本条是关于生产经营单位有关人员报告生产安全事故及进行事故抢救等责任的规定。

生产经营单位发生生产安全事故后，单位内部有关人员在第一时间报告事故并组织抢救，对于防止事故扩大、减少事故损失至关重要。这里的"国家有关规定"，是指《生产安全事故报告和调查处理条例》《电力安全事故应急处置和调查处理条例》以及《特种设备安全法》《突发事件应对法》等法律、行政法规。

第八十七条　生产经营单位发生生产安全事故，经调查确定为责任事故的，除了应当查明事故单位的责任并依法予以追究外，还应当查明对安全生产的有关事项负有审查批准和监督职责的行政部门的责任，对有失职、渎职行为的，依照本法第九十条的规定追究法律责任。

解读：本条是关于追究生产经营单位及有关行政部门生产安全事故责任的原则规定。

生产经营单位发生生产安全事故，其原因往往比较复杂。从管理的角度看，可以分为非责任事故和责任事故两种。其中，非责任事故是指事故的发生是由于自然原因（包括不可抗力）或者他人人为破坏造成的，与生产经营单位或者对安全生产有关事项负有审批和监督职责的行政部门的安全生产监督管理无关。在这种情况下，不应追究生产经营单位或有关行政部门的法律责任。责任事故是指由于生产经营单位在安全生产管理方面的问题造成的事故，如安全生产规章制度不健全，安全投入不到位，不对从业人员进行安全生产教育和培训，不及时消除事故隐患，违章指挥、强令冒险作业等；或者是由于对安全生产的有关事项负有审查批准和监督职责的行政部门及其工作人员不依法履行职责，失职、渎职等造成的事故。

## 第六章　法律责任

解读：本章共27条，主要规定了负有安全生产监督管理职责的部门及其工作人员，承担安全评价、认证、检验、检测的机构，生产经营单位及其决策机构、主要负责人、其他负责人、直接主管人员、从业人员，个人经营的投资人违反本法所应承担的法律责任，包括民事责任、行政责任和刑事责任等。

随着经济社会发展和形势变化，旧版的《安全生产法》规定的法律责任对违法行为的惩处和威慑力度已明显不够，难以适应安全生产领域的实际需要。为了加大对安全生产违法行为的惩处力度，新版《安全生产法》进一步强化了法律责任。一是在旧版《安全生产法》规定的基础上，提高了对违法行为的罚款数额。二是增加生产经营单位被责令改正且受到罚款处罚，拒不改正的，监管部门可以按日连续处罚。三是针对安全生产领域"屡禁不止、屡罚不改"等问题，加大对违法行为恶劣的生产经营单位关闭力度，依法吊销有关证照，对主要负责人实施职业禁入。四是加大对违法失信行为的联合惩戒和公开力度，规定监管部门发现生产经营单位未按规定履行公示义务的，予以联合惩戒；有关部门和机构对存在失信行为的单位及人员采取联合惩戒措施，并向社会公示。

## 第七章　附　　则

第一百一十七条　本法下列用语的含义：危险物品，是指易燃易爆物品、危险化学品、放射性物品等能够危及人身安全和财产安全的物品。

重大危险源，是指长期地或者临时地生产、搬运、使用或者储存危险物品，且危险物品的数量等于或者超过临界量的单元（包括场所和设施）。

解读：本法调整对象，经营管理的物是危险物品，非危险化学品。城镇燃气经营企业人员对《危险化学品管理条例》将城镇燃气排除在外印象深刻，往往容易将危险物品和危险化学品混淆。城镇燃气是一种化学品，同时也是危险物品，当燃气作为工业原料使用时，其就是危险化学品，但在作为城镇居民和工商业用户燃料使用时，目前并不作为危险化学品管理。

# 3 《城镇燃气管理条例》解读

## 3.1 条例简述

随着我国燃气事业的发展，燃气行业也面临着一些亟待解决的问题，如部分地方对燃气发展统筹规划不够，重复建设、随意设置燃气供应站、不配套建设燃气设施等问题比较突出；燃气经营管理制度、安全管理制度、应急储备和应急调度制度不健全、缺乏必要的燃气安全事故预防与处理机制，导致违法经营，无序竞争，服务行为不规范等现象普遍存在，燃气安全供应能力不足，应急保障能力不强，安全措施不落实，燃气事故屡屡发生。

为了切实解决上述问题，加强燃气管理，保障燃气供应，防止和减少燃气安全事故，保障公民生命、财产安全和公共安全，维护燃气经营者和燃气用户的合法权益，促进燃气事业健康发展，有必要制定《城镇燃气管理条例》。

《城镇燃气管理条例》于 2010 年 10 月 19 日国务院第 129 次常务会议通过，2010 年 11 月 19 日国务院第 583 号令公布，自 2011 年 3 月 1 日起施行。根据 2016 年 1 月 13 日国务院第 119 次常务会议通过的《国务院关于修改部分行政法规的决定》，2016 年 2 月 6 日国务院发布第 666 号令公布修改了《城镇燃气管理条例》（以下简称条例），自公布之日起施行。

为了与相关法律、行政法规相衔接，划清燃气生产与燃气经营、服务、使用等上下游之间的关系，条例对适用范围规定为：从管理角度来说，城镇燃气发展规划与应急保障、燃气经营与服务、燃气使用、燃气设施保护、燃气安全事故预防与处理及相关管理活动，适用本条例。从气源角度来说，明确天然气、液化石油气的生产和进口，城市门站以外的天然气管道输送，燃气作为工业生产原料使用，沼气、秸秆气的生产和使用，不适用本条例。同时明确本条例所称燃气，是指作为燃料使用并符合一定要求的气体燃料，包括天然气（含煤层气）、液化石油气和人工煤气等。此外，条例结合燃气发展的需要规定，农村的燃气管理参照本条例的规定执行。

在本条例的气源适用范围方面，条例规定以城市门站为分界点，但现在很多城市出于地方利益考虑，实行区域内的天然气统购统销，城市从上游接气后通过区域高压管道向域内城镇燃气经营企业供气，此时存在三种情况，一是实施区域统购统销的燃气企业可能是管道输送企业，也可能本身就是城镇燃气企业；二是区域内的高压天然气管道可能按长输管道的标准设计施工，符合长输天然气管道的标准，也可能就是按城镇燃气管道的标准设计施工；三是该高压天然气管道的上游接气点是城市天然气门站，下游供给区域内城镇燃气经营企业供气时，下游城镇燃气又有城市门站。在这种情况下，两级门站之间的管道是以采用的设计规范为依据确定管道管理属性还是以首道门站为界确定管理属性？在实践中这方面在一些地区存在管理缺失的现象。长输天然气管道与城镇燃气管道在设计安全间距、设计施工规范、管道保护范围、政府职能管理部门等多个方面存在一定的区别，应当以管道的设计标准为依据进行管理，如出现城市建成区内部分长输天然气管道因特殊原因没有与长输管道整体验收移交等情况而没有纳入长输管道管理的，后期投入运营时仍应纳入整体管理，或者办理设计变更后经验收纳入城镇燃气管道管理。

条例提出燃气发展规划是加强燃气管理工作的前提，明确了燃气发展规划组织编制主体和审批程序，还明确了燃气发展规划的内容；强调加强对燃气设施建设的监管，要求建设单位将燃气设施建设工程竣工验收情况报燃气管理部门备案；强调政府和燃气经营者应完善燃气应急保障制度。

对燃气经营与服务，条例规定建立燃气经营许可证制度，明确取得燃气经营许可证的条件和审批程序，禁止个人从事管道燃气经营活动，同时规定个人从事瓶装燃气经营活动的，应当遵守省、自治区、直辖市的有关规定；明确燃气经营者的服务义务和禁止性行为；明确燃气经营者的责任；完善燃气定价机制。

对燃气使用，条例规定对燃气用户的用气行为予以规范；明确燃气用户的权利；确立燃气燃烧器具的标识制度和安装、维修制度。

对燃气设施的保护，条例规定明确燃气设施保护范围的划定以及在保护范围内的禁止性活动，并规定新建、扩建、改建建设工程不得影响燃气设施安全；明确有关单位从事可能影响燃气设施安全活动时应当采取安全保护措施；确立市政燃气设施改动审批制度，并明确对改动方案的要求。

对燃气安全事故预防与处理，条例规定确立燃气安全事故应急预案制度；规定单位和个人发现燃气安全事故或者燃气安全事故隐患等情况的告知和报告义务；明确对燃气安全事故隐患的处置措施；明确燃气安全事故发生后的处置措施。同时还明确了相应的责任事故追究制度。

在《城镇燃气管理条例》发布前后，不少省（区、市）已出台或修改了各自地方的燃气管理条例，按照法律法规体系层次，国务院条例是上位法，各省市区条例是下位法，地方条例与国务院条例有冲突的，无论发布时间先后，应当执行国务院条例相关规定。

## 3.2 《城镇燃气管理条例》（节选）相关条文解读

《城镇燃气管理条例》（以下简称条例）对政府、城镇燃气经营企业和用户的职责、权利、义务作了规定，对城镇燃气经营企业来说，条例相当于是一部基本大法，以下就燃气企业相关的条文进行解读。

### 第一章  总  则

本章共 7 条，主要规定了条例的立法目的、适用范围，城镇燃气工作的基本原则，城镇燃气监督管理体制，促进燃气科技进步，建立燃气安全监督管理制度与燃气知识宣传普及。总则集中反映了条例的立法精神和宗旨，是整个条例制度安排的集中体现。

第一条  为了加强城镇燃气管理，保障燃气供应，防止和减少燃气安全事故，保障公民生命、财产安全和公共安全，维护燃气经营者和燃气用户的合法权益，促进燃气事业健康发展，制定本条例。

解读：本条是关于条例立法目的的规定。城镇燃气经营企业必须掌握条例的立法目的，才能正确履行条件规定的职责和义务，维护自己的正当权利，有效开展经营活动。

第二条　城镇燃气发展规划与应急保障、燃气经营与服务、燃气使用、燃气设施保护、燃气安全事故预防与处理及相关管理活动，适用本条例。

天然气、液化石油气的生产和进口，城市门站以外的天然气管道输送，燃气作为工业生产原料的使用，沼气、秸秆气的生产和使用，不适用本条例。

本条例所称燃气，是指作为燃料使用并符合一定要求的气体燃料，包括天然气（含煤层气）、液化石油气和人工煤气等。

解读：本条规定了条例的适用范围。

第1款对条例调整的行为作了规定，第2款排除了不适用条例规定的情形，第3款对燃气作了界定。条例调整范围为"城镇"燃气管理，在实践中，瓶装燃气在农村地区发展较快，还有部分城镇燃气设施覆盖到的农村地区已开始使用管道燃气，结合现在农村没有专门的燃气管理法规的现状，条例附则规定，农村的燃气管理参照本条例的规定执行。

事实上，城镇燃气经营企业的经营活动并不仅仅局限于条例规定的范围，如城镇燃气经营企业建设LNG接收站、长输天然气管道，向化工厂供应作为原料的天然气等，界定范围有利于政府相关部门对城镇燃气经营企业的安全监管。但由于城市燃气普遍存在上下游两级门站的情况，实际管理上还是存在管理空档的可能。

第三条　燃气工作应当坚持统筹规划、保障安全、确保供应、规范服务、节能高效的原则。

解读：本条是关于燃气工作基本原则的规定。

## 第二章　燃气发展规划与应急保障

本章共6条，主要规定了燃气发展规划与燃气应急保障的相关管理制度。对燃气发展规划编制、实施与备案，燃气设施配套建设、预留燃气设施建设用地，燃气应急储备制度、燃气应急保障能力等进行了规定。调整的是各级政府和行业主管部门的行为。其中第十一条对建设单位项目竣工验收与备案作了规定。

第十一条　进行新区建设、旧区改造，应当按照城乡规划和燃气发展规划配套建设燃气设施或者预留燃气设施建设用地。

对燃气发展规划范围内的燃气设施建设工程，城乡规划主管部门在依法核发选址意见书时，应当就燃气设施建设是否符合燃气发展规划征求燃气管理部门的意见；不需要核发选址意见书的，城乡规划主管部门在依法核发建设用地规划许可证或者乡村建设规划许可证时，应当就燃气设施建设是否符合燃气发展规划征求燃气管理部门的意见。

燃气设施建设工程竣工后，建设单位应当依法组织竣工验收，并自竣工验收合格之日起15日内，将竣工验收情况报燃气管理部门备案。

解读：本条是关于燃气工程建设规划与验收、备案方面的规定，明确了燃气工程建设的规划条件，并规定工程建设应进行竣工验收和备案。

## 第三章　燃气经营与服务

本章共13条，对投资建设燃气设施运营主体的选择方式、燃气经营许可证制度、燃气经营企业设立的条件与程序、燃气经营者的相关责任和义务、燃气供应保障、燃气质量检测监督、价格制定调整、燃气运输管理、燃气经营者接受公众监督和行业协会的作用等事项作出了相关规定。

第十四条　政府投资建设的燃气设施，应当通过招标投标方式选择燃气经营者。

社会资金投资建设的燃气设施，投资方可以自行经营，也可以另行选择燃气经营者。

解读：本条是关于投资建设燃气设施运营主体选择方式的规定。

燃气设施的投资建设主体，既包括政府，也包括社会组织和个人。对于不同投资来源建设的燃气设施，其经营者的确定也有不同的路径。

本条第 1 款规定了政府投资建设的燃气设施选择运营主体的方式必须通过招标投标。政府投资建设燃气设施时，一般采取出资组建国有燃气公司负责燃气设施建设和运营管理的方式。有些地方对原有政府投资的燃气设施也采取招标投标方式选择燃气经营者，但多数采取转让国有企业的产权选择燃气经营者。依据本条例规定，以转让企业产权的方式选择新的经营者，企业产权转让也应采取招标投标的方式公开进行。通过招标投标方式选择政府投资的燃气设施的经营者属于经营许可的特殊形式。

在授予经营许可时要求燃气经营者具备本条例第 15 条燃气经营许可的各项条件，并应依法取得燃气经营许可证。

本条第 2 款规定，社会资金投资建设的燃气设施，既可以自行组建公司，取得燃气经营许可证后从事运营管理活动，也可委托已经依法取得燃气经营许可证的企业进行运营管理。燃气设施投资者和运营主体既可以是统一的，也可以是分离的。这是对现行燃气设施投融资制度和管理工作机制的完善，对进一步吸引民间资金、外资等社会资金投资燃气行业、加快行业发展将产生积极作用。

第十五条　国家对燃气经营实行许可证制度。从事燃气经营活动的企业，应当具备下列条件：

（一）符合燃气发展规划要求。

（二）有符合国家标准的燃气气源和燃气设施。

（三）有固定的经营场所、完善的安全管理制度和健全的经营方案。

（四）企业的主要负责人、安全生产管理人员以及运行、维护和抢修人员经专业培训并考核合格。

（五）法律、法规规定的其他条件。

符合前款规定条件的，由县级以上地方人民政府燃气管理部门核发燃气经营许可证。

申请人凭燃气经营许可证到工商行政管理部门依法办理登记手续。

解读：本条是关于燃气经营实行许可证制度和燃气经营企业应当具备的条件以及办理相关手续的规定。

本条第 1 款规定了国家对燃气经营实行许可证准入制度，要求所有的燃气经营企业必须取得燃气经营许可证后，方可从事燃气经营活动。这对加强行业管理、规范市场秩序、保障公共安全和人民生命财产安全具有重要作用。该制度符合《行政许可法》有关"直接涉及公共安全、人身健康、生命财产、安全等特定活动的，公共资源配置以及直接关系公共利益的特定行业的市场准入等，可以设定行政许可"的规定。实践中，各地在条例出台前已普遍设立了燃气经营许可证制度，国际上其他许多国家和地区依法设立了燃气经营许可证制度。本条第 1 款还规定了燃气经营企业取得燃气经营许可证应当具备的四项具体条件，其中第 3 项对从业人员的资格提出了要求。

本条第 2 款规定了燃气经营许可证的许可实施部门为县级以上地方人民政府燃气管理部门。

本条第 3 款"申请人凭燃气经营许可证到工商行政管理部门依法办理登记手续"，明确规定了燃气经营许可为工商注册登记的前置性许可事项。

**第十六条**　禁止个人从事管道燃气经营活动。

个人从事瓶装燃气经营活动的，应当遵守省、自治区、直辖市的有关规定。

解读：本条是关于个人从事燃气经营活动的规定。

本条第 1 款明确禁止个人从事管道燃气经营活动。考虑到管道燃气经营的技术性、专业性很强，对资金、场所、设施、人员、安全、质量、消防、应急等均有较高要求，对经营者的责任能力也有较高要求，而实践中个人经营者难以达到这些要求和条件，也缺乏相应的责任能力。因此，条例明确规定从事管道燃气经营活动必须设立燃气经营企业，且符合本条例第十五条规定的条件。

本条第 2 款规定，个人从事瓶装燃气经营活动由各省、自治区、直辖市根据当地实际情况，作出具体规定。燃气钢瓶属于特种设备，瓶装燃气在经营中也有很大的风险和责任，但长期以来各地在实践中有不同的做法，有的地方允许个人从事瓶装燃气经营活动，有的地方不允许。条例将个人从事瓶装燃气经营活动的决定权授予了省、自治区、直辖市。同时规定可以从事瓶装燃气经营活动的个人，也要按照本条例第 17～18 条、第 22 条、第 24～26 条等相关条款的规定，履行本条例规定的燃气经营者的职责和义务，确保供气、保障安全、依法经营。

**第十七条**　燃气经营者应当向燃气用户持续、稳定、安全供应符合国家质量标准的燃气，指导燃气用户安全用气、节约用气，并对燃气设施定期进行安全检查。

燃气经营者应当公示业务流程、服务承诺、收费标准和服务热线等信息，并按照国家燃气服务标准提供服务。

解读：本条是关于燃气经营者在供气、指导用户用气，检查燃气设施和标准化服务方面的责任和义务的规定。

本条第 1 款对燃气经营者在供气用气和燃气设施检查方面的责任和义务作出规定。要求燃气经营者必须按照合同的约定向燃气用户提供持续、稳定、安全的燃气供应，保障供气质量，燃气成分、压力等指标应符合国家质量标准；采取发放安全用气说明、手册、派员具体指导等多种方式，指导燃气用户安全用气、节约用气；定期对燃气设施进行安全检查并记录在案。

本条第 2 款对燃气经营者在标准化服务方面的责任和义务作出规定。要求燃气经营者公示业务流程、服务承诺、收费标准和服务热线等信息，并按照国家燃气服务标准提供服务，有利于保护消费者的合法权益，有利于接受社会监督，有利于促进燃气经营者不断提高服务质量。

实践中，管道燃气经营企业对本条规定的履行情况较好，瓶装燃气经营者，尤其是个人经营者的履行情况较差。

**第十八条**　燃气经营者不得有下列行为：

（一）拒绝向市政燃气管网覆盖范围内符合用气条件的单位或者个人供气。

（二）倒卖、抵押、出租、出借、转让、涂改燃气经营许可证。

（三）未履行必要告知义务擅自停止供气、调整供气量，或者未经审批擅自停业或者歇业。

（四）向未取得燃气经营许可证的单位或者个人提供用于经营的燃气。

（五）在不具备安全条件的场所储存燃气。

（六）要求燃气用户购买其指定的产品或者接受其提供的服务。

（七）擅自为非自有气瓶充装燃气。

（八）销售未经许可的充装单位充装的瓶装燃气或者销售充装单位擅自为非自有气瓶充装的瓶装燃气。

（九）冒用其他企业名称或者标识从事燃气经营、服务活动。

解读：本条是对燃气经营者禁止性行为的规定。条例对管道燃气经营者提出在具备管网覆盖、符合用气条件的情况下普遍服务的要求，并要求各燃气经营者依法持证经营、履行必要告知义务、禁止利用垄断地位从事不正当竞争行为、不得冒用其他企业名称或者标识从事燃气经营服务活动的不正当竞争行为，要求瓶装燃气经营者严格执行自有产权气瓶制度，不得充装非自有产权气瓶。

第十九条　管道燃气经营者对其供气范围内的市政燃气设施、建筑区划内业主专有部分以外的燃气设施，承担运行、维护、抢修和更新改造的责任。

管道燃气经营者应当按照供气、用气合同的约定，对单位燃气用户的燃气设施承担相应的管理责任。

解读：本条是关于管道燃气经营者对燃气设施运营管理责任的规定。

条例从技术、经济上的合理性和可行性考虑，将市政燃气设施和业主专有部分外由业主共有产权的燃气设施的维护管理责任加给燃气经营者，而对业主专有部分的燃气设施的维护与管理未作明确规定，对这部分燃气设施的养护与管理，国家其他法规和地方性法规有规定或者供气、用气合同有约定的，从其规定或者约定，没有规定或者约定的，一般由业主自行或委托燃气经营企业承担运行、维护、抢修和更新改造的责任，由业主承担相关的费用。

对于单位用户的燃气设施，燃气经营者应当与单位燃气用户签订供气用气合同，按照合同的约定承担相应的管理责任。

第二十条　管道燃气经营者因施工、检修等原因需要临时调整供气量或者暂停供气的，应当将作业时间和影响区域提前48小时予以公告或者书面通知燃气用户，并按照有关规定及时恢复正常供气；因突发事件影响供气的，应当采取紧急措施并及时通知燃气用户。

燃气经营者停业、歇业的，应当事先对其供气范围内的燃气用户的正常用气作出妥善安排，并在90个工作日前向所在地燃气管理部门报告，经批准方可停业、歇业。

解读：本条是关于燃气经营者在可能影响燃气正常供应的情形下所应履行的相关义务的规定。

本条第1款规定了燃气经营者临时停止供气的告知要求。

本条第2款是燃气经营者在停业、歇业时应遵守的规定。未经批准前，必须按第十七条的规定持续保证供气，不得擅自停业、歇业。

第二十二条　燃气经营者应当建立健全燃气质量检测制度，确保所供应的燃气质量符合国家标准。

县级以上地方人民政府质量监督、工商行政管理、燃气管理等部门应当按照职责分工，依法加强对燃气质量的监督检查。

解读：本条是关于燃气经营者和政府部门承担燃气质量责任的规定。

本条第 1 款是关于燃气经营者承担燃气质量责任的规定。燃气质量涉及用户切身利益和安全，实践证明燃气质量不达标极易导致燃气事故的发生。《产品质量法》第 34 条规定，作为销售者，燃气经营者要对产品质量负责，确保向用户供应符合国家标准的燃气产品。燃气质量包括燃气组分、热值、压力等指标，我国已对城镇燃气质量标准作出了明确规定。燃气经营者应建立健全燃气质量检测制度，采取自行质量检测或请具有专业资质的检测机构进行质量检测等方式，对所供燃气进行质量检测，保证燃气质量符合国家标准。

第二十三条　燃气销售价格，应当根据购气成本、经营成本和当地经济社会发展水平合理确定并适时调整。县级以上地方人民政府价格主管部门确定和调整管道燃气销售价格，应当征求管道燃气用户、管道燃气经营者和有关方面的意见。

解读：本条是关于燃气价格定价与调整原则的规定。

燃气价格关系燃气经营企业和用户的切身利益，合理确定和调整燃气销售价格对城镇燃气事业发展至关重要，燃气销售定价和调整要综合考虑燃气经营者的购气成本、经营成本和当地经济社会发展水平、群众的价格心理承受能力等方面因素。

因为管道燃气具有自然垄断性，管道燃气销售价格的确定和调整，应当依照《价格法》第 23 条的规定建立听证会制度，由政府价格主管部门主持，征求管道燃气用户、管道燃气经营者和有关方面的意见。

第二十四条　通过道路、水路、铁路运输燃气的，应当遵守法律、行政法规有关危险货物运输安全的规定以及国务院交通运输部门、国务院铁路部门的有关规定；通过道路或者水路运输燃气的，还应当分别依照有关道路运输、水路运输的法律、行政法规的规定，取得危险货物道路运输许可或者危险货物水路运输许可。

解读：本条是关于燃气运输安全管理的规定。

燃气属易燃、易爆或有毒物品，《道路交通安全法》《港口法》《道路运输条例》《水路运输管理条例》和《铁路运输安全保护条例》等法律、行政法规对通过道路、水路、铁路运输燃气有严格的规定。

通过道路或者水路运输燃气的，应当分别依照《道路运输条例》第 22 条、第 24 条、第 25 条的规定和《水路运输管理条例》第 13 条有关道路运输许可和水路运输许可的规定，取得危险货物道路运输许可、危险货物水路运输许可。

通过道路运输燃气的，应当向设区的市级道路运输管理机构提出申请，并具备下列条件：有与其经营业务相适应并经检测合格的车辆；有符合《道路运输条例》第 23 条规定条件的驾驶人员；有健全的安全生产管理制度；有 5 辆以上经检测合格的危险货物运输专用车辆、设备；有经所在地设区的市级人民政府交通主管部门考试合格，取得上岗资格证的驾驶人员、装卸管理人员，押运人员；危险货物运输专用车辆配有必要的通信工具和监控措施；有健全的安全生产管理制度。

通过水路运输燃气的，根据从事运输业务的主体不同，应当具备下列条件中的相应项目：具有与经营范围相适应的运输船舶；有较稳定的客源或货源；有经营管理的组织机构和负责人。船舶载运燃气进出港口的，应当按照规定将危险货物的名称、特性、包装和进出港口的时间报告海事管理机构，定船舶、定航线、定货种的船舶可以定期报告。

第二十五条　燃气经营者应当对其从事瓶装燃气送气服务的人员和车辆加强管理，并承担相应的责任。

从事瓶装燃气充装活动，应当遵守法律、行政法规和国家标准有关气瓶充装的规定。

解读：本条是关于燃气经营者对瓶装燃气送气服务人员和车辆以及瓶装燃气充装管理的规定。

本条第 1 款明确规定燃气经营者对其从事瓶装燃气送气服务的人员和车辆负有管理责任，但对送气人员的从业资格不作规定。送气人员和车辆因缺乏管理或管理不善发生的事故和违约责任，燃气经营者要承担相应责任。本款规定有利于促进燃气经营者加强对其从事瓶装燃气送气服务的人员和车辆的管理，有利于规范瓶装燃气相关的经营活动。

本条第 2 款是对瓶装燃气充装活动的管理规定。国务院《特种设备安全监察条例》等法规和《气瓶安全监察规定》等气瓶充装的部门规章、标准等对此作出了明确的规定，瓶装燃气充装活动应当遵从其规定。气瓶充装单位应具备以下条件：具有营业执照；有适应气瓶充装和安全管理需要的技术人员和特种设备作业人员，具有与充装的气体种类相适应的完好的充装设施、工器具、检测手段、场地厂房，有符合要求的安全设施；具有一定的气体储存能力和足够数量的自有产权气瓶；符合相应气瓶充装站安全技术规范及国家标准的要求，建立健全的气瓶充装质量保证体系和安全管理制度，并向省级质监部门特种设备安全监察机构提出充装许可书面申请。经审查，确认符合条件的，由省级质监部门颁发《气瓶充装许可证》，未取得《气瓶充装许可证》的，不得从事气瓶充装工作。

气瓶充装单位应当保证充装的气体质量和充装量符合安全技术规范规定及相关标准的要求，并对气瓶的充装安全全面负责。气瓶充装单位应当对自有产权气瓶进行建档登记，只能充装自有产权气瓶，不得充装技术档案不在本充装单位的气瓶。

第二十六条　燃气经营者应当依法经营，诚实守信，接受社会公众的监督。

燃气行业协会应当加强行业自律管理，促进燃气经营者提高服务质量和技术水平。

解读：本条是关于燃气经营者的经营行为准则以及燃气行业协会加强自律管理的规定。

本条第 1 款规定了燃气经营者应当遵从"依法经营，诚实守信，接受社会公众监督"的商业道德和经营行为准则。特别是管道燃气企业具有自然垄断性，企业很容易利用垄断地位损害用户利益，诚实守信、公开透明不只是燃气经营者的商业道德准则，也应是法律准则。

本条第 2 款规定了燃气行业协会应当加强行业自律管理，以此促进燃气经营者服务质量和技术水平的提高。行业自律的内涵主要包括五个方面：（1）严格执行相关的法律、法规；（2）制定和认真执行行规行约，自我管理，自我约束；（3）促进并提高企业规范化服务水平；（4）维护本行业和企业的合法权益，避免恶性竞争；（5）依据国家法规规定，推广应用新技术、新工艺、新材料，促进行业技术进步。依据本条例规定行业协会应当加强行业自律管理的有关工作，促进燃气行业自律工作水平的提高，但自律协议不得有组织经营者相互串通，操纵市场价格的内容，否则即构成了违反价格法的行为。

## 第四章　燃气使用

本章共 6 条，对燃气用户在安全用气方面的权利、义务、禁止性行为，拆改室内燃气设施的要求，正确使用燃气燃烧器具产品，燃气燃烧器具售后服务等方面作出了规定。

第二十七条　燃气用户应当遵守安全用气规则，使用合格的燃气燃烧器具和气瓶，及时更换国家明令淘汰或者使用年限已届满的燃气燃烧器具、连接管等，并按照约定期限支付燃气费用。

单位燃气用户还应当建立健全安全管理制度，加强对操作维护人员燃气安全知识和操作技能的培训。

解读：本条是对燃气用户安全用气行为的规定。对燃气经营者来说，在履行第十七条规定对燃气用户进行安全检查时，应将上述规定列入检查内容。

第二十八条　燃气用户及相关单位和个人不得有下列行为：

（一）擅自操作公用燃气阀门。

（二）将燃气管道作为负重支架或者接地引线。

（三）安装、使用不符合气源要求的燃气燃烧器具。

（四）擅自安装、改装、拆除户内燃气设施和燃气计量装置。

（五）在不具备安全条件的场所使用、储存燃气。

（六）盗用燃气。

（七）改变燃气用途或者转供燃气。

解读：本条是对燃气用户禁止性行为的规定。对燃气经营者来说，在履行第十七条规定对燃气用户进行安全检查时，应将上述规定列入检查内容。

第二十九条　燃气用户有权就燃气收费、服务等事项向燃气经营者进行查询，燃气经营者应当自收到查询申请之日起 5 个工作日内予以答复。

燃气用户有权就燃气收费、服务等事项向县级以上地方人民政府价格主管部门、燃气管理部门以及其他有关部门进行投诉，有关部门应当自收到投诉之日起 15 个工作日内予以处理。

解读：本条是关于燃气用户知情权和投诉处置的规定。

第三十条　安装、改装、拆除户内燃气设施的，应当按照国家有关工程建设标准实施作业。

解读：本条是关于燃气用户户内燃气设施改动的规定。涉及燃气设施改动时，无论燃气用户还是燃气经营者都应当按国家有关规定作业。

第三十二条　燃气燃烧器具生产单位、销售单位应当设立或者委托设立售后服务站点，配备经考核合格的燃气燃烧器具安装、维修人员，负责售后的安装、维修服务。

燃气燃烧器具的安装、维修，应当符合国家有关标准。

## 第五章　燃气设施保护

本章共 6 条，对燃气设施保护范围划定、危害燃气设施的禁止行为、燃气设施保护与安全运行、其他单位和个人对燃气设施安全的法律责任及义务、其他建设单位在燃气设施保护范围内的建设行为和燃气经营者自己的设施改动等作出规定。本章规定主要针对第三方作业者，是燃气经营企业保护自有燃气设施安全的重要依据和有效手段。

第三十三条　县级以上地方人民政府燃气管理部门应当会同城乡规划等有关部门按照国家有关标准和规定划定燃气设施保护范围，并向社会公布。

在燃气设施保护范围内，禁止从事下列危及燃气设施安全的活动：

（一）建设占压地下燃气管线的建筑物、构筑物或者其他设施。

（二）进行爆破、取土等作业或者动用明火。

（三）倾倒、排放腐蚀性物质。

（四）放置易燃易爆危险物品或者种植深根植物。

（五）其他危及燃气设施安全的活动。

解读：本条是关于燃气设施保护范围的划定和在保护范围内的禁止性活动的规定。根据世界各国和我国燃气管道运行事故的统计分析，第三方施工破坏燃气管道占各种燃气管道事故的比例超过 30%，而且近年来呈上升趋势，是燃气事故的主要原因，且往往造成的后果严重、影响巨大。划定燃气设施保护范围，明确保护范围内的禁止活动行为，并向社会公布，形成全社会参与监督保护的环境，是保护燃气设施安全运行的关键性措施。

燃气设施保护范围所要保护的客体是燃气设施，所要防范的是任何单位和个人可能危及燃气设施安全的活动，燃气设施保护范围的划定要综合考虑国家法律法规，当地总规、控规和燃气发展规划，相关标准规范，当地社会情况，第三方行为种类及影响情况等综合确定，因此要由地方人民政府燃气管理部门会同规划等有关部门划定。

第三十四条　在燃气设施保护范围内，有关单位从事敷设管道、打桩、顶进、挖掘、钻探等可能影响燃气设施安全活动的，应当与燃气经营者共同制定燃气设施保护方案，并采取相应的安全保护措施。

解读：本条是在燃气设施保护范围内，有关单位从事可能影响燃气设施安全活动时应当遵守的规定。本条重点列举了可能严重影响燃气设施安全的一些活动，规定有关单位应当与燃气经营者共同制定燃气设施保护方案。

第三十五条　燃气经营者应当按照国家有关工程建设标准和安全生产管理的规定，设置燃气设施防腐、绝缘、防雷、降压、隔离等保护装置和安全警示标志，定期进行巡查、检测、维修和维护，确保燃气设施的安全运行。

解读：本条是关于设置和管理燃气设施保护装置和安全警示标志的规定。城镇燃气设施分布范围广，周边形势复杂，容易受到各种破坏，燃气经营者应按国家和行业有关标准的规定设置保护装置和安全警示标志，定期进行巡检和维护保养，确保燃气设施的安全运行。

第三十六条　任何单位和个人不得侵占、毁损、擅自拆除或者移动燃气设施，不得毁损、覆盖、涂改、擅自拆除或者移动燃气设施安全警示标志。

任何单位和个人发现有可能危及燃气设施和安全警示标志的行为，有权予以劝阻、制止；经劝阻、制止无效的，应当立即告知燃气经营者或者向燃气管理部门、安全生产监督管理部门和公安机关报告。

解读：本条是关于单位和个人对燃气设施和安全警示标志的禁止行为和保护义务的规定。燃气设施安全警示标志是公共安全设施，安全警示标志与燃气设施一样分布广，单纯依靠燃气经营者的力量难以有效管理，必须依靠各单位和个人自觉保护并制止他人破坏，配合燃气经营者共同保护好燃气设施和安全警示标志。

第三十七条　新建、扩建、改建建设工程，不得影响燃气设施安全。

建设单位在开工前，应当查明建设工程施工范围内地下燃气管线的相关情况；燃气管理部门以及其他有关部门和单位应当及时提供相关资料。

建设工程施工范围内有地下燃气管线等重要燃气设施的，建设单位应当会同施工单位与管道燃气经营者共同制定燃气设施保护方案。建设单位、施工单位应当采取相应的安全保护措施，确保燃气设施运行安全；管道燃气经营者应当派专业人员进行现场指导。法律、法规另有规定的，依照有关法律、法规的规定执行。

解读：本条是关于建设单位、施工单位和管道燃气经营者、燃气管理部门以及其他部门和单位在建设工程中，保护燃气设施安全的义务的规定。

任何一次在燃气设施安全保护范围内进行的建设工程，一旦安全保护措施不到位，都可能导致安全事故发生，造成人身财产损失，因此本条第1款规定所有建设工程不得影响燃气设施安全。

本条第2款规定建设单位是查明建设范围内燃气管线等设施的义务主体，同时规定管理部门等其他有关部门有配合及时提供相关资料的义务。

本条第3款规定工程建设范围内有重要燃气设施时，建设单位、施工单位和燃气经营者的职责。建设单位负责制定燃气设施保护方案、采取安全保护措施确保燃气设施运行安全；施工单位配合制定保护方案，和建设单位共同采取措施确保燃气设施运行安全；燃气经营者配合制定保护方案，派专人进行现场指导。由此可见，一旦建设工程发生破坏燃气设施的事故，建设单位应当承担主要责任。

本条特别强调了建设单位在建设过程中保护燃气设施安全的责任，但在实践中，影响燃气设施安全的主要是市政工程建设，而市政工程建设的建设单位往往是地方市政管理部门下属或隶属地方市政管理部门行业管理的国有企业，燃气经营者很难要求其履行相应的职责，只能将相应的责任转嫁给施工单位，导致现场管理力度减弱，引起施工破坏事故。

第三十八条 燃气经营者改动市政燃气设施，应当制定改动方案，报县级以上地方人民政府燃气管理部门批准。

改动方案应当符合燃气发展规划，明确安全施工要求，有安全防护和保障正常用气的措施。

解读：本条设立了市政燃气设施改动的行政许可，规定了此项许可的申请方法、许可机关和改动方案的基本要求。

市政燃气设施的改动本身具有一定的安全风险，同时会在一定时间和一定区域内影响用户的正常用气，临时中断供气还会带来安全隐患，为保障公共安全和用户的利益，本条对燃气经营者改动燃气设施的行为作出规定。

## 第六章 燃气安全事故预防与处理

本章共5条，对燃气安全事故应急预案和抢险抢修，燃气事故统计分析制度，燃气安全隐患报告，燃气安全评估和风险管理体系，燃气安全事故报告、调查处理和责任追究等作出规定。

第三十九条 燃气管理部门应当会同有关部门制定燃气安全事故应急预案，建立燃气事故统计分析制度，定期通报事故处理结果。

燃气经营者应当制定本单位燃气安全事故应急预案，配备应急人员和必要的应急装备、器材，并定期组织演练。

解读：本条是关于燃气管理部门组织制定安全事故应急预案，统计分析和通报安全事故职责及燃气经营者制定本单位安全事故应急预案的职责规定。

本条第1款规定了燃气管理部门组织制定应急预案的职责。

本条第2款规定了燃气经营者制定本单位安全事故应急预案的职责。燃气经营者是预防和处理燃气安全事故的主体，为提高燃气经营者预防和处理燃气事故的防范意识和处置能力，燃气经营者应结合企业实际制定应急预案，配备必要的人员、应急物资和装备，定期开展演练，不断完善应急预案的内容，加强防范监控意识，提高应急处置能力。

第四十条　任何单位和个人发现燃气安全事故或者燃气安全事故隐患等情况，应当立即告知燃气经营者，或者向燃气管理部门、公安机关消防机构等有关部门和单位报告。

解读：本条是关于燃气安全事故和事故隐患报告制度的规定。动员全社会的力量参与燃气安全管理，可以提高社会防范意识，有效地减少甚至避免燃气安全事故的发生或减少事故损失。

第四十一条　燃气经营者应当建立健全燃气安全评估和风险管理体系，发现燃气安全事故隐患的，应当及时采取措施消除隐患。

燃气管理部门以及其他有关部门和单位应当根据各自职责，对燃气经营、燃气使用的安全状况等进行监督检查，发现燃气安全事故隐患的，应当通知燃气经营者、燃气用户及时采取措施消除隐患；不及时消除隐患可能严重威胁公共安全的，燃气管理部门以及其他有关部门和单位应当依法采取措施，及时组织消除隐患，有关单位和个人应当予以配合。

解读：本条是关于燃气经营者、燃气管理部门及其他有关部门、单位、用户发现和处理燃气安全事故隐患的规定。

本条第1款规定了燃气经营者建立健全燃气安全评估和风险管理体系的义务，要求燃气经营者以实现燃气系统安全为目的，应用安全系统工程原理和方法，对存在的危险有害因素进行辨识与分析，判断系统发生事故的可能性和严重性，为制定防范措施和管理决策、消除事故隐患提供科学依据，将可能发生的事故提前得到控制。

本条第2款规定了燃气管理部门及其他有关部门、单位、用户在燃气隐患发现和处理中的职责。对燃气经营者来说，一方面要在燃气管理部门的监督下做好自身隐患的处理，另一方面要做好用户隐患的发现与处理，而这正是燃气经营者面对的最大问题，尤其是用户隐患的处理。本规定既要求管理部门支持燃气经营者处理用户隐患，又赋予燃气经营者在用户拒不整改的情况下依法采取相关措施消除隐患的权利。

第四十二条　燃气安全事故发生后，燃气经营者应当立即启动本单位燃气安全事故应急预案，组织抢险、抢修。

燃气安全事故发生后，燃气管理部门、安全生产监督管理部门和公安机关消防机构等有关部门和单位，应当根据各自职责，立即采取措施防止事故扩大，根据有关情况启动燃气安全事故应急预案。

解读：本条是关于燃气安全事故发生后，燃气经营者、燃气管理部门和其他相关部门、单位依职责应对处理的规定。

本条第1款明确了燃气事故发生后实施抢险抢修的责任主体是燃气经营者。按照《生产安全事故报告和调查处理条例》规定，燃气事故发生后，事故现场有关人员应当立即向本单位负责人报告；单位负责人接到报告后，应当于1小时内向事故发生地县级以上人民政府安全生产监督管理部门和负有安全生产监督管理职责的有关部门报告。情况紧急时，事故现场有关人员可以直接向事故发生地县级以上人民政府安全生产监督管理部门和负有安全生产监督管理职责的有关部门报告。单位负责人接到报告后，应立即启动相应的事故应急预案，或采取有效措施，组织抢险救援，防止事故扩大，减少人员伤亡和财产损失。当事故重大，燃气经营者无力独自应对时，应请求燃气管理部门启动上级应急预案。

本条第2款规定了燃气事故发生后相关管理部门的义务。

第四十三条　燃气安全事故经调查确定为责任事故的，应当查明原因、明确责任，并依法予以追究。

对燃气生产安全事故，依照有关生产安全事故报告和调查处理的法律、行政法规的规定报告和调查处理。

解读：本条是关于燃气安全事故调查处理的规定。发生燃气安全事故后，应当依照《安全生产法》《生产安全事故报告和调查处理条例》等相关规定进行处理，对责任事故，应当查明原因、明确责任，并依法予以追究。

## 第七章　法律责任

本章共9条，主要是关于县级以上地方人民政府及其燃气管理部门和其他有关部门、燃气经营者、燃气用户及相关单位和个人违反本条例规定所应承担的法律责任的规定。本条例规定的法律责任包括行政责任、刑事责任和民事责任三种。本条例作为国务院颁布的行政法规，主要规定了违法行为承担的行政责任，包括行政处分和行政处罚。

第四十五条　违反本条例规定，未取得燃气经营许可证从事燃气经营活动的，由燃气管理部门责令停止违法行为，处5万元以上50万元以下罚款；有违法所得的，没收违法所得；构成犯罪的，依法追究刑事责任。

违反本条例规定，燃气经营者不按照燃气经营许可证的规定从事燃气经营活动的，由燃气管理部门责令限期改正，处3万元以上20万元以下罚款；有违法所得的，没收违法所得；情节严重的，吊销燃气经营许可证；构成犯罪的，依法追究刑事责任。

解读：本条是关于未取得燃气经营许可证从事燃气经营活动的单位和个人以及燃气经营者等行政相对人应当承担的法律责任的规定。

本条规定的违法主体是未取得燃气经营许可证从事燃气经营活动的单位和个人以及燃气经营者，规定的违法情况分为两类：一是未取得燃气经营许可证从事燃气经营活动，二是不按照燃气经营许可证的规定从事燃气经营活动。行政相对人违反本条规定应当承担两种法律责任：一是行政处罚，二是刑事责任，这里的刑事责任主要涉及刑法第225条的规定。

第四十六条　违反本条例规定，燃气经营者有下列行为之一的，由燃气管理部门责令限期改正，处1万元以上10万元以下罚款；有违法所得的，没收违法所得；情节严重的，吊销燃气经营许可证；造成损失的，依法承担赔偿责任；构成犯罪的，依法追究刑事责任：

（一）拒绝向市政燃气管网覆盖范围内符合用气条件的单位或者个人供气的。

（二）倒卖、抵押、出租、出借、转让、涂改燃气经营许可证的。

（三）未履行必要告知义务擅自停止供气、调整供气量，或者未经审批擅自停业或者歇业的。

（四）向未取得燃气经营许可证的单位或者个人提供用于经营的燃气的。

（五）在不具备安全条件的场所储存燃气的。

（六）要求燃气用户购买其指定的产品或者接受其提供的服务。

（七）燃气经营者未向燃气用户持续、稳定、安全供应符合国家质量标准的燃气，或者未对燃气用户的燃气设施定期进行安全检查。

解读：本条是关于燃气经营者在经营中的违法行为应当承担的法律责任的规定。

本条规定的违法主体是燃气经营者，规定的违法情况包括：一是违反本条例第 18 条第 1～6 项规定的燃气经营者禁止性行为的规定的行为，二是违反本条例第 17 条第一款规定的燃气经营者义务的规定的行为。燃气经营者违反本条规定应当承担三种法律责任：一是行政处罚；二是民事责任；三是刑事责任，这里的刑事责任主要涉及《刑法》第 225 条的规定。

第四十七条　违反本条例规定，擅自为非自有气瓶充装燃气或者销售未经许可的充装单位充装的瓶装燃气的，依照国家有关气瓶安全监察的规定进行处罚。

违反本条例规定，销售充装单位擅自为非自有气瓶充装的瓶装燃气的，由燃气管理部门责令改正，可以处 1 万元以下罚款。

违反本条例规定，冒用其他企业名称或者标识从事燃气经营、服务活动，依照有关反不正当竞争的法律规定进行处罚。

解读：本条是关于燃气经营者从事本条例规定的某些禁止性行为应当承担的法律责任的规定。

本条规定的违法主体是燃气经营者，规定的违法情况包括：一是违反本条例第 18 条第 7～8 项规定擅自为非自有气瓶充装燃气或者销售未经许可的充装单位充装的瓶装燃气的行为；二是违反本条例第 18 条第 8 项规定销售充装单位擅自为非自有气瓶充装的瓶装燃气的行为；三是违反本条例第 18 条第 9 项规定冒用其他企业名称或者标识从事燃气经营、服务活动的行为。燃气经营者违反本条规定应当承担两种法律责任：一是行政处罚；二是民事责任，这里的行政处罚主要涉及《反不正当竞争法》第 21 条规定，适用《产品质量法》第 53 条的规定处理。

第四十八条　违反本条例规定，燃气经营者未按照国家有关工程建设标准和安全生产管理的规定，设置燃气设施防腐、绝缘、防雷、降压、隔离等保护装置和安全警示标志的，或者未定期进行巡查、检测、维修和维护的，或者未采取措施及时消除燃气安全事故隐患的，由燃气管理部门责令限期改正，处 1 万元以上 10 万元以下罚款。

解读：本条是关于燃气经营者未按照本条例的规定履行有关燃气设施保护和燃气安全事故预防义务应当承担的法律责任的规定。

本条规定的违法主体是燃气经营者，规定的违法情况包括：一是未按照国家有关工程建设标准和安全生产管理的规定，设置燃气设施防腐、绝缘、防雷、降压、隔离等保护装置和安全警示标志的，或者未定期进行巡查、检测、维修和维护的行为；二是未采取措施及时消除燃气安全事故隐患的行为。燃气经营者违反本条规定应当承担行政处罚的法律责任。

第四十九条　违反本条例规定，燃气用户及相关单位和个人有下列行为之一的，由燃气管理部门责令限期改正；逾期不改正的，对单位可以处 10 万元以下罚款，对个人可以处

1000 元以下罚款；造成损失的，依法承担赔偿责任；构成犯罪的，依法追究刑事责任：

（一）擅自操作公用燃气阀门的。

（二）将燃气管道作为负重支架或者接地引线的。

（三）安装、使用不符合气源要求的燃气燃烧器具的。

（四）擅自安装、改装、拆除户内燃气设施和燃气计量装置的。

（五）在不具备安全条件的场所使用、储存燃气的。

（六）改变燃气用途或者转供燃气的。

（七）未设立售后服务站点或者未配备经考核合格的燃气燃烧器具安装、维修人员的。

（八）燃气燃烧器具的安装、维修不符合国家有关标准的。

盗用燃气的，依照有关治安管理处罚的法律规定进行处罚。

解读：本条是关于燃气用户及相关单位和个人、燃气燃烧器具生产单位和销售单位违反本条例规定应当承担的法律责任的规定。

本条规定的违法主体是燃气用户及相关单位和个人、燃气燃烧器具生产单位和销售单位，规定的违法情况包括：一是燃气用户及相关单位和个人的违法情况；二是燃气燃烧器具生产单位和销售单位的违法情况。违法主体违反本条规定应当承担三种法律责任：一是行政处罚；二是民事责任，三是刑事责任，这里的刑事责任主要涉及《刑法》第 136 条和第 264 条的规定。

第五十条　违反本条例规定，在燃气设施保护范围内从事下列活动之一的，由燃气管理部门责令停止违法行为，限期恢复原状或者采取其他补救措施，对单位处 5 万元以上 10 万元以下罚款，对个人处 5000 元以上 5 万元以下罚款；造成损失的，依法承担赔偿责任；构成犯罪的，依法追究刑事责任：

（一）进行爆破、取土等作业或者动用明火的。

（二）倾倒、排放腐蚀性物质的。

（三）放置易燃易爆物品或者种植深根植物的。

（四）未与燃气经营者共同制定燃气设施保护方案，采取相应的安全保护措施，从事敷设管道、打桩、顶进、挖掘、钻探等可能影响燃气设施安全活动的。

违反本条例规定，在燃气设施保护范围内建设占压地下燃气管线的建筑物、构筑物或者其他设施的，依照有关城乡规划的法律、行政法规的规定进行处罚。

解读：本条是关于从事本条例某些禁止行为应当承担的法律责任的规定。

本条规定的违法主体是单位和个人，规定的违法情况包括：一是在燃气设施保护范围内进行爆破、取土等作业或者动用明火的行为；二是在燃气设施保护范围内倾倒、排放腐蚀性物质的行为；三是在燃气设施保护范围内放置易燃易爆物品或者种植深根植物的行为；四是在燃气设施保护范围内，未与燃气经营者共同制定燃气设施保护方案，采取相应的安全保护措施，从事敷设管道、打桩、顶进、挖掘、钻探等可能影响燃气设施安全活动的行为；五是在燃气设施保护范围内建设占压地下燃气管线的建筑物、构筑物或者其他设施的行为。违法主体违反本条规定应当承担三种法律责任：一是行政处罚；二是民事责任；三是刑事责任，这里的刑事责任主要涉及《刑法》第 118 条和第 119 条的规定。

第五十一条　违反本条例规定，侵占、毁损、擅自拆除、移动燃气设施或者擅自改动市政燃气设施的，由燃气管理部门责令限期改正，恢复原状或者采取其他补救措施，对单位处 5 万元以上 10 万元以下罚款，对个人处 5000 元以上 5 万元以下罚款；造成损失的，依法承担赔偿责任；构成犯罪的，依法追究刑事责任。

违反本条例规定，毁损、覆盖、涂改、擅自拆除或者移动燃气设施安全警示标志的，由燃气管理部门责令限期改正，恢复原状，可以处 5000 元以下罚款。

解读：本条是关于从事影响燃气设施安全的行为应当承担的法律责任的规定。

本条规定的违法主体是单位和个人，规定的违法情况包括：一是侵占、毁损、擅自拆除、移动燃气设施或者擅自改动市政燃气设施的行为；二是毁损、覆盖、涂改、擅自拆除或者移动燃气设施安全警示标志的行为。违法主体违反本条规定应当承担三种法律责任：一是行政处罚；二是民事责任；三是刑事责任，这里的刑事责任主要涉及刑法第 118 条和第 119 条的规定。

第五十二条　违反本条例规定，建设工程施工范围内有地下燃气管线等重要燃气设施，建设单位未会同施工单位与管道燃气经营者共同制定燃气设施保护方案，或者建设单位、施工单位未采取相应的安全保护措施的，由燃气管理部门责令改正，处 1 万元以上 10 万元以下罚款；造成损失的，依法承担赔偿责任；构成犯罪的，依法追究刑事责任。

解读：本条是关于建设单位、施工单位未对燃气设施尽到相关的保护义务应当承担的法律责任的规定。

本条规定的违法主体是建设单位和施工单位，规定的违法情况指建设工程施工范围内有地下燃气管线等重要燃气设施，建设单位未会同施工单位与管道燃气经营者共同制定燃气设施保护方案，或者建设单位、施工单位未采取相应的安全保护措施的行为。违法主体违反本条规定应当承担三种法律责任：一是行政处罚；二是民事责任；三是刑事责任；这里的刑事责任主要涉及《刑法》第 118 条和第 119 条的规定。

在实践中，破坏燃气设施的主要是市政工程建设，而市政工程建设的建设单位往往是地方市政管理部门下属或隶属地方市政管理部门行业管理的国有企业，对这样的违法主体，燃气经营者在施工管理过程中就很难要求其履行相应的职责，事故发生后，就更难追究其行政责任，只能将相应的责任转嫁给施工单位。

## 第八章　附　则

本章共 3 条，对本条例的部分用语含义作出说明，对本条例对农村燃气管理的效力和本条例施行时间作出规定。

第五十三条　本条例下列用语的含义：

（一）燃气设施，是指人工煤气生产厂、燃气储配站、门站、气化站、混气站、加气站、灌装站、供应站、调压站、市政燃气管网等的总称，包括市政燃气设施、建筑区划内业主专有部分以外的燃气设施以及户内燃气设施等。

（二）燃气燃烧器具，是指以燃气为燃料的燃烧器具，包括居民家庭和商业用户所使用的燃气灶、热水器、沸水器、采暖器、空调器等器具。

解读：本条是关于条例中有关"燃气设施"和"燃气燃烧器具"用语含义的说明。

第五十四条　农村的燃气管理参照本条例的规定执行。

解读：本条是关于农村燃气管理的效力说明，是本条例适用范围的补充说明。

第五十五条　本条例自 2011 年 3 月 1 日起施行。

解读：本条是关于本条例生效日期的规定。2016 年 1 月 13 日国务院第 119 次常务会议通过了《国务院关于修改部分行政法规的决定》，并于 2016 年 2 月 6 日以国务院第 666 号令公布，对《城镇燃气管理条例》进行了修改，修改后的条例自 2016 年 2 月 6 日起施行。

# 4 其他法律法规及政策规定

## 4.1 法　　律

### 4.1.1 《民法典》（节选）

2020 年 5 月 28 日，十三届全国人大三次会议表决通过了《中华人民共和国民法典》（简称《民法典》），自 2021 年 1 月 1 日起施行。

《民法典》共七编一附则，共 1260 条，整合了原《婚姻法》《继承法》《民法通则》《收养法》《担保法》《合同法》《物权法》《侵权责任法》《民法总则》等多部法律。

《民法典》详细规定了公民、法人的民事行为、民事权利和民事责任，其中对企业法人的行为有如下规定：

第六十一条　依照法律或者法人章程的规定，代表法人从事民事活动的负责人，为法人的法定代表人。

法定代表人以法人名义从事的民事活动，其法律后果由法人承受。

法人章程或者法人权力机构对法定代表人代表权的限制，不得对抗善意相对人。

第六十四条　法人存续期间登记事项发生变化的，应当依法向登记机关申请变更登记。

第六十七条　法人合并的，其权利和义务由合并后的法人享有和承担。

法人分立的，其权利和义务由分立后的法人享有连带债权，承担连带债务，但是债权人和债务人另有约定的除外。

第七十四条　法人可以依法设立分支机构。法律、行政法规规定分支机构应当登记的，依照其规定。

分支机构以自己的名义从事民事活动，产生的民事责任由法人承担。也可以先以该分支机构管理的财产承担，不足以承担的，由法人承担。

《民法典》在"第三编合同第二分编典型合同"第十章中以供电合同为例，对供用燃气合同也作了专门的规定，燃气经营企业的供用气合同应当执行。

### 第十章　供用电、水、气、热力合同

第六百四十八条　供用电合同是供电人向用电人供电，用电人支付电费的合同。

向社会公众供电的供电人，不得拒绝用电人合理的订立合同要求。

第六百四十九条　供用电合同的内容一般包括供电的方式、质量、时间，用电容量、地址、性质，计量方式，电价、电费的结算方式，供用电设施的维护责任等条款。

第六百五十条　供用电合同的履行地点，按照当事人约定。当事人没有约定或者约定不明确的，供电设施的产权分界处为履行地点。

第六百五十一条　供电人应当按照国家规定的供电质量标准和约定安全供电。供电人

未按照国家规定的供电质量标准和约定安全供电，造成用电人损失的，应当承担赔偿责任。

第六百五十二条　供电人因供电设施计划检修、临时检修、依法限电或者用电人违法用电等原因，需要中断供电时，应当按照国家有关规定事先通知用电人。未事先通知用电人中断供电，造成用电人损失的，应当承担赔偿责任。

第六百五十三条　因自然灾害等原因断电，供电人应当按照国家有关规定及时抢修。未及时抢修，造成用电人损失的，应当承担赔偿责任。

第六百五十四条　用电人应当按照国家有关规定和当事人的约定及时支付电费。用电人逾期不支付电费的，应当按照约定支付违约金。经催告用电人在合理期限内仍不支付电费和违约金的，供电人可以按照国家规定的程序中止供电。

供电人依据前款规定中止供电的，应当事先通知用电人。

第六百五十五条　用电人应当按照国家有关规定和当事人的约定安全、节约和计划用电。用电人未按照国家有关规定和当事人的约定用电，造成供电人损失的，应当承担赔偿责任。

第六百五十六条　供用水、供用气、供用热力合同，参照适用供用电合同的有关规定。

《民法典》在第三编合同第二分编典型合同第十八章中还对建设工程合同作出规定，燃气工程建设合同应当执行。

## 第十八章　建设工程合同

第七百八十八条　建设工程合同是承包人进行工程建设，发包人支付价款的合同。

建设工程合同包括工程勘察、设计、施工合同。

第七百八十九条　建设工程合同应当采用书面形式。

第七百九十条　建设工程的招标投标活动，应当依照有关法律的规定公开、公平、公正进行。

第七百九十一条　发包人可以与总承包人订立建设工程合同，也可以分别与勘察人、设计人、施工人订立勘察、设计、施工承包合同。发包人不得将应当由一个承包人完成的建设工程支解成若干部分发包给数个承包人。

总承包人或者勘察、设计、施工承包人经发包人同意，可以将自己承包的部分工作交由第三人完成。第三人就其完成的工作成果与总承包人或者勘察、设计、施工承包人向发包人承担连带责任。承包人不得将其承包的全部建设工程转包给第三人或者将其承包的全部建设工程支解以后以分包的名义分别转包给第三人。

禁止承包人将工程分包给不具备相应资质条件的单位。禁止分包单位将其承包的工程再分包。建设工程主体结构的施工必须由承包人自行完成。

第七百九十二条　国家重大建设工程合同，应当按照国家规定的程序和国家批准的投资计划、可行性研究报告等文件订立。

第七百九十三条　建设工程施工合同无效，但是建设工程经验收合格的，可以参照合同关于工程价款的约定折价补偿承包人。

建设工程施工合同无效，且建设工程经验收不合格的，按照以下情形处理：

（一）修复后的建设工程经验收合格的，发包人可以请求承包人承担修复费用。

（二）修复后的建设工程经验收不合格的，承包人无权请求参照合同关于工程价款的约定折价补偿。

发包人对因建设工程不合格造成的损失有过错的，应当承担相应的责任。

第七百九十四条　勘察、设计合同的内容一般包括提交有关基础资料和概预算等文件的期限、质量要求、费用以及其他协作条件等条款。

第七百九十五条　施工合同的内容一般包括工程范围、建设工期、中间交工工程的开工和竣工时间、工程质量、工程造价、技术资料交付时间、材料和设备供应责任、拨款和结算、竣工验收、质量保修范围和质量保证期、相互协作等条款。

第七百九十六条　建设工程实行监理的，发包人应当与监理人采用书面形式订立委托监理合同。发包人与监理人的权利和义务以及法律责任，应当依照本编委托合同以及其他有关法律、行政法规的规定。

第七百九十七条　发包人在不妨碍承包人正常作业的情况下，可以随时对作业进度、质量进行检查。

第七百九十八条　隐蔽工程在隐蔽以前，承包人应当通知发包人检查。发包人没有及时检查的，承包人可以顺延工程日期，并有权请求赔偿停工、窝工等损失。

第七百九十九条　建设工程竣工后，发包人应当根据施工图纸及说明书、国家颁发的施工验收规范和质量检验标准及时进行验收。验收合格的，发包人应当按照约定支付价款，并接收该建设工程。

建设工程竣工经验收合格后，方可交付使用。未经验收或者验收不合格的，不得交付使用。

第八百条　勘察、设计的质量不符合要求或者未按照期限提交勘察、设计文件拖延工期，造成发包人损失的，勘察人、设计人应当继续完善勘察、设计，减收或者免收勘察、设计费并赔偿损失。

第八百零一条　因施工人的原因致使建设工程质量不符合约定的，发包人有权请求施工人在合理期限内无偿修理或者返工、改建。经过修理或者返工、改建后，造成逾期交付的，施工人应当承担违约责任。

第八百零二条　因承包人的原因致使建设工程在合理使用期限内造成人身损害和财产损失的，承包人应当承担赔偿责任。

第八百零三条　发包人未按照约定的时间和要求提供原材料、设备、场地、资金、技术资料的，承包人可以顺延工程日期，并有权请求赔偿停工、窝工等损失。

第八百零四条　因发包人的原因致使工程中途停建、缓建的，发包人应当采取措施弥补或者减少损失，赔偿承包人因此造成的停工、窝工、倒运、机械设备调迁、材料和构件积压等损失和实际费用。

第八百零五条　因发包人变更计划，提供的资料不准确，或者未按照期限提供必需的勘察、设计工作条件而造成勘察、设计的返工、停工或者修改设计，发包人应当按照勘察人、设计人实际消耗的工作量增付费用。

第八百零六条　承包人将建设工程转包、违法分包的，发包人可以解除合同。

发包人提供的主要建筑材料、建筑构配件和设备不符合强制性标准或者不履行协助义务，致使承包人无法施工，经催告后在合理期限内仍未履行相应义务的，承包人可以解除合同。

合同解除后，已经完成的建设工程质量合格的，发包人应当按照约定支付相应的工程价款。已经完成的建设工程质量不合格的，参照本法第七百九十三条的规定处理。

第八百零七条　发包人未按照约定支付价款的，承包人可以催告发包人在合理期限内支付价款。发包人逾期不支付的，除根据建设工程的性质不宜折价、拍卖外，承包人可以与发包人协议将该工程折价，也可以请求人民法院将该工程依法拍卖。建设工程的价款就该工程折价或者拍卖的价款优先受偿。

第八百零八条　本章没有规定的，适用承揽合同的有关规定。

### 4.1.2 《刑法》（节选）

《刑法》根据 2020 年 12 月 26 日第十三届全国人民代表大会常务委员会第二十四次会议通过的《刑法修正案（十一）》修正，自 2021 年 3 月 1 日起施行。

《刑法》的任务，是用刑罚同一切犯罪行为作斗争，以保卫国家安全，保卫人民民主专政的政权和社会主义制度，保护国有财产和劳动群众集体所有的财产，保护公民私人所有的财产，保护公民的人身权利、民主权利和其他权利，维护社会秩序、经济秩序，保障社会主义建设事业的顺利进行。

城镇燃气经营企业在经营管理过程中经常会遇到偷盗气、第三方施工破坏管道设施及其他故意破坏燃气设施的行为、液化气掺杂二甲醚、无证经营等行为，都涉及违反《刑法》的规定，在国务院《城镇燃气管理条例》中也都有提及，涉及的刑法条款如下：

第一百一十八条　【破坏电力设备罪、破坏易燃易爆设备罪】破坏电力、燃气或者其他易燃易爆设备，危害公共安全，尚未造成严重后果的，处三年以上十年以下有期徒刑。

第一百一十九条　【破坏交通工具罪、破坏交通设施罪、破坏电力设备罪、破坏易燃易爆设备罪】破坏交通工具、交通设施、电力设备、燃气设备、易燃易爆设备，造成严重后果的，处十年以上有期徒刑、无期徒刑或者死刑。

过失犯前款罪的，处三年以上七年以下有期徒刑；情节较轻的，处三年以下有期徒刑或者拘役。

强令他人违章冒险作业，或者明知存在重大事故隐患而不排除，仍冒险组织作业，因而发生重大伤亡事故或者造成其他严重后果的，处五年以下有期徒刑或者拘役。情节特别恶劣的，处五年以上有期徒刑。

在生产、作业中违反有关安全管理的规定，有下列情形之一，具有发生重大伤亡事故或者其他严重后果的现实危险的，处一年以下有期徒刑、拘役或者管制：

（一）关闭、破坏直接关系生产安全的监控、报警、防护、救生设备、设施，或者篡改、隐瞒、销毁其相关数据、信息的。

（二）因存在重大事故隐患被依法责令停产停业、停止施工、停止使用有关设备、设施、场所或者立即采取排除危险的整改措施，而拒不执行的。

（三）涉及安全生产的事项未经依法批准或者许可，擅自从事矿山开采、金属冶炼、建筑施工，以及危险物品生产、经营、储存等高度危险的生产作业活动的。

第一百三十五条　【重大劳动安全事故罪。大型群众性活动重大安全事故罪】安全生产设施或者安全生产条件不符合国家规定，因而发生重大伤亡事故或者造成其他严重后果的，对直接负责的主管人员和其他直接责任人员，处三年以下有期徒刑或者拘役。情节特别恶劣的，处三年以上七年以下有期徒刑。

第一百三十六条 【危险物品肇事罪】违反爆炸性、易燃性、放射性、毒害性、腐蚀性物品的管理规定，在生产、储存、运输、使用中发生重大事故，造成严重后果的，处三年以下有期徒刑或者拘役；后果特别严重的，处三年以上七年以下有期徒刑。

第一百三十七条 【工程重大安全事故罪】建设单位、设计单位、施工单位、工程监理单位违反国家规定，降低工程质量标准，造成重大安全事故的，对直接责任人员，处五年以下有期徒刑或者拘役，并处罚金。后果特别严重的，处五年以上十年以下有期徒刑，并处罚金。

第一百四十条 【生产、销售伪劣产品罪】生产者、销售者在产品中掺杂、掺假，以假充真，以次充好或者以不合格产品冒充合格产品，销售金额五万元以上不满二十万元的，处二年以下有期徒刑或者拘役，并处或者单处销售金额百分之五十以上二倍以下罚金；销售金额二十万元以上不满五十万元的，处二年以上七年以下有期徒刑，并处销售金额百分之五十以上二倍以下罚金；销售金额五十万元以上不满二百万元的，处七年以上有期徒刑，并处销售金额百分之五十以上二倍以下罚金；销售金额二百万元以上的，处十五年有期徒刑或者无期徒刑，并处销售金额百分之五十以上二倍以下罚金或者没收财产。

第二百二十五条 【非法经营罪】违反国家规定，有下列非法经营行为之一，扰乱市场秩序，情节严重的，处五年以下有期徒刑或者拘役，并处或者单处违法所得一倍以上五倍以下罚金；情节特别严重的，处五年以上有期徒刑，并处违法所得一倍以上五倍以下罚金或者没收财产（与燃气经营企业相关的）：

（二）买卖进出口许可证、进出口原产地证明以及其他法律、行政法规规定的经营许可证或者批准文件的。

第二百六十四条 【盗窃罪】盗窃公私财物，数额较大的，或者多次盗窃、入户盗窃、携带凶器盗窃、扒窃的，处三年以下有期徒刑、拘役或者管制，并处或者单处罚金；数额巨大或者有其他严重情节的，处三年以上十年以下有期徒刑，并处罚金；数额特别巨大或者有其他特别严重情节的，处十年以上有期徒刑或者无期徒刑，并处罚金或者没收财产。

2013 年 3 月 8 日由最高人民法院审判委员会第 1571 次会议、2013 年 3 月 18 日由最高人民检察院第十二届检察委员会第 1 次会议通过了《最高人民法院、最高人民检察院关于办理盗窃刑事案件适用法律若干问题的解释》，自 2013 年 4 月 4 日起施行。该解释第四条规定：盗窃的数额，按照下列方法认定：（三）盗窃电力、燃气、自来水等财物，盗窃数量能够查实的，按照查实的数量计算盗窃数额；盗窃数量无法查实的，以盗窃前六个月月均正常用量减去盗窃后计量仪表显示的月均用量推算盗窃数额；盗窃前正常使用不足六个月的，按照正常使用期间的月均用量减去盗窃后计量仪表显示的月均用量推算盗窃数额。

## 4.1.3 《行政许可法》（节选）

《行政许可法》于 2019 年 4 月 23 日第十三届全国人民代表大会常务委员会第十次会议修正，自公布之日起实施。

《行政许可法》共 8 章 83 条，旨在规范行政许可的设定和实施，保护公民、法人和其他组织的合法权益，维护公共利益和社会秩序，保障和监督行政机关有效实施行政管理，本法所称行政许可，是指行政机关根据公民、法人或者其他组织的申请，经依法审查，准予其从事特定活动的行为。

《行政许可法》对行政许可事项的范围和设定办法作了规定：

第十二条　下列事项可以设定行政许可：

（一）直接涉及国家安全、公共安全、经济宏观调控、生态环境保护以及直接关系人身健康、生命财产安全等特定活动，需要按照法定条件予以批准的事项。

（二）有限自然资源开发利用、公共资源配置以及直接关系公共利益的特定行业的市场准入等，需要赋予特定权利的事项。

（三）提供公众服务并且直接关系公共利益的职业、行业，需要确定具备特殊信誉、特殊条件或者特殊技能等资格、资质的事项。

（四）直接关系公共安全、人身健康、生命财产安全的重要设备、设施、产品、物品，需要按照技术标准、技术规范，通过检验、检测、检疫等方式进行审定的事项。

（五）企业或者其他组织的设立等，需要确定主体资格的事项。

（六）法律、行政法规规定可以设定行政许可的其他事项。

第十六条　行政法规可以在法律设定的行政许可事项范围内，对实施该行政许可作出具体规定。

地方性法规可以在法律、行政法规设定的行政许可事项范围内，对实施该行政许可作出具体规定。

规章可以在上位法设定的行政许可事项范围内，对实施该行政许可作出具体规定。

法规、规章对实施上位法设定的行政许可作出的具体规定，不得增设行政许可；对行政许可条件作出的具体规定，不得增设违反上位法的其他条件。

城镇燃气关系到公共安全和公共利益，根据行政许可法的规定，从事城镇燃气经营应当经过行政许可。

### 4.1.4　《行政处罚法》（节选）

《行政处罚法》于 2021 年 1 月 22 日第十三届全国人民代表大会常务委员会第二十五次会议第三次修正。

《行政处罚法》共 8 章 86 条，旨在规范行政处罚的设定和实施，保障和监督行政机关有效实施行政管理，维护公共利益和社会秩序，保护公民、法人或者其他组织的合法权益。《行政处罚法》规定，公民、法人或者其他组织违反行政管理秩序的行为，应当给予行政处罚的，依照本法由法律、法规或者规章规定，并由行政机关依照本法规定的程序实施。没有法定依据或者不遵守法定程序的，行政处罚无效。行政处罚法规定了以下七种行政处罚种类，分别是：警告，罚款、没收违法所得、没收非法财物，责令停产停业，暂扣或者吊销许可证、暂扣或者吊销执照，行政拘留，法律、行政法规规定的其他行政处罚。

同时规定，法律可以设定各种行政处罚。限制人身自由的行政处罚，只能由法律设定。

### 4.1.5　《行政诉讼法》（节选）

《中华人民共和国行政诉讼法》于 2014 年 11 月 1 日修订。

《行政诉讼法》制定的目的是为保证人民法院公正、及时审理行政案件，解决行政争议，保护公民、法人和其他组织的合法权益，监督行政机关依法行使职权。

根据《行政诉讼法》的规定，人民法院受理公民、法人或者其他组织提起的下列诉讼：

（一）对行政拘留、暂扣或者吊销许可证和执照、责令停产停业、没收违法所得、没收非法财物、罚款、警告等行政处罚不服的。

（二）对限制人身自由或者对财产的查封、扣押、冻结等行政强制措施和行政强制执行不服的。

（三）申请行政许可，行政机关拒绝或者在法定期限内不予答复，或者对行政机关作出的有关行政许可的其他决定不服的。

（七）认为行政机关侵犯其经营自主权或者农村土地承包经营权、农村土地经营权的；

（八）认为行政机关滥用行政权力排除或者限制竞争的。

（十一）认为行政机关不依法履行、未按照约定履行或者违法变更、解除政府特许经营协议、土地房屋征收补偿协议等协议的。

### 4.1.6 《劳动法》（节选）

《劳动法》于 2018 年 12 月 29 日第十三届全国人民代表大会常务委员会第七次会议第二次修正，自公布之日起施行。

《劳动法》适用于在中华人民共和国境内的企业、个体经济组织和与之形成劳动关系的劳动者。劳动法规定劳动者享有平等就业和选择职业的权利、取得劳动报酬的权利、休息休假的权利、获得劳动安全卫生保护的权利、接受职业技能培训的权利、享受社会保险和福利的权利、提请劳动争议处理的权利以及法律规定的其他劳动权利。同时也规定劳动者应当完成劳动任务，提高职业技能，执行劳动安全卫生规程，遵守劳动纪律和职业道德。

城镇燃气经营企业具有易燃易爆的特点，一些工作岗位如 LPG、LNG 充装存在冻伤等风险，抄表、送气等岗位存在工作时间不固定等情况，抢修、监控岗位需要 24 小时值守等，劳动关系较为复杂。《劳动法》是城镇燃气经营企业在生产经营活动中处理企业与劳动者关系的法律依据，要熟悉以下相关条款：

第八条　劳动者依照法律规定，通过职工大会、职工代表大会或者其他形式，参与民主管理或者就保护劳动合法权益与用人单位进行平等协商。

第十六条　劳动合同是劳动者与用人单位确立劳动关系、明确双方权利和义务的协议。建立劳动关系应当订立劳动合同。

第三十六条　国家实行劳动者每日工作时间不超过 8 小时、平均每周工作时间不超过 44 小时的工时制度。

第三十七条　对实行计件工作的劳动者，用人单位应当根据本法第三十六条规定的工时制度合理确定其劳动定额和计件报酬标准。

第三十八条　用人单位应当保证劳动者每周至少休息 1 日。

第三十九条　企业应生产特点不能实行本法第三十六条、第三十六七条规定的，经劳动行政部门批准，可以实行其他工作和休息办法。

第四十四条　有下列情形之一的，用人单位应当按照下列标准支付高于劳动者正常工作时间工资的工资报酬：

（一）安排劳动者延长时间的，支付不低于工资的百分之一百五十的工资报酬。

（二）休息日安排劳动者工作又不能安排补休的，支付不低于工资的百分之二百的工资报酬。

（三）法定休假日安排劳动者工作的，支付不低于工资的百分之三百的工资报酬。

第四十八条　国家实行最低工资保障制度。最低工资的具体标准由省、自治区、直辖市人民政府规定，报国务院备案。

用人单位支付劳动者的工资不得低于当地最低工资标准。

第五十四条　用人单位必须为劳动者提供符合国家规定的劳动安全卫生条件和必要的劳动防护用品，对从事有职业危害作业的劳动者应当定期进行健康检查。

第五十五条　从事特种作业的劳动者必须经过专门培训并取得特种作业资格。

第五十八条　国家对女职工和未成年工实行特殊劳动保护。

未成年工是指年满 16 周岁未满 18 周岁的劳动者。

第六十五条　用人单位应当对未成年工定期进行健康检查。

第六十八条　用人单位应当建立职业培训制度，按照国家规定提取和使用职业培训经费，根据本单位实际，有计划地对劳动者进行职业培训。

从事技术工种的劳动者，上岗前必须经过培训。

第七十二条　社会保险基金按照保险类型确定资金来源，逐步实行社会统筹。用人单位和劳动者必须依法参加社会保险，缴纳社会保险费。

### 4.1.7 《劳动合同法》（节选）

《劳动合同法》于 2012 年 12 月 28 日第十一届全国人民代表大会常务委员会第三十次会议修改，自 2013 年 7 月 1 日起施行。

《劳动合同法》适用于中华人民共和国境内的企业、个体经济组织、民办非企业单位等组织与劳动者建立劳动关系，订立、履行、变更、解除或者终止劳动合同，国家机关、事业单位、社会团体和与其建立劳动关系的劳动者，订立、履行、变更、解除或者终止劳动合同依照执行。劳动合同法规定，订立劳动合同，应当遵循合法、公平、平等自愿、协商一致、诚实信用的原则。依法订立的劳动合同具有约束力，用人单位与劳动者应当履行劳动合同约定的义务。

《劳动合同法》是用人单位在生产经营活动中处理企业与劳动者合同关系的法律依据，当用人单位与劳动者订立的劳动合同内容不够明确或完整时，按《劳动合同法》规定按有利于劳动者的规定执行。城镇燃气经营企业具有易燃易爆的特点，一些工作岗位如 LPG、LNG 充装存在冻伤等风险，抄表、送气等岗位存在工作时间不固定等情况，抢修、监控岗位需要 24 小时值守等，劳动关系较为复杂。为合理签订劳动合同，在充分保障劳动者权利的同时，合理维护用人单位的正当权益，城镇燃气经营企业应熟悉以下条款：

第四条　用人单位应当依法建立和完善劳动规章制度，保障劳动者享有劳动权利、履行劳动义务。

用人单位在制定、修改或者决定有关劳动报酬、工作时间、休息休假、劳动安全卫生、保险福利、职工培训、劳动纪律以及劳动定额管理等直接涉及劳动者切身利益的规章制度或者重大事项时，应当经职工代表大会或者全体职工讨论，提出方案和意见，与工会或者职工代表平等协商确定。

在规章制度和重大事项决定实施过程中，工会或者职工认为不适当的，有权向用人单位提出，通过协商予以修改完善。

用人单位应当将直接涉及劳动者切身利益的规章制度和重大事项决定公示，或者告知劳动者。

第七条　用人单位自用工之日起即与劳动者建立劳动关系。用人单位应当建立职工名册备查。

第八条　用人单位招用劳动者时，应当如实告知劳动者工作内容、工作条件、工作地点、职业危害、安全生产状况、劳动报酬，以及劳动者要求了解的其他情况；用人单位有权了解劳动者与劳动合同直接相关的基本情况，劳动者应当如实说明。

第九条　用人单位招用劳动者，不得扣押劳动者的居民身份证和其他证件，不得要求劳动者提供担保或者以其他名义向劳动者收取财物。

第十条　建立劳动关系，应当订立书面劳动合同。

已建立劳动关系，未同时订立书面劳动合同的，应当自用工之日起一个月内订立书面劳动合同。

用人单位与劳动者在用工前订立劳动合同的，劳动关系自用工之日起建立。

第十一条　用人单位未在用工的同时订立书面劳动合同，与劳动者约定的劳动报酬不明确的，新招用的劳动者的劳动报酬按照集体合同规定的标准执行；没有集体合同或者集体合同未规定的，实行同工同酬。

第十二条　劳动合同分为固定期限劳动合同、无固定期限劳动合同和以完成一定工作任务为期限的劳动合同。

第十七条　劳动合同应当具备以下条款：

（一）用人单位的名称、住所和法定代表人或者主要负责人。

（二）劳动者的姓名、住址和居民身份证或者其他有效身份证件号码。

（三）劳动合同期限。

（四）工作内容和工作地点。

（五）工作时间和休息休假。

（六）劳动报酬。

（七）社会保险。

（八）劳动保护、劳动条件和职业危害防护。

（九）法律、法规规定应当纳入劳动合同的其他事项。

劳动合同除前款规定的必备条款外，用人单位与劳动者可以约定试用期、培训、保守秘密、补充保险和福利待遇等其他事项。

第十八条　劳动合同对劳动报酬和劳动条件等标准约定不明确，引发争议的，用人单位与劳动者可以重新协商；协商不成的，适用集体合同规定；没有集体合同或者集体合同未规定劳动报酬的，实行同工同酬；没有集体合同或者集体合同未规定劳动条件等标准的，适用国家有关规定。

第十九条　劳动合同期限三个月以上不满一年的，试用期不得超过一个月；劳动合同期限一年以上不满三年的，试用期不得超过二个月；三年以上固定期限和无固定期限的劳动合同，试用期不得超过六个月。

同一用人单位与同一劳动者只能约定一次试用期。

以完成一定工作任务为期限的劳动合同或者劳动合同期限不满三个月的，不得约定试用期。

试用期包含在劳动合同期限内。劳动合同仅约定试用期的，试用期不成立，该期限为劳动合同期限。

第二十条　劳动者在试用期的工资不得低于本单位相同岗位最低档工资或者劳动合同约定工资的百分之八十，并不得低于用人单位所在地的最低工资标准。

第二十二条　用人单位为劳动者提供专项培训费用，对其进行专业技术培训的，可以与该劳动者订立协议，约定服务期。

劳动者违反服务期约定的，应当按照约定向用人单位支付违约金。违约金的数额不得超过用人单位提供的培训费用。用人单位要求劳动者支付的违约金不得超过服务期尚未履行部分所应分摊的培训费用。

用人单位与劳动者约定服务期的，不影响按照正常的工资调整机制提高劳动者在服务期期间的劳动报酬。

第二十三条　用人单位与劳动者可以在劳动合同中约定保守用人单位的商业秘密和与知识产权相关的保密事项。

对负有保密义务的劳动者，用人单位可以在劳动合同或者保密协议中与劳动者约定竞业限制条款，并约定在解除或者终止劳动合同后，在竞业限制期限内按月给予劳动者经济补偿。劳动者违反竞业限制约定的，应当按照约定向用人单位支付违约金。

第二十四条　竞业限制的人员限于用人单位的高级管理人员、高级技术人员和其他负有保密义务的人员。竞业限制的范围、地域、期限由用人单位与劳动者约定，竞业限制的约定不得违反法律、法规的规定。

在解除或者终止劳动合同后，前款规定的人员到与本单位生产或者经营同类产品、从事同类业务的有竞争关系的其他用人单位，或者自己开业生产或者经营同类产品、从事同类业务的竞业限制期限，不得超过二年。

第二十六条　下列劳动合同无效或者部分无效：

（一）以欺诈、胁迫的手段或者乘人之危，使对方在违背真实意思的情况下订立或者变更劳动合同的。

（二）用人单位免除自己的法定责任、排除劳动者权利的。

（三）违反法律、行政法规强制性规定的。

对劳动合同的无效或者部分无效有争议的，由劳动争议仲裁机构或者人民法院确认。

第三十二条　劳动者拒绝用人单位管理人员违章指挥、强令冒险作业的，不视为违反劳动合同。

劳动者对危害生命安全和身体健康的劳动条件，有权对用人单位提出批评、检举和控告。

第三十七条　劳动者提前三十日以书面形式通知用人单位，可以解除劳动合同。劳动者在试用期内提前三日通知用人单位，可以解除劳动合同。

第三十八条　用人单位有下列情形之一的，劳动者可以解除劳动合同：

（一）未按照劳动合同约定提供劳动保护或者劳动条件的。

（二）未及时足额支付劳动报酬的。

（三）未依法为劳动者缴纳社会保险费的。

（四）用人单位的规章制度违反法律、法规的规定，损害劳动者权益的。

（五）因本法第二十六条第一款规定的情形致使劳动合同无效的。

（六）法律、行政法规规定劳动者可以解除劳动合同的其他情形。

用人单位以暴力、威胁或者非法限制人身自由的手段强迫劳动者劳动的，或者用人单位违章指挥、强令冒险作业危及劳动者人身安全的，劳动者可以立即解除劳动合同，不需事先告知用人单位。

第三十九条　劳动者有下列情形之一的，用人单位可以解除劳动合同：

（一）在试用期间被证明不符合录用条件的。

（二）严重违反用人单位的规章制度的。

（三）严重失职，营私舞弊，给用人单位造成重大损害的。

（四）劳动者同时与其他用人单位建立劳动关系，对完成本单位的工作任务造成严重影响，或者经用人单位提出，拒不改正的。

（五）因本法第二十六条第一款第一项规定的情形致使劳动合同无效的。

（六）被依法追究刑事责任的。

第四十条　有下列情形之一的，用人单位提前三十日以书面形式通知劳动者本人或者额外支付劳动者一个月工资后，可以解除劳动合同：

（一）劳动者患病或者非因工负伤，在规定的医疗期满后不能从事原工作，也不能从事由用人单位另行安排的工作的。

（二）劳动者不能胜任工作，经过培训或者调整工作岗位，仍不能胜任工作的。

（三）劳动合同订立时所依据的客观情况发生重大变化，致使劳动合同无法履行，经用人单位与劳动者协商，未能就变更劳动合同内容达成协议的。

第四十一条　有下列情形之一，需要裁减人员二十人以上或者裁减不足二十人但占企业职工总数百分之十以上的，用人单位提前三十日向工会或者全体职工说明情况，听取工会或者职工的意见后，裁减人员方案经向劳动行政部门报告，可以裁减人员：

（一）依照企业破产法规定进行重整的。

（二）生产经营发生严重困难的。

（三）企业转产、重大技术革新或者经营方式调整，经变更劳动合同后，仍需裁减人员的。

（四）其他因劳动合同订立时所依据的客观经济情况发生重大变化，致使劳动合同无法履行的。

裁减人员时，应当优先留用下列人员：

（一）与本单位订立较长期限的固定期限劳动合同的。

（二）与本单位订立无固定期限劳动合同的。

（三）家庭无其他就业人员，有需要抚养的老人或者未成年人的。

用人单位依照本条第一款规定裁减人员，在六个月内重新招用人员的，应当通知被裁减的人员，并在同等条件下优先招用被裁减的人员。

第四十二条　劳动者有下列情形之一的，用人单位不得依照本法第四十条、第四十一条的规定解除劳动合同：

（一）从事接触职业病危害作业的劳动者未进行离岗前职业健康检查，或者疑似职业病病人在诊断或者医学观察期间的。

（二）在本单位患职业病或者因工负伤并被确认丧失或者部分丧失劳动能力的。

（三）患病或者非因工负伤，在规定的医疗期内的。

（四）女职工在孕期、产期、哺乳期的。

（五）在本单位连续工作满十五年，且距法定退休年龄不足五年的。

（六）法律、行政法规规定的其他情形。

第四十四条　有下列情形之一的，劳动合同终止：

（一）劳动合同期满的。

（二）劳动者开始依法享受基本养老保险待遇的。

（三）劳动者死亡，或者被人民法院宣告死亡或者宣告失踪的。

（四）用人单位被依法宣告破产的。

（五）用人单位被吊销营业执照、责令关闭、撤销或者用人单位决定提前解散的。

（六）法律、行政法规规定的其他情形。

第四十六条　有下列情形之一的，用人单位应当向劳动者支付经济补偿：

（一）劳动者依照本法第三十八条规定解除劳动合同的。

（二）用人单位依照本法第三十六条规定向劳动者提出解除劳动合同并与劳动者协商一致解除劳动合同的。

（三）用人单位依照本法第四十条规定解除劳动合同的。

（四）用人单位依照本法第四十一条第一款规定解除劳动合同的。

（五）除用人单位维持或者提高劳动合同约定条件续订劳动合同，劳动者不同意续订的情形外，依照本法第四十四条第一项规定终止固定期限劳动合同的。

（六）依照本法第四十四条第四项、第五项规定终止劳动合同的。

（七）法律、行政法规规定的其他情形。

第四十七条　经济补偿按劳动者在本单位工作的年限，每满一年支付一个月工资的标准向劳动者支付。六个月以上不满一年的，按一年计算；不满六个月的，向劳动者支付半个月工资的经济补偿。

劳动者月工资高于用人单位所在直辖市、设区的市级人民政府公布的本地区上年度职工月平均工资三倍的，向其支付经济补偿的标准按职工月平均工资三倍的数额支付，向其支付经济补偿的年限最高不超过十二年。

本条所称月工资是指劳动者在劳动合同解除或者终止前十二个月的平均工资。

第四十八条　用人单位违反本法规定解除或者终止劳动合同，劳动者要求继续履行劳动合同的，用人单位应当继续履行；劳动者不要求继续履行劳动合同或者劳动合同已经不能继续履行的，用人单位应当依照本法第八十七条规定支付赔偿金。

第五十条　用人单位应当在解除或者终止劳动合同时出具解除或者终止劳动合同的证明，并在十五日内为劳动者办理档案和社会保险关系转移手续。

劳动者应当按照双方约定，办理工作交接。用人单位依照本法有关规定应当向劳动者支付经济补偿的，在办结工作交接时支付。

用人单位对已经解除或者终止的劳动合同的文本，至少保存二年备查。

第五十一条　企业职工一方与用人单位通过平等协商，可以就劳动报酬、工作时间、休息休假、劳动安全卫生、保险福利等事项订立集体合同。集体合同草案应当提交职工代表大会或者全体职工讨论通过。

集体合同由工会代表企业职工一方与用人单位订立；尚未建立工会的用人单位，由上级工会指导劳动者推举的代表与用人单位订立。

第五十二条　企业职工一方与用人单位可以订立劳动安全卫生、女职工权益保护、工资调整机制等专项集体合同。

第五十四条　集体合同订立后，应当报送劳动行政部门；劳动行政部门自收到集体合同文本之日起十五日内未提出异议的，集体合同即行生效。

依法订立的集体合同对用人单位和劳动者具有约束力。行业性、区域性集体合同对当地本行业、本区域的用人单位和劳动者具有约束力。

第六十二条　用工单位应当履行下列义务：

（一）执行国家劳动标准，提供相应的劳动条件和劳动保护。

（二）告知被派遣劳动者的工作要求和劳动报酬。

（三）支付加班费、绩效奖金，提供与工作岗位相关的福利待遇。

（四）对在岗被派遣劳动者进行工作岗位所必需的培训。

（五）连续用工的，实行正常的工资调整机制。

用工单位不得将被派遣劳动者再派遣到其他用人单位。

第六十三条　被派遣劳动者享有与用工单位的劳动者同工同酬的权利。用工单位应当按照同工同酬原则，对被派遣劳动者与本单位同类岗位的劳动者实行相同的劳动报酬分配办法。用工单位无同类岗位劳动者的，参照用工单位所在地相同或者相近岗位劳动者的劳动报酬确定。

劳务派遣单位与被派遣劳动者订立的劳动合同和与用工单位订立的劳务派遣协议，载明或者约定的向被派遣劳动者支付的劳动报酬应当符合前款规定。

第六十四条　被派遣劳动者有权在劳务派遣单位或者用工单位依法参加或者组织工会，维护自身的合法权益。

第六十六条　劳动合同用工是我国的企业基本用工形式。劳务派遣用工是补充形式，只能在临时性、辅助性或者替代性的工作岗位上实施。

前款规定的临时性工作岗位是指存续时间不超过六个月的岗位；辅助性工作岗位是指为主营业务岗位提供服务的非主营业务岗位；替代性工作岗位是指用工单位的劳动者因脱产学习、休假等原因无法工作的一定期间内，可以由其他劳动者替代工作的岗位。

用工单位应当严格控制劳务派遣用工数量，不得超过其用工总量的一定比例，具体比例由国务院劳动行政部门规定。

第六十七条　用人单位不得设立劳务派遣单位向本单位或者所属单位派遣劳动者。

第八十二条　用人单位自用工之日起超过一个月不满一年未与劳动者订立书面劳动合同的，应当向劳动者每月支付二倍的工资。

用人单位违反本法规定不与劳动者订立无固定期限劳动合同的，自应当订立无固定期限劳动合同之日起向劳动者每月支付二倍的工资。

### 4.1.8 《职业病防治法》（节选）

《职业病防治法》于2018年12月29日第十三届全国人民代表大会常务委员会第七次会议第四次修正，自2016年9月1日起施行。

《职业病防治法》的立法目的是预防、控制和消除职业病危害，防治职业病，保护劳动者健康及其相关权益。按照我国《职业病危害因素分类目录》，城镇燃气行业存在煤尘肺、一氧化碳中毒等职业病危害因素。相关条款如下：

第四条　劳动者依法享有职业卫生保护的权利。

用人单位应当为劳动者创造符合国家职业卫生标准和卫生要求的工作环境和条件，并采取措施保障劳动者获得职业卫生保护。

工会组织依法对职业病防治工作进行监督，维护劳动者的合法权益。用人单位制定或者修改有关职业病防治的规章制度，应当听取工会组织的意见。

第六条　用人单位的主要负责人对本单位的职业病防治工作全面负责。

第七条　用人单位必须依法参加工伤保险。

第十四条　用人单位应当依照法律、法规要求，严格遵守国家职业卫生标准，落实职业病预防措施，从源头上控制和消除职业病危害。

第十七条　新建、扩建、改建建设项目和技术改造、技术引进项目（以下统称建设项目）可能产生职业病危害的，建设单位在可行性论证阶段应当进行职业病危害预评价。

第二十二条　用人单位必须采用有效的职业病防护设施，并为劳动者提供个人使用的职业病防护用品。

用人单位为劳动者个人提供的职业病防护用品必须符合防治职业病的要求；不符合要求的，不得使用。

第二十四条　产生职业病危害的用人单位，应当在醒目位置设置公告栏，公布有关职业病防治的规章制度、操作规程、职业病危害事故应急救援措施和工作场所职业病危害因素检测结果。

第三十三条　用人单位与劳动者订立劳动合同（含聘用合同，下同）时，应当将工作过程中可能产生的职业病危害及其后果、职业病防护措施和待遇等如实告知劳动者，并在劳动合同中写明，不得隐瞒或者欺骗。

劳动者在已订立劳动合同期间因工作岗位或者工作内容变更，从事与所订立劳动合同中未告知的存在职业病危害的作业时，用人单位应当依照前款规定，向劳动者履行如实告知的义务，并协商变更原劳动合同相关条款。

用人单位违反前两款规定的，劳动者有权拒绝从事存在职业病危害的作业，用人单位不得因此解除与劳动者所订立的劳动合同。

第三十四条　用人单位的主要负责人和职业卫生管理人员应当接受职业卫生培训，遵守职业病防治法律、法规，依法组织本单位的职业病防治工作。

用人单位应当对劳动者进行上岗前的职业卫生培训和在岗期间的定期职业卫生培训，普及职业卫生知识，督促劳动者遵守职业病防治法律、法规、规章和操作规程，指导劳动者正确使用职业病防护设备和个人使用的职业病防护用品。

劳动者应当学习和掌握相关的职业卫生知识，增强职业病防范意识，遵守职业病防治法律、法规、规章和操作规程，正确使用、维护职业病防护设备和个人使用的职业病防护用品，发现职业病危害事故隐患应当及时报告。

劳动者不履行前款规定义务的，用人单位应当对其进行教育。

## 4.1.9　《价格法》（节选）

《价格法》于1997年12月29日第八届全国人民代表大会常务委员会第二十九次会议通过，自1998年5月1日起施行。

《价格法》共7章48条，规范价格行为，发挥价格合理配置资源的作用，稳定市场价格总水平，保护消费者和经营者的合法权益，促进社会主义市场经济健康发展，明确在中华人民共和国境内发生的价格行为，适用本法，本法所称价格包括商品价格和服务价格，商品价格是指各类有形产品和无形资产的价格，服务价格是指各类有偿服务的收费。

《价格法》明确国家实行主要由市场形成价格的机制。大多数商品和服务价格实行市场调节价，极少数商品和服务价格实行政府指导价或者政府定价。

市场调节价，是指由经营者自主制定，通过市场竞争形成的价格。

政府指导价，是指依照本法规定，由政府价格主管部门或者其他有关部门，按照定价权限和范围规定基准价及其浮动幅度，指导经营者制定的价格。

政府定价，是指依照本法规定，由政府价格主管部门或者其他有关部门，按照定价权限和范围制定的价格。

价格法对经营者的价格行为、政府的定价行为作了如下规定：

第十四条　经营者不得有下列不正当价格行为：

（一）相互串通，操纵市场价格，损害其他经营者或者消费者的合法权益。

（七）违反法律、法规的规定牟取暴利。

第十八条　下列商品和服务价格，政府在必要时可以实行政府指导价或者政府定价：

（一）与国民经济发展和人民生活关系重大的极少数商品价格。

（三）自然垄断经营的商品价格。

（四）重要的公用事业价格。

（五）重要的公益性服务价格。

第二十三条　制定关系群众切身利益的公用事业价格、公益性服务价格、自然垄断经营的商品价格等政府指导价、政府定价，应当建立听证会制度，由政府价格主管部门主持，征求消费者、经营者和有关方面的意见，论证其必要性、可行性。

## 4.1.10　《反不正当竞争法》（节选）

《反不正当竞争法》于2019年4月3日第十三届全国人民代表大会常务委员会第十次会议修正。

《反不正当竞争法》的宗旨是为保障社会主义市场经济健康发展，鼓励和保护公平竞争，制止不正当竞争行为，保护经营者和消费者的合法权益。

《反不正当竞争法》对不正当竞争手段作出规定：

第六条　经营者不得实施下列混淆行为，引人误认为是他人商品或者与他人存在特定联系：

（一）擅自使用与他人有一定影响的商品名称、包装、装潢等相同或者近似的标识。

（二）擅自使用他人有一定影响的企业名称（包括简称、字号等）、社会组织名称（包括简称等）、姓名（包括笔名、艺名、译名等）。

（三）擅自使用他人有一定影响的域名主体部分、网站名称、网页等。

（四）其他足以引人误认为是他人商品或者与他人存在特定联系的混淆行为。

## 4.1.11　《反垄断法》（节选）

《反垄断法》于2022年6月24日第十三届全国人民代表大会常务委员会第三十五次会议通过修改的决定，由中华人民共和国第十届全国人民代表大会常务委员会第二十九次会议，自2022年8月1日起施行。

《反垄断法》的宗旨是为了预防和制止垄断行为，保护市场公平竞争，提高经济运行效率，维护消费者利益和社会公共利益，促进社会主义市场经济健康发展。反垄断法规定的垄断行为包括：经营者达成垄断协议；经营者滥用市场支配地位；具有或者可能具有排除、限制竞争效果的经营者集中。《反垄断法》规定，具有市场支配地位的经营者，不得滥用市场支配地位，排除、限制竞争。

从事管道燃气经营的城镇燃气企业具有自然垄断的地位，加上其公用事业企业的特性，长期以来似乎与垄断无关，但近几年来，政府部门加强了对城镇燃气企业涉嫌垄断行为的监管力度，有多家企业因为要求用户购买指定产品、指定施工单位、预收费、协议垄断、强制修正结算气量等原因受到反垄断或反不正当竞争处罚。

## 4.1.12　《计量法》（节选）

《计量法》于2018年10月26日第十三届全国人民代表大会常务委员会第六次会议第五次修正。

《计量法》旨在加强计量监督管理，保障国家计量单位制的统一和量值的准确可靠，有利于生产、贸易和科学技术的发展，适应社会主义现代化建设的需要，维护国家、人民的利益，在中华人民共和国境内，建立计量基准器具、计量标准器具，进行计量检定，制造、修理、销售、使用计量器具，必须遵守本法。

城镇燃气经营企业无论从事瓶装燃气、管道燃气还是汽车、船舶加气经营，都属于贸易计量，必须执行计量法有关贸易计量器具强制检定的规定。

《计量法》对于必须实行强制检定的计量器具作了如下规定：

第九条　县级以上人民政府计量行政部门对社会公用计量标准器具，部门和企业、事业单位使用的最高计量标准器具，以及用于贸易结算、安全防护、医疗卫生、环境监测方面的列入强制检定目录的工作计量器具，实行强制检定。未按照规定申请检定或者检定不合格的，不得使用。实行强制检定的工作计量器具的目录和管理办法，由国务院制定。

第二十五条　属于强制检定范围的计量器具，未按照规定申请检定或者检定不合格继续使用的，责令停止使用，可以并处罚款。

### 4.1.13 《产品质量法》(节选)

《产品质量法》于 2018 年 12 月 29 日第十三届全国人民代表大会常务委员会第七次会议第三次修订。

《产品质量法》旨在加强对产品质量的监督管理，提高产品质量水平，明确产品质量责任，保护消费者的合法权益，维护社会经济秩序，适用于在中华人民共和国境内从事产品生产、销售活动，建设工程不适用本法规定。

第四条  生产者、销售者依照本法规定承担产品质量责任。

第五条  禁止伪造或者冒用认证标志等质量标志；禁止伪造产品的产地，伪造或者冒用他人的厂名、厂址；禁止在生产、销售的产品中掺杂、掺假，以假充真，以次充好。

第二十七条  产品或者其包装上的标识必须真实，并符合下列要求：

(一) 有产品质量检验合格证明。

(二) 有中文标明的产品名称、生产厂厂名和厂址。

(五) 使用不当，容易造成产品本身损坏或者可能危及人身、财产安全的产品，应当有警示标志或者中文警示说明。

第三十四条  销售者应当采取措施，保持销售产品的质量。

第三十五条  销售者不得销售国家明令淘汰并停止销售的产品和失效、变质的产品。

第三十七条  销售者不得伪造产地，不得伪造或者冒用他人的厂名、厂址。

第三十九条  销售者销售产品，不得掺杂、掺假，不得以假充真、以次充好，不得以不合格产品冒充合格产品。

城镇燃气经营企业有在液化石油气中掺混二甲醚、钢瓶标识不全、冒用其他单位名义供应液化气、销售国家明令淘汰的热水器或燃气灶、燃气热值不达标等违反产品质量法的行为。

### 4.1.14 《建筑法》(节选)

《建筑法》于 2011 年 4 月 22 日修正，自 2011 年 7 月 1 日起施行。

《建筑法》宗旨是为了加强对建筑活动的监督管理，维护建筑市场秩序，保证建筑工程的质量和安全，促进建筑业健康发展，本法所称建筑活动，是指各类房屋建筑及其附属设施的建造和与其配套的线路、管道、设备的安装活动。为工商业和居民房屋建筑配套建设的城镇燃气设施除应遵守相关燃气法律法规外，也适用《建筑法》。

作为建筑配套的燃气工程，因专业特殊性，实践中建筑业主往往会全盘委托燃气供应企业组织实施。燃气供应企业接替了业主的职责，但因土地、规划等原因，无法作为业主办理施工许可，还是应当由建筑业主来办理配套燃气工程的施工许可。

《建筑法》对建设工程的施工许可证、发包与承包、工程监理、施工安全、工程质量等作了全方位的规定。城镇燃气工程建设应关注以下条款：

第七条  建筑工程开工前，建设单位应当按照国家有关规定向工程所在地县级以上人民政府建设行政主管部门申请领取施工许可证；但是，国务院建设行政主管部门确定的限额以下的小型工程除外。

按照国务院规定的权限和程序批准开工报告的建筑工程，不再领取施工许可证。

第十二条　从事建筑活动的建筑施工企业、勘察单位、设计单位和工程监理单位，应当具备下列条件：

（一）有符合国家规定的注册资本；

（二）有与其从事的建筑活动相适应的具有法定执业资格的专业技术人员；

（三）有从事相关建筑活动所应有的技术装备；

（四）法律、行政法规规定的其他条件。

第十四条　从事建筑活动的专业技术人员，应当依法取得相应的执业资格证书，并在执业资格证书许可的范围内从事建筑活动。

第十五条　建筑工程的发包单位与承包单位应当依法订立书面合同，明确双方的权利和义务。

发包单位和承包单位应当全面履行合同约定的义务。不按照合同约定履行义务的，依法承担违约责任。

第三十条　国家推行建筑工程监理制定。

国务院可以规定实行强制监理的建筑工程的范围。

## 4.1.15 《城乡规划法》（节选）

《城乡规划法》于 2007 年 10 月 28 日第十届全国人民代表大会常务委员会第三十会议通过，自 2008 年 1 月 1 日起施行，2019 年 4 月 23 日第十三届全国人民代表大会常务委员会第十次会议第二次修正。

《城乡规划法》宗旨是加强城乡规划管理，协调城乡空间布局，改善人居环境，促进城乡经济社会全面协调可持续发展。

《城乡规划法》涉及城镇燃气工程建设的相关条款有：

第二十九条　城市的建设和发展，应当优先安排基础设施以及公共服务设施的建设，妥善处理新区开发与旧区改建的关系，统筹兼顾进城务工人员生活和周边农村经济社会发展、村民生产与生活的需要。

镇的建设和发展，应当结合农村经济社会发展和产业结构调整，优先安排供水、排水、供电、供气、道路、通信、广播电视等基础设施和学校、卫生院、文化站、幼儿园、福利院等公共服务设施的建设，为周边农村提供服务。

乡、村庄的建设和发展，应当因地制宜、节约用地，发挥村民自治组织的作用，引导村民合理进行建设，改善农村生产、生活条件。

第三十七条　在城市、镇规划区内以划拨方式提供国有土地使用权的建设项目，经有关部门批准、核准、备案后，建设单位应当向城市、县人民政府城乡规划主管部门提出建设用地规划许可申请，由城市、县人民政府城乡规划主管部门依据控制性详细规划核定建设用地的位置、面积、允许建设的范围，核发建设用地规划许可证。

建设单位在取得建设用地规划许可证后，方可向县级以上地方人民政府土地主管部门申请用地，经县级以上人民政府审批后，由土地主管部门划拨土地。

第三十八条　在城市、镇规划区内以出让方式提供国有土地使用权的，在国有土地使用权出让前，城市、县人民政府城乡规划主管部门应当依据控制性详细规划，提出出让地块的位置、使用性质、开发强度等规划条件，作为国有土地使用权出让合同的组成部分。未确定规划条件的地块，不得出让国有土地使用权。

以出让方式取得国有土地使用权的建设项目，在签订国有土地使用权出让合同后，建设单位应当持建设项目的批准、核准、备案文件和国有土地使用权出让合同，向城市、县人民政府城乡规划主管部门领取建设用地规划许可证。

城市、县人民政府城乡规划主管部门不得在建设用地规划许可证中，擅自改变作为国有土地使用权出让合同组成部分的规划条件。

第四十条　在城市、镇规划区内进行建筑物、构筑物、道路、管线和其他工程建设的，建设单位或者个人应当向城市、县人民政府城乡规划主管部门或者省、自治区、直辖市人民政府确定的镇人民政府申请办理建设工程规划许可证。

申请办理建设工程规划许可证，应当提交使用土地的有关证明文件、建设工程设计方案等材料。需要建设单位编制修建性详细规划的建设项目，还应当提交修建性详细规划。对符合控制性详细规划和规划条件的，由城市、县人民政府城乡规划主管部门或者省、自治区、直辖市人民政府确定的镇人民政府核发建设工程规划许可证。

城市、县人民政府城乡规划主管部门或者省、自治区、直辖市人民政府确定的镇人民政府应当依法将经审定的修建性详细规划、建设工程设计方案的总平面图予以公布。

## 4.1.16 《招标投标法》（节选）

《招标投标法》于 1999 年 8 月 30 日第九届全国人民代表大会常务委员会第十一次会议通过，2017 年 12 月 27 日第十二届全国人民代表大会常务委员会第三十一次会议修正。

《招标投标法》宗旨是为了规范招标投标活动，保护国家利益、社会公共利益和招标投标活动当事人的合法权益，提高经济效益，保证项目质量。

《招标投标法》对进行招标项目要求、招标方式等都作出明确的规定：

第三条　在中华人民共和国境内进行下列工程建设项目包括项目的勘察、设计、施工、监理以及与工程建设有关的重要设备、材料等的采购，必须进行招标：

（一）大型基础设施、公用事业等关系社会公共利益、公众安全的项目。

（二）全部或者部分使用国有资金投资或者国家融资的项目。

（三）使用国际组织或者外国政府贷款、援助资金的项目。

前款所列项目的具体范围和规模标准，由国务院发展计划部门会同国务院有关部门制订，报国务院批准。

法律或者国务院对必须进行招标的其他项目的范围有规定的，依照其规定。

第四条　任何单位和个人不得将依法必须进行招标的项目化整为零或者以其他任何方式规避招标。

第六条　依法必须进行招标的项目，其招标投标活动不受地区或者部门的限制。任何单位和个人不得违法限制或者排斥本地区、本系统以外的法人或者其他组织参加投标，不得以任何方式非法干涉招标投标活动。

第十条　招标分为公开招标和邀请招标。

公开招标，是指招标人以招标公告的方式邀请不特定的法人或者其他组织投标。

邀请招标，是指招标人以投标邀请书的方式邀请特定的法人或者其他组织投标。

第十一条　国务院发展计划部门确定的国家重点项目和省、自治区、直辖市人民政府确定的地方重点项目不适宜公开招标的，经国务院发展计划部门或者省、自治区、直辖市人民政府批准，可以进行邀请招标。

第十二条　招标人有权自行选择招标代理机构，委托其办理招标事宜。任何单位和个人不得以任何方式为招标人指定招标代理机构。

招标人具有编制招标文件和组织评标能力的，可以自行办理招标事宜。任何单位和个人不得强制其委托招标代理机构办理招标事宜。

依法必须进行招标的项目，招标人自行办理招标事宜的，应当向有关行政监督部门备案。

第十六条　招标人采用公开招标方式的，应当发布招标公告。依法必须进行招标的项目的招标公告，应当通过国家指定的报刊、信息网络或者其他媒介发布。

招标公告应当载明招标人的名称和地址、招标项目的性质、数量、实施地点和时间以及获取招标文件的办法等事项。

第十七条　招标人采用邀请招标方式的，应当向三个以上具备承担招标项目的能力、资信良好的特定的法人或者其他组织发出投标邀请书。

投标邀请书应当载明本法第十六条第二款规定的事项。

第二十四条　招标人应当确定投标人编制投标文件所需要的合理时间。但是，依法必须进行招标的项目，自招标文件开始发出之日起至投标人提交投标文件截止之日止，最短不得少于二十日。

第四十条　评标委员会应当按照招标文件确定的评标标准和方法，对投标文件进行评审和比较。设有标底的，应当参考标底。评标委员会完成评标后，应当向招标人提出书面评标报告，并推荐合格的中标候选人。

招标人根据评标委员会提出的书面评标报告和推荐的中标候选人确定中标人。招标人也可以授权评标委员会直接确定中标人。

国务院对特定招标项目的评标有特别规定的，从其规定。

第四十九条　违反本法规定，必须进行招标的项目而不招标的，将必须进行招标的项目化整为零或者以其他任何方式规避招标的，责令限期改正，可以处项目合同金额千分之五以上千分之十以下的罚款；对全部或者部分使用国有资金的项目，可以暂停项目执行或者暂停资金拨付；对单位直接负责的主管人员和其他直接责任人员依法给予处分。

### 4.1.17 《突发事件应对法》（节选）

《突发事件应对法》于2007年8月30日第十届全国人民代表大会常务委员会第二十九次会议通过，自2007年11月1日起施行。

《突发事件应对法》适用于突发自然灾害、事故灾难、公共卫生事件和社会安全事件的预防与应急准备、监测与预警、应急处置与救援、事后恢复与重建等应对活动，主要规定了预防和处置突发事件时政府部门的职责。

城镇燃气是易燃易爆的危险物品，城镇燃气经营企业既涉及危险物品的储存、经营，又涉及公共区域的安全管理与公共服务，需要特别重视各类城镇燃气突发事件的应对，熟悉突发事件应对法以下相关内容：

第二十二条　所有单位应当建立健全安全管理制度，定期检查本单位各项安全防范措施的落实情况，及时消除事故隐患；掌握并及时处理本单位存在的可能引发社会安全事件的问题，防止矛盾激化和事态扩大；对本单位可能发生的突发事件和采取安全防范措施的情况，应当按照规定及时向所在地人民政府或者人民政府有关部门报告。

第二十三条　矿山、建筑施工单位和易燃易爆物品、危险化学品、放射性物品等危险物品的生产、经营、储运、使用单位，应当制定具体应急预案，并对生产经营场所、有危险物品的建筑物、构筑物及周边环境开展隐患排查，及时采取措施消除隐患，防止发生突发事件。

## 4.1.18 《反恐怖主义法》（节选）

《反恐怖主义法》于 2018 年 4 月 27 日第十三届全国人民代表大会常务委员会第二次会议修正。

《反恐怖主义法》目的是防范和惩治恐怖活动，加强反恐怖主义工作，维护国家安全、公共安全和人民生命财产安全。

城镇燃气企业具有一定规模的生产储存设施或调度管理中心通常被认定为恐怖袭击的重点目标，应严格执行反恐法的相关规定：

第三十一条　公安机关应当会同有关部门，将遭受恐怖袭击的可能性较大以及遭受恐怖袭击可能造成重大的人身伤亡、财产损失或者社会影响的单位、场所、活动、设施等确定为防范恐怖袭击的重点目标，报本级反恐怖主义工作领导机构备案。

第三十二条　重点目标的管理单位应当履行下列职责：

（一）制定防范和应对处置恐怖活动的预案、措施，定期进行培训和演练。

（二）建立反恐怖主义工作专项经费保障制度，配备、更新防范和处置设备、设施。

（三）指定相关机构或者落实责任人员，明确岗位职责。

（四）实行风险评估，实时监测安全威胁，完善内部安全管理。

（五）定期向公安机关和有关部门报告防范措施落实情况。

重点目标的管理单位应当根据城乡规划、相关标准和实际需要，对重点目标同步设计、同步建设、同步运行符合本法第二十七条规定的技防、物防设备、设施。

重点目标的管理单位应当建立公共安全视频图像信息系统值班监看、信息保存使用、运行维护等管理制度，保障相关系统正常运行。采集的视频图像信息保存期限不得少于九十日。

## 4.1.19 《消防法》

《消防法》于 2021 年 4 月 29 日第十三届全国人民代表大会常务委员会第二十八次会议修正。

《消防法》宗旨是为了预防火灾和减少火灾危害，加强应急救援工作，保护人身、财产安全，维护公共安全，明确了"预防为主、防消结合"的消防工作方针，提出了政府统一领导、部门依法监管、单位全面负责、公民积极参与的原则，实行消防安全责任制，建立健全社会化的消防工作网络。

《消防法》对工程建设过程中的消防设计、审核、施工、验收、备案等作出规定，新修正的《消防法》将建设工程消防审查验收的职能划转到了住房和城乡建设主管部门。《消防法》还对机关、团体、企业、事业等单位，生产、储存、经营易燃易爆危险品的场所，专职消防队建设等作出详细的规定。

第九条　建设工程的消防设计、施工必须符合国家工程建设消防技术标准。建设、设计、施工、工程监理等单位依法对建设工程的消防设计、施工质量负责。

第十条　对按照国家工程建设消防技术标准需要进行消防设计的建设工程，实行建设工程消防设计审查验收制度。

第十一条　国务院住房和城乡建设主管部门规定的特殊建设工程，建设单位应当将消防设计文件报送住房和城乡建设主管部门审查，住房和城乡建设主管部门依法对审查的结果负责。

前款规定以外的其他建设工程，建设单位申请领取施工许可证或者申请批准开工报告时应当提供满足施工需要的消防设计图纸及技术资料。

第十二条　特殊建设工程未经消防设计审查或者审查不合格的，建设单位、施工单位不得施工。其他建设工程，建设单位未提供满足施工需要的消防设计图纸及技术资料的，有关部门不得发放施工许可证或者批准开工报告。

第十三条　国务院住房和城乡建设主管部门规定应当申请消防验收的建设工程竣工，建设单位应当向住房和城乡建设主管部门申请消防验收。

前款规定以外的其他建设工程，建设单位在验收后应当报住房和城乡建设主管部门备案，住房和城乡建设主管部门应当进行抽查。

依法应当进行消防验收的建设工程，未经消防验收或者消防验收不合格的，禁止投入使用。其他建设工程经依法抽查不合格的，应当停止使用。

第十四条　建设工程消防设计审查、消防验收、备案和抽查的具体办法，由国务院住房和城乡建设主管部门规定。

第十六条　机关、团体、企业、事业等单位应当履行下列消防安全职责：

（一）落实消防安全责任制，制定本单位的消防安全制度、消防安全操作规程，制定灭火和应急疏散预案。

（二）按照国家标准、行业标准配置消防设施、器材，设置消防安全标志，并定期组织检验、维修，确保完好有效。

（三）对建筑消防设施每年至少进行一次全面检测，确保完好有效，检测记录应当完整准确，存档备查。

（四）保障疏散通道、安全出口、消防车通道畅通，保证防火防烟分区、防火间距符合消防技术标准。

（五）组织防火检查，及时消除火灾隐患。

（六）组织进行有针对性的消防演练。

（七）法律、法规规定的其他消防安全职责。

单位的主要负责人是本单位的消防安全责任人。

第十七条　县级以上地方人民政府消防救援机构应当将发生火灾可能性较大以及发生火灾可能造成重大的人身伤亡或者财产损失的单位，确定为本行政区域内的消防安全重点单位，并由应急管理部门报本级人民政府备案。

消防安全重点单位除应当履行本法第十六条规定的职责外，还应当履行下列消防安全职责：

（一）确定消防安全管理人，组织实施本单位的消防安全管理工作。

（二）建立消防档案，确定消防安全重点部位，设置防火标志，实行严格管理。

（三）实行每日防火巡查，并建立巡查记录。

（四）对职工进行岗前消防安全培训，定期组织消防安全培训和消防演练。

第十八条　同一建筑物由两个以上单位管理或者使用的，应当明确各方的消防安全责任，并确定责任人对共用的疏散通道、安全出口、建筑消防设施和消防车通道进行统一管理。

住宅区的物业服务企业应当对管理区域内的公用消防设施进行维护管理，提供消防安全防范服务。

第十九条　生产、储存、经营易燃易爆危险品的场所不得与居住场所设置在同一建筑物内，并应当与居住场所保持安全距离。

生产、储存、经营其他物品的场所与居住场所设置在同一建筑物内的，应当符合国家工程建设消防技术标准。

第二十二条　生产、储存、装卸易燃易爆危险品的工厂、仓库和专用车站、码头的设置，应当符合消防技术标准。易燃易爆气体和液体的充装站、供应站、调压站，应当设置在符合消防安全要求的位置，并符合防火防爆要求。

已经设置的生产、储存、装卸易燃易爆危险品的工厂、仓库和专用车站、码头，易燃易爆气体和液体的充装站、供应站、调压站，不再符合前款规定的，地方人民政府应当组织、协调有关部门、单位限期解决，消除安全隐患。

第二十七条　电器产品、燃气用具的产品标准，应当符合消防安全的要求。

电器产品、燃气用具的安装、使用及其线路、管路的设计、敷设、维护保养、检测，必须符合消防技术标准和管理规定。

## 4.1.20　《道路交通安全法》

《道路交通安全法》于 2021 年 4 月 29 日第三次修正，于公布之日施行。

《道路交通安全法》旨在维护道路交通秩序，预防和减少交通事故，保护人身安全，保护公民、法人和其他组织的财产安全及其他合法权益，提高通行效率。

## 4.1.21　《特种设备安全法》（节选）

《特种设备安全法》于 2013 年 6 月 29 日由中华人民共和国第十二届全国人民代表大会常务委员会第三次会议通过，自 2014 年 1 月 1 日起施行。

特种设备包括锅炉、压力容器、压力管道、电梯、起重机械、客运索道、大型游乐设施、场（厂）内专用机动车辆等。特种设备安全法突出了特种设备生产、经营、使用单位的安全主体责任，明确规定：在生产环节，生产企业对特种设备的质量负责；在经营环节，销售和出租的特种设备必须符合安全要求，出租人负有对特种设备使用安全管理和维护保养的义务；在事故多发的使用环节，使用单位对特种设备使用安全负责，并负有对特种设备的报废义务，发生事故造成损害的依法承担赔偿责任。

城镇燃气经营企业储存和输送液化石油气、液化天然气的气相、液相储罐和气相、液相管道都属于特种设备，应当执行特种设备法的相关规定：

第三十二条　特种设备使用单位应当使用取得许可生产并经检验合格的特种设备。

禁止使用国家明令淘汰和已经报废的特种设备。

第三十三条　特种设备使用单位应当在特种设备投入使用前或者投入使用后三十日内，向负责特种设备安全监督管理的部门办理使用登记，取得使用登记证书。登记标志应当置于该特种设备的显著位置。

第三十四条　特种设备使用单位应当建立岗位责任、隐患治理、应急救援等安全管理制度，制定操作规程，保证特种设备安全运行。

第三十九条　特种设备使用单位应当对其使用的特种设备进行经常性维护保养和定期自行检查，并作出记录。

特种设备使用单位应当对其使用的特种设备的安全附件、安全保护装置进行定期校验、检修，并作出记录。

第四十条　特种设备使用单位应当按照安全技术规范的要求，在检验合格有效期届满前一个月向特种设备检验机构提出定期检验要求。

特种设备检验机构接到定期检验要求后，应当按照安全技术规范的要求及时进行安全性能检验。特种设备使用单位应当将定期检验标志置于该特种设备的显著位置。

未经定期检验或者检验不合格的特种设备，不得继续使用。

第四十九条　移动式压力容器、气瓶充装单位，应当具备下列条件，并经负责特种设备安全监督管理的部门许可，方可从事充装活动：

（一）有与充装和管理相适应的管理人员和技术人员。

（二）有与充装和管理相适应的充装设备、检测手段、场地厂房、器具、安全设施。

（三）有健全的充装管理制度、责任制度、处理措施。

充装单位应当建立充装前后的检查、记录制度，禁止对不符合安全技术规范要求的移动式压力容器和气瓶进行充装。

气瓶充装单位应当向气体使用者提供符合安全技术规范要求的气瓶，对气体使用者进行气瓶安全使用指导，并按照安全技术规范的要求办理气瓶使用登记，及时申报定期检验。

### 4.1.22　《石油天然气管道保护法》

《石油天然气管道保护法》于2010年6月25日第十一届全国人民代表大会常务委员会第十五次会议通过，自2010年10月1日起施行。

石油天然气保护法旨在保护石油、天然气管道，保障石油、天然气输送安全，维护国家能源安全和公共安全，但城镇燃气管道和炼油、化工等企业厂区内管道的保护，不适用本法。

尽管石油天然气管道保护法针对长输管道，不适用城镇燃气，但其中有关管道保护方面的规定值得城镇燃气企业参考或借鉴，有助于城镇燃气管道的安全管理。

同时保护法的出台对已建管道的保护提供了很好的保障，但由于第三章"管道运行中的保护"有关保护范围较大、要求较高，对地方土地利用带来较大的影响，因此也对此后新建石油、天然气管道工程带来了较大的阻力，包括城镇燃气管道的建设也受到一定的影响。

# 4.2　法　　规

## 4.2.1　《工伤保险条例》(节选)

2010年12月20日根据《国务院关于修改〈工伤保险条例〉的决定》对条例进行了修订。条例适用于中华人民共和国境内的企业、事业单位、社会团体、民办非企业单位、基金会、律师事务所、会计师事务所等组织和有雇工的个体工商户等全部用人单位，所有都应当为本单位全部职工或者雇工缴纳工伤保险费。

本条例规定了工伤保险费的征缴与使用、工伤认定、工伤待遇等，用人单位应当掌握条例的相关规定，避免产生不必要的纠纷。相关条款如下：

第十条　用人单位应当按时缴纳工伤保险费。职工个人不缴纳工伤保险费。

用人单位缴纳工伤保险费的数额为本单位职工工资总额乘以单位缴费费率之积。

对难以按照工资总额缴纳工伤保险费的行业，其缴纳工伤保险费的具体方式，由国务院社会保险行政部门规定。

第十四条　职工有下列情形之一的，应当认定为工伤：

（一）在工作时间和工作场所内，因工作原因受到事故伤害的。

（二）工作时间前后在工作场所内，从事与工作有关的预备性或者收尾性工作受到事故伤害的。

（三）在工作时间和工作场所内，因履行工作职责受到暴力等意外伤害的。

（四）患职业病的。

（五）因工外出期间，由于工作原因受到伤害或者发生事故下落不明的。

（六）在上下班途中，受到非本人主要责任的交通事故或者城市轨道交通、客运轮渡、火车事故伤害的。

（七）法律、行政法规规定应当认定为工伤的其他情形。

第十五条　职工有下列情形之一的，视同工伤：

（一）在工作时间和工作岗位，突发疾病死亡或者在48小时之内经抢救无效死亡的。

（二）在抢险救灾等维护国家利益、公共利益活动中受到伤害的。

（三）职工原在军队服役，因战、因公负伤致残，已取得革命伤残军人证，到用人单位后旧伤复发的。

职工有前款第（一）项、第（二）项情形的，按照本条例的有关规定享受工伤保险待遇；职工有前款第（三）项情形的，按照本条例的有关规定享受除一次性伤残补助金以外的工伤保险待遇。

第十六条　职工符合本条例第十四条、第十五条的规定，但是有下列情形之一的，不得认定为工伤或者视同工伤：

（一）故意犯罪的。

（二）醉酒或者吸毒的。

（三）自残或者自杀的。

第二十一条　职工发生工伤，经治疗伤情相对稳定后存在残疾、影响劳动能力的，应当进行劳动能力鉴定。

第三十三条　职工因工作遭受事故伤害或者患职业病需要暂停工作接受工伤医疗的，在停工留薪期内，原工资福利待遇不变，由所在单位按月支付。

停工留薪期一般不超过12个月。伤情严重或者情况特殊，经设区的市级劳动能力鉴定委员会确认，可以适当延长，但延长不得超过12个月。工伤职工评定伤残等级后，停发原待遇，按照本章的有关规定享受伤残待遇。工伤职工在停工留薪期满后仍需治疗的，继续享受工伤医疗待遇。

生活不能自理的工伤职工在停工留薪期需要护理的，由所在单位负责。

第四十二条　工伤职工有下列情形之一的，停止享受工伤保险待遇：

（一）丧失享受待遇条件的。

（二）拒不接受劳动能力鉴定的。

（三）拒绝治疗的。

### 4.2.2 《企业事业单位内部治安保卫条例》

《企业事业单位内部治安保卫条例》于2004年9月13日国务院第64次常务会议通过，自2004年12月1日起施行。

本条例旨在规范企业、事业单位内部治安保卫工作，保护公民人身、财产安全和公共财产安全，维护单位的工作、生产、经营、教学和科研秩序。条例规定，治安保卫重点单位应当设置与治安保卫任务相适应的治安保卫机构，配备专职治安保卫人员，并将治安保卫机构的设置和人员的配备情况报主管公安机关备案。

本条例明确城市水、电、燃气、热力供应设施等关系全国或者所在地区国计民生、国家安全和公共安全的单位是治安保卫重点单位。治安保卫重点单位应当确定本单位的治安保卫重要部位，按照有关国家标准对重要部位设置必要的技术防范设施，并实施重点保护。治安保卫重点单位应当在公安机关指导下制定单位内部治安突发事件处置预案，并定期演练。

### 4.2.3 《建设工程质量管理条例》（节选）

《建设工程质量管理条例》于2000年1月10日国务院第25次常务会议通过，自2000年1月30日起施行，2017年10月7日根据中华人民共和国国务院令第687号进行修订。

本条例旨在加强对建设工程质量的管理，保证建设工程质量，保护人民生命和财产安全，凡在中华人民共和国境内从事土木工程、建筑工程、线路管道和设备安装工程及装修工程等建设工程的新建、扩建、改建等有关活动及实施对建设工程质量监督管理的，必须遵守本条例。条例对建设单位、勘察单位、设计单位、施工单位、工程监理单位的质量责任和义务作出详细的规定，要求各相关单位依法对建设工程质量负责，并规定了违反相关规定应当承担的法律责任。条例相关条款如下：

第七条　建设单位应当将工程发包给具有相应资质等级的单位。

建设单位不得将建设工程肢解发包。

第八条　建设单位应当依法对工程建设项目的勘察、设计、施工、监理以及与工程建设有关的重要设备、材料等的采购进行招标。

第九条　建设单位必须向有关的勘察、设计、施工、工程监理等单位提供与建设工程有关的原始资料。

原始资料必须真实、准确、齐全。

第十条　建设工程发包单位不得迫使承包方以低于成本的价格竞标，不得任意压缩合理工期。

建设单位不得明示或者暗示设计单位或者施工单位违反工程建设强制性标准，降低建设工程质量。

第十一条　建设单位应当将施工图设计文件报县级以上人民政府建设行政主管部门或者其他有关部门审查。施工图设计文件审查的具体办法，由国务院建设行政主管部门会同国务院其他有关部门制定。

施工图设计文件未经审查批准的，不得使用。

第十二条　实行监理的建设工程，建设单位应当委托具有相应资质等级的工程监理单位进行监理，也可以委托具有工程监理相应资质等级并与被监理工程的施工承包单位没有隶属关系或者其他利害关系的该工程的设计单位进行监理。

下列建设工程必须实行监理：

（一）国家重点建设工程。

（二）大中型公用事业工程。

（三）成片开发建设的住宅小区工程。

（四）利用外国政府或者国际组织贷款、援助资金的工程。

（五）国家规定必须实行监理的其他工程。

第十三条　建设单位在领取施工许可证或者开工报告前，应当按照国家有关规定办理工程质量监督手续。

第十四条　按照合同约定，由建设单位采购建筑材料、建筑构配件和设备的，建设单位应当保证建筑材料、建筑构配件和设备符合设计文件和合同要求。

建设单位不得明示或者暗示施工单位使用不合格的建筑材料、建筑构配件和设备。

第十六条　建设单位收到建设工程竣工报告后，应当组织设计、施工、工程监理等有关单位进行竣工验收。

建设工程竣工验收应当具备下列条件：

（一）完成建设工程设计和合同约定的各项内容。

（二）有完整的技术档案和施工管理资料。

（三）有工程使用的主要建筑材料、建筑构配件和设备的进场试验报告。

（四）有勘察、设计、施工、工程监理等单位分别签署的质量合格文件。

（五）有施工单位签署的工程保修书。

建设工程经验收合格的，方可交付使用。

建设单位应当严格按照国家有关档案管理的规定，及时收集、整理建设项目各环节的文件资料，建立、健全建设项目档案，并在建设工程竣工验收后，及时向建设行政主管部门或者其他有关部门移交建设项目档案。

第四十九条　建设单位应当自建设工程竣工验收合格之日起 15 日内，将建设工程竣工验收报告和规划、公安消防、环保等部门出具的认可文件或者准许使用文件报建设行政主管部门或者其他有关部门备案。

建设行政主管部门或者其他有关部门发现建设单位在竣工验收过程中有违反国家有关建设工程质量管理规定行为的，责令停止使用，重新组织竣工验收。

第五十条　有关单位和个人对县级以上人民政府建设行政主管部门和其他有关部门进行的监督检查应当支持与配合，不得拒绝或者阻碍建设工程质量监督检查人员依法执行职务。

第五十一条　供水、供电、供气、公安消防等部门或者单位不得明示或者暗示建设单位、施工单位购买其指定的生产供应单位的建筑材料、建筑构配件和设备。

### 4.2.4　《生产安全事故应急条例》（节选，仅选取企业适用部分）

《生产安全事故应急条例》于 2018 年 12 月 5 日国务院第三十三次常务会议通过，自 2019 年 4 月 1 日起施行。

条例旨在规范生产安全事故应急工作，保障人民群众生命和财产安全，相关条款如下：

第四条　生产经营单位应当加强生产安全事故应急工作，建立、健全生产安全事故应急工作责任制，其主要负责人对本单位的生产安全事故应急工作全面负责。

第五条　生产经营单位应当针对本单位可能发生的生产安全事故的特点和危害，进行风险辨识和评估，制定相应的生产安全事故应急救援预案，并向本单位从业人员公布。

第六条　生产安全事故应急救援预案应当符合有关法律、法规、规章和标准的规定，具有科学性、针对性和可操作性，明确规定应急组织体系、职责分工以及应急救援程序和措施。

有下列情形之一的，生产安全事故应急救援预案制定单位应当及时修订相关预案：

（一）制定预案所依据的法律、法规、规章、标准发生重大变化。

（二）应急指挥机构及其职责发生调整。

（三）安全生产面临的风险发生重大变化。

（四）重要应急资源发生重大变化。

（五）在预案演练或者应急救援中发现需要修订预案的重大问题。

（六）其他应当修订的情形。

第七条　易燃易爆物品、危险化学品等危险物品的生产、经营、储存、运输单位，矿山、金属冶炼、城市轨道交通运营、建筑施工单位，以及宾馆、商场、娱乐场所、旅游景区等人员密集场所经营单位，应当将其制定的生产安全事故应急救援预案按照国家有关规定报送县级以上人民政府负有安全生产监督管理职责的部门备案，并依法向社会公布。

第八条　易燃易爆物品、危险化学品等危险物品的生产、经营、储存、运输单位，矿山、金属冶炼、城市轨道交通运营、建筑施工单位，以及宾馆、商场、娱乐场所、旅游景区等人员密集场所经营单位，应当至少每半年组织 1 次生产安全事故应急救援预案演练，并将演练情况报送所在地县级以上地方人民政府负有安全生产监督管理职责的部门。

第九条 国家鼓励和支持生产经营单位和其他社会力量建立提供社会化应急救援服务的应急救援队伍。

第十条 易燃易爆物品、危险化学品等危险物品的生产、经营、储存、运输单位，矿山、金属冶炼、城市轨道交通运营、建筑施工单位，以及宾馆、商场、娱乐场所、旅游景区等人员密集场所经营单位，应当建立应急救援队伍。其中，小型企业或者微型企业等规模较小的生产经营单位，可以不建立应急救援队伍，但应当指定兼职的应急救援人员，并且可以与邻近的应急救援队伍签订应急救援协议。

工业园区、开发区等产业聚集区域内的生产经营单位，可以联合建立应急救援队伍。

第十二条 生产经营单位应当及时将本单位应急救援队伍建立情况按照国家有关规定报送县级以上人民政府负有安全生产监督管理职责的部门，并依法向社会公布。

第十三条 易燃易爆物品、危险化学品等危险物品的生产、经营、储存、运输单位，矿山、金属冶炼、城市轨道交通运营、建筑施工单位，以及宾馆、商场、娱乐场所、旅游景区等人员密集场所经营单位，应当根据本单位可能发生的生产安全事故的特点和危害，配备必要的灭火、排水、通风以及危险物品稀释、掩埋、收集等应急救援器材、设备和物资，并进行经常性维护、保养，保证正常运转。

第十四条 下列单位应当建立应急值班制度，配备应急值班人员：

（二）危险物品的生产、经营、储存、运输单位以及矿山、金属冶炼、城市轨道交通运营、建筑施工单位。

（三）应急救援队伍。

规模较大、危险性较高的易燃易爆物品、危险化学品等危险物品的生产、经营、储存、运输单位应当成立应急处置技术组，实行 24 小时应急值班。

第十五条 生产经营单位应当对从业人员进行应急教育和培训，保证从业人员具备必要的应急知识，掌握风险防范技能和事故应急措施。

第十六条 生产经营单位可以通过生产安全事故应急救援信息系统办理生产安全事故应急救援预案备案手续，报送应急救援预案演练情况和应急救援队伍建设情况。但依法需要保密的除外。

第十七条 发生生产安全事故后，生产经营单位应当立即启动生产安全事故应急救援预案，采取下列一项或者多项应急救援措施，并按照国家有关规定报告事故情况：

（一）迅速控制危险源，组织抢救遇险人员。

（二）根据事故危害程度，组织现场人员撤离或者采取可能的应急措施后撤离。

（三）及时通知可能受到事故影响的单位和人员。

（四）采取必要措施，防止事故危害扩大和次生、衍生灾害发生。

（五）根据需要请求邻近的应急救援队伍参加救援，并向参加救援的应急救援队伍提供相关技术资料、信息和处置方法。

（六）维护事故现场秩序，保护事故现场和相关证据。

（七）法律、法规规定的其他应急救援措施。

## 4.2.5 《建设工程安全生产管理条例》（节选）

《建设工程安全生产管理条例》于 2003 年 11 月 12 日国务院第 28 次常务会议通过，自

2004 年 2 月 1 日起施行。

本条例旨在加强建设工程安全生产监督管理，保障人民群众生命和财产安全，中华人民共和国境内从事土木工程、建筑工程、线路管道和设备安装工程及装修工程等建设工程的新建、扩建、改建和拆除等有关活动及实施对建设工程安全生产的监督管理，必须遵守本条例。条例规定建设单位、勘察单位、设计单位、施工单位、工程监理单位及其他与建设工程安全生产有关的单位，必须遵守安全生产法律、法规的规定，保证建设工程安全生产，依法承担建设工程安全生产责任，并明确了具体的安全责任要求。相关条款如下：

第六条　建设单位应当向施工单位提供施工现场及毗邻区域内供水、排水、供电、供气、供热、通信、广播电视等地下管线资料，气象和水文观测资料，相邻建筑物和构筑物、地下工程的有关资料，并保证资料的真实、准确、完整。

建设单位因建设工程需要，向有关部门或者单位查询前款规定的资料时，有关部门或者单位应当及时提供。

第七条　建设单位不得对勘察、设计、施工、工程监理等单位提出不符合建设工程安全生产法律、法规和强制性标准规定的要求，不得压缩合同约定的工期。

第八条　建设单位在编制工程概算时，应当确定建设工程安全作业环境及安全施工措施所需费用。

第九条　建设单位不得明示或者暗示施工单位购买、租赁、使用不符合安全施工要求的安全防护用具、机械设备、施工机具及配件、消防设施和器材。

第十条　建设单位在申请领取施工许可证时，应当提供建设工程有关安全施工措施的资料。

依法批准开工报告的建设工程，建设单位应当自开工报告批准之日起 15 日内，将保证安全施工的措施报送建设工程所在地的县级以上地方人民政府建设行政主管部门或者其他有关部门备案。

### 4.2.6　《中华人民共和国招标投标法实施条例》（节选）

《中华人民共和国招标投标法实施条例》于 2011 年 11 月 30 日国务院第 183 次常务会议通过，根据 2017 年 3 月 1 日《国务院关于修改和废止部分行政法规的决定》修订，根据 2018 年 3 月 19 日《国务院关于修改和废止部分行政法规的决定》修正，根据 2019 年 3 月 2 日《国务院关于修改部分行政法规的决定》修正。

本条例旨在规范建设工程项目的招标投标活动，其中建设工程包括建筑物和构筑物的新建、改建、扩建及其相关的装修、拆除、修缮等。与工程建设有关的货物，是指构成工程不可分割的组成部分，且为实现工程基本功能所必需的设备、材料等。与工程建设有关的服务，是指为完成工程所需的勘察、设计、监理等服务。

最新修正的条例第五十五条关于中标人的规定相比招标投标法有一定的变化，只规定国有资金占控股或者主导地位的依法必须进行招标的项目，招标人应当确定排名第一的中标候选人为中标人。其他招标主体有一定的自主权。

第八条　国有资金占控股或者主导地位的依法必须进行招标的项目，应当公开招标。但有下列情形之一的，可以邀请招标：

（一）技术复杂、有特殊要求或者受自然环境限制，只有少量潜在投标人可供选择。

（二）采用公开招标方式的费用占项目合同金额的比例过大。

有前款第二项所列情形，属于本条例第七条规定的项目，由项目审批、核准部门在审批、核准项目时作出认定。其他项目由招标人申请有关行政监督部门作出认定。

第九条　除招标投标法第六十六条规定的可以不进行招标的特殊情况外，有下列情形之一的，可以不进行招标：

（一）需要采用不可替代的专利或者专有技术。

（二）采购人依法能够自行建设、生产或者提供。

（三）已通过招标方式选定的特许经营项目投资人依法能够自行建设、生产或者提供。

（四）需要向原中标人采购工程、货物或者服务，否则将影响施工或者功能配套要求。

（五）国家规定的其他特殊情形。

招标人为适用前款规定弄虚作假的，属于招标投标法第四条规定的规避招标。

第二十四条　招标人对招标项目划分标段的，应当遵守招标投标法的有关规定，不得利用划分标段限制或者排斥潜在投标人。依法必须进行招标的项目的招标人不得利用划分标段规避招标。

第二十九条　招标人可以依法对工程以及与工程建设有关的货物、服务全部或者部分实行总承包招标。以暂估价形式包括在总承包范围内的工程、货物、服务属于依法必须进行招标的项目范围且达到国家规定规模标准的，应当依法进行招标。

前款所称暂估价，是指总承包招标时不能确定价格而由招标人在招标文件中暂时估定的工程、货物、服务的金额。

第三十条　对技术复杂或者无法精确拟定技术规格的项目，招标人可以分两阶段进行招标。

第一阶段，投标人按照招标公告或者投标邀请书的要求提交不带报价的技术建议，招标人根据投标人提交的技术建议确定技术标准和要求，编制招标文件。

第二阶段，招标人向在第一阶段提交技术建议的投标人提供招标文件，投标人按照招标文件的要求提交包括最终技术方案和投标报价的投标文件。

招标人要求投标人提交投标保证金的，应当在第二阶段提出。

第三十二条　招标人不得以不合理的条件限制、排斥潜在投标人或者投标人。

招标人有下列行为之一的，属于以不合理条件限制、排斥潜在投标人或者投标人：

（一）就同一招标项目向潜在投标人或者投标人提供有差别的项目信息。

（二）设定的资格、技术、商务条件与招标项目的具体特点和实际需要不相适应或者与合同履行无关。

（三）依法必须进行招标的项目以特定行政区域或者特定行业的业绩、奖项作为加分条件或者中标条件。

（四）对潜在投标人或者投标人采取不同的资格审查或者评标标准。

（五）限定或者指定特定的专利、商标、品牌、原产地或者供应商。

（六）依法必须进行招标的项目非法限定潜在投标人或者投标人的所有制形式或者组织形式。

（七）以其他不合理条件限制、排斥潜在投标人或者投标人。

第五十五条 国有资金占控股或者主导地位的依法必须进行招标的项目，招标人应当确定排名第一的中标候选人为中标人。排名第一的中标候选人放弃中标、因不可抗力不能履行合同、不按照招标文件要求提交履约保证金，或者被查实存在影响中标结果的违法行为等情形，不符合中标条件的，招标人可以按照评标委员会提出的中标候选人名单排序依次确定其他中标候选人为中标人，也可以重新招标。

### 4.2.7 《生产安全事故报告和调查处理条例》（节选）

《生产安全事故报告和调查处理条例》于2015年1月16日国家安全生产监督管理总局局长办公会议通过，自2015年5月1日起施行。

本条例旨在规范生产安全事故的报告和调查处理，落实生产安全事故责任追究制度，防止和减少生产安全事故。生产经营活动中发生的造成人身伤亡或者直接经济损失的生产安全事故的报告和调查处理，适用本条例；环境污染事故、核设施事故、国防科研生产事故的报告和调查处理不适用本条例。条例根据生产安全事故造成的人员伤亡或者直接经济损失，将事故划分为特别重大事故、重大事故、较大事故、一般事故四个等级，相关条款如下：

第四条 事故报告应当及时、准确、完整，任何单位和个人对事故不得迟报、漏报、谎报或者瞒报。

事故调查处理应当坚持实事求是、尊重科学的原则，及时、准确地查清事故经过、事故原因和事故损失，查明事故性质，认定事故责任，总结事故教训，提出整改措施，并对事故责任者依法追究责任。

第六条 工会依法参加事故调查处理，有权向有关部门提出处理意见。

第九条 事故发生后，事故现场有关人员应当立即向本单位负责人报告；单位负责人接到报告后，应当于1小时内向事故发生地县级以上人民政府安全生产监督管理部门和负有安全生产监督管理职责的有关部门报告。

情况紧急时，事故现场有关人员可以直接向事故发生地县级以上人民政府安全生产监督管理部门和负有安全生产监督管理职责的有关部门报告。

第十二条 报告事故应当包括下列内容：

（一）事故发生单位概况。

（二）事故发生的时间、地点以及事故现场情况。

（三）事故的简要经过。

（四）事故已经造成或者可能造成的伤亡人数（包括下落不明的人数）和初步估计的直接经济损失。

（五）已经采取的措施。

（六）其他应当报告的情况。

第十四条 事故发生单位负责人接到事故报告后，应当立即启动事故相应应急预案，或者采取有效措施，组织抢救，防止事故扩大，减少人员伤亡和财产损失。

第十九条 特别重大事故由国务院或者国务院授权有关部门组织事故调查组进行调查。

重大事故、较大事故、一般事故分别由事故发生地省级人民政府、设区的市级人民政府、县级人民政府负责调查。省级人民政府、设区的市级人民政府、县级人民政府可以直接组织事故调查组进行调查，也可以授权或者委托有关部门组织事故调查组进行调查。

未造成人员伤亡的一般事故，县级人民政府也可以委托事故发生单位组织事故调查组进行调查。

第二十九条　事故调查组应当自事故发生之日起 60 日内提交事故调查报告；特殊情况下，经负责事故调查的人民政府批准，提交事故调查报告的期限可以适当延长，但延长的期限最长不超过 60 日。

《生产安全事故报告和调查处理条例》对事故等级进行了划分，在此基础上规定了事故发生后的报告、调查、处理及法律责任。条例在国家层面对事故等级的划分比较宽泛，特别是一般事故的范围，名义上包含了全部无人员伤亡、财产损失也非常小的轻微事故，实践中不可能按条例中一般事故的程序处理。企业有必要在具体操作中结合行业和本单位特点，对一般事故作进一步的细化分类，并规定相应的处理程序。

### 4.2.8　《危险化学品安全管理条例》（节选）

《危险化学品安全管理条例》于 2013 年 12 月 4 日国务院第 32 次常务会议进行了第二次修改，自 2013 年 12 月 7 日起施行。

本条例适用于危险化学品生产、储存、使用、经营和运输的安全管理，条例附则中规定"法律、行政法规对燃气的安全管理另有规定的，依照其规定。"因此城镇燃气尽管从物料性质上讲属于危险化学品，但安全管理上按其他法律、法规的规定执行，这里的法律法规主要是《城镇燃气管理条例》。但本条例针对其他危险化学品的管理规定，某些方面与《城镇燃气管理条例》有共通之处，某些具体的规定值得借鉴，还有一些规定在城镇燃气相关行业如 LNG、CNG 运输中执行，因此条例对城镇燃气安全管理具有一定的参考作用，《危险化学品安全管理条例》在行政处罚方面的力度比《城镇燃气管理条例》更为严格。相关条款如下：

第四条　危险化学品安全管理，应当坚持安全第一、预防为主、综合治理的方针，强化和落实企业的主体责任。

第十三条　生产、储存危险化学品的单位，应当对其铺设的危险化学品管道设置明显标志，并对危险化学品管道定期检查、检测。

进行可能危及危险化学品管道安全的施工作业，施工单位应当在开工的 7 日前书面通知管道所属单位，并与管道所属单位共同制定应急预案，采取相应的安全防护措施。管道所属单位应当指派专门人员到现场进行管道安全保护指导。

第十九条　危险化学品生产装置或者储存数量构成重大危险源的危险化学品储存设施（运输工具加油站、加气站除外），与下列场所、设施、区域的距离应当符合国家有关规定：

（一）居住区以及商业中心、公园等人员密集场所。

（二）学校、医院、影剧院、体育场（馆）等公共设施。

（三）饮用水源、水厂以及水源保护区。

（四）车站、码头（依法经许可从事危险化学品装卸作业的除外）、机场以及通信干线、通信枢纽、铁路线路、道路交通干线、水路交通干线、地铁风亭以及地铁站出入口。

（五）基本农田保护区、基本草原、畜禽遗传资源保护区、畜禽规模化养殖场（养殖小区）、渔业水域以及种子、种畜禽、水产苗种生产基地。

（六）河流、湖泊、风景名胜区、自然保护区。

（七）军事禁区、军事管理区。

（八）法律、行政法规规定的其他场所、设施、区域。

已建的危险化学品生产装置或者储存数量构成重大危险源的危险化学品储存设施不符合前款规定的，由所在地设区的市级人民政府安全生产监督管理部门会同有关部门监督其所属单位在规定期限内进行整改；需要转产、停产、搬迁、关闭的，由本级人民政府决定并组织实施。

第二十二条 生产、储存危险化学品的企业，应当委托具备国家规定的资质条件的机构，对本企业的安全生产条件每3年进行一次安全评价，提出安全评价报告。安全评价报告的内容应当包括对安全生产条件存在的问题进行整改的方案。

生产、储存危险化学品的企业，应当将安全评价报告以及整改方案的落实情况报所在地县级人民政府安全生产监督管理部门备案。在港区内储存危险化学品的企业，应当将安全评价报告以及整改方案的落实情况报港口行政管理部门备案。

第四十三条 从事危险化学品道路运输、水路运输的，应当分别依照有关道路运输、水路运输的法律、行政法规的规定，取得危险货物道路运输许可、危险货物水路运输许可，并向工商行政管理部门办理登记手续。

危险化学品道路运输企业、水路运输企业应当配备专职安全管理人员。

第七十条 危险化学品单位应当制定本单位危险化学品事故应急预案，配备应急救援人员和必要的应急救援器材、设备，并定期组织应急救援演练。

危险化学品单位应当将其危险化学品事故应急预案报所在地设区的市级人民政府安全生产监督管理部门备案。

第七十一条 发生危险化学品事故，事故单位主要负责人应当立即按照本单位危险化学品应急预案组织救援，并向当地安全生产监督管理部门和环境保护、公安、卫生主管部门报告；道路运输、水路运输过程中发生危险化学品事故的，驾驶人员、船员或者押运人员还应当向事故发生地交通运输主管部门报告。

### 4.2.9 《特种设备安全监察条例》（节选）

《特种设备安全监察条例》于2009年1月24日修订，自2009年5月1日起施行。

本条例旨在加强特种设备的安全监察，防止和减少事故，保障人民群众生命和财产安全，促进经济发展。条例规定了特种设备的生产（含设计、制造、安装、改造、维修）、使用、检验检测、监督检查事故预防和调查处理、法律责任等，明确特种设备生产、使用单位的主要负责人应当对本单位特种设备的安全和节能全面负责。相关条款如下：

第二十五条 特种设备在投入使用前或者投入使用后30日内，特种设备使用单位应当向直辖市或者设区的市的特种设备安全监督管理部门登记。登记标志应当置于或者附着于该特种设备的显著位置。

第二十六条 特种设备使用单位应当建立特种设备安全技术档案。安全技术档案应当包括以下内容：

（一）特种设备的设计文件、制造单位、产品质量合格证明、使用维护说明等文件以及安装技术文件和资料。

（二）特种设备的定期检验和定期自行检查的记录。

（三）特种设备的日常使用状况记录。

（四）特种设备及其安全附件、安全保护装置、测量调控装置及有关附属仪器仪表的日常维护保养记录。

（五）特种设备运行故障和事故记录。

（六）高耗能特种设备的能效测试报告、能耗状况记录以及节能改造技术资料。

第二十七条　特种设备使用单位应当对在用特种设备进行经常性日常维护保养，并定期自行检查。

特种设备使用单位对在用特种设备应当至少每月进行一次自行检查，并作出记录。特种设备使用单位在对在用特种设备进行自行检查和日常维护保养时发现异常情况的，应当及时处理。

特种设备使用单位应当对在用特种设备的安全附件、安全保护装置、测量调控装置及有关附属仪器仪表进行定期校验、检修，并作出记录。

第二十八条　特种设备使用单位应当按照安全技术规范的定期检验要求，在安全检验合格有效期届满前 1 个月向特种设备检验检测机构提出定期检验要求。

未经定期检验或者检验不合格的特种设备，不得继续使用。

第三十八条　锅炉、压力容器、电梯、起重机械、客运索道、大型游乐设施、场（厂）内专用机动车辆的作业人员及其相关管理人员，应当按照国家有关规定经特种设备安全监督管理部门考核合格，取得国家统一格式的特种作业人员证书，方可从事相应的作业或者管理工作。

第三十九条　特种设备使用单位应当对特种设备作业人员进行特种设备安全、节能教育和培训，保证特种设备作业人员具备必要的特种设备安全、节能知识。

特种设备作业人员在作业中应当严格执行特种设备的操作规程和有关的安全规章制度。

## 4.2.10　《道路运输管理条例》（节选）

《道路运输管理条例》于 2016 年 2 月 6 日第二次修订。

本条例适用于道路运输经营包括道路旅客运输经营和道路货物运输经营；道路运输相关业务包括站（场）经营、机动车维修经营、机动车驾驶员培训，条例还对违法行为的处罚作出规定。城镇燃气经营企业的 LPG、CNG、LNG 涉及道路危险物品运输，相关条款如下：

第二十一条　申请从事货运经营的，应当具备下列条件：

（一）有与其经营业务相适应并经检测合格的车辆。

（二）有符合本条例第二十二条规定条件的驾驶人员。

（三）有健全的安全生产管理制度。

第二十二条　从事货运经营的驾驶人员，应当符合下列条件：

（一）取得相应的机动车驾驶证。

（二）年龄不超过 60 周岁。

（三）经设区的市级道路运输管理机构对有关货运法律法规、机动车维修和货物装载保管基本知识考试合格。

第二十三条　申请从事危险货物运输经营的，还应当具备下列条件：

（一）有5辆以上经检测合格的危险货物运输专用车辆、设备。

（二）有经所在地设区的市级人民政府交通主管部门考试合格，取得上岗资格证的驾驶人员、装卸管理人员、押运人员。

（三）危险货物运输专用车辆配有必要的通信工具。

（四）有健全的安全生产管理制度。

第三十三条　道路运输车辆应当随车携带车辆营运证，不得转让、出租。

## 4.2.11　《公路安全保护条例》（节选）

《公路安全保护条例》自2011年7月1日起施行。相关条款如下：

第十一条　县级以上地方人民政府应当根据保障公路运行安全和节约用地的原则以及公路发展的需要，组织交通运输、国土资源等部门划定公路建筑控制区的范围。

公路建筑控制区的范围，从公路用地外缘起向外的距离标准为：

（一）国道不少于20米。

（二）省道不少于15米。

（三）县道不少于10米。

（四）乡道不少于5米。

属于高速公路的，公路建筑控制区的范围从公路用地外缘起向外的距离标准不少于30米。

公路弯道内侧、互通立交以及平面交叉道口的建筑控制区范围根据安全视距等要求确定。

第二十八条　申请进行涉路施工活动的建设单位应当向公路管理机构提交下列材料：

（一）符合有关技术标准、规范要求的设计和施工方案。

（二）保障公路、公路附属设施质量和安全的技术评价报告。

（三）处置施工险情和意外事故的应急方案。

公路管理机构应当自受理申请之日起20日内作出许可或者不予许可的决定；影响交通安全的，应当征得公安机关交通管理部门的同意；涉及经营性公路的，应当征求公路经营企业的意见；不予许可的，公路管理机构应当书面通知申请人并说明理由。

## 4.2.12　《国内水路运输管理条例》

《国内水路运输管理条例》自2013年1月1日起施行。

本条例适用于经营始发港、挂靠港和目的港均在中华人民共和国管辖的通航水域内的经营性旅客、货物国内水路运输以及直接为水路运输提供服务的船舶管理、船舶代理、水路旅客运输代理和水路货物运输代理等水路运输辅助业务经营活动。

本条例规定，国家鼓励和保护水路运输市场的公平竞争，禁止垄断和不正当竞争行为。国家运用经济、技术政策等措施，支持和鼓励水路运输经营者实行规模化、集约化经营，促进水路运输行业结构调整；支持和鼓励水路运输经营者采用先进适用的水路运输设备和技术，保障运输安全，促进节约能源，减少污染物排放。条例还规定了违反本条例的处罚办法。对城镇燃气经营企业来说，LPG、LNG 均涉及水路危险货物运输。

### 4.2.13 《铁路安全管理条例》（节选）

《铁路安全管理条例》自 2014 年 1 月 1 日起施行。相关条款如下：

第二十七条　铁路线路两侧应当设立铁路线路安全保护区。铁路线路安全保护区的范围，从铁路线路路堤坡脚、路堑坡顶或者铁路桥梁（含铁路、道路两用桥）外侧起向外的距离分别为：

（一）城市市区高速铁路为 10 米，其他铁路为 8 米。

（二）城市郊区居民居住区高速铁路为 12 米，其他铁路为 10 米。

（三）村镇居民居住区高速铁路为 15 米，其他铁路为 12 米。

（四）其他地区高速铁路为 20 米，其他铁路为 15 米。

第三十条　在铁路线路安全保护区内建造建筑物、构筑物等设施，取土、挖砂、挖沟、采空作业或者堆放、悬挂物品，应当征得铁路运输企业同意并签订安全协议，遵守保证铁路安全的国家标准、行业标准和施工安全规范，采取措施防止影响铁路运输安全。铁路运输企业应当派员对施工现场实行安全监督。

### 4.2.14 《价格违法行为行政处罚规定》（节选）

《价格违法行为行政处罚规定》于 2010 年 12 月 4 日第三次修订。

该规定明确了违反价格法的具体处罚办法。城镇燃气经营企业可重点关注以下条款：

第五条　经营者违反价格法第十四条的规定，相互串通，操纵市场价格，造成商品价格较大幅度上涨的，责令改正，没收违法所得，并处违法所得 5 倍以下的罚款；没有违法所得的，处 10 万元以上 100 万元以下的罚款，情节较重的处 100 万元以上 500 万元以下的罚款；情节严重的，责令停业整顿，或者由工商行政管理机关吊销营业执照。

除前款规定情形外，经营者相互串通，操纵市场价格，损害其他经营者或者消费者合法权益的，依照本规定第四条的规定处罚。

行业协会或者其他单位组织经营者相互串通，操纵市场价格的，对经营者依照前两款的规定处罚；对行业协会或者其他单位，可以处 50 万元以下的罚款，情节严重的，由登记管理机关依法撤销登记、吊销执照。

第九条　经营者不执行政府指导价、政府定价，有下列行为之一的，责令改正，没收违法所得，并处违法所得 5 倍以下的罚款；没有违法所得的，处 5 万元以上 50 万元以下的罚款，情节较重的处 50 万元以上 200 万元以下的罚款；情节严重的，责令停业整顿：

（一）超出政府指导价浮动幅度制定价格的。

（二）高于或者低于政府定价制定价格的。

（三）擅自制定属于政府指导价、政府定价范围内的商品或者服务价格的。

（四）提前或者推迟执行政府指导价、政府定价的。

（五）自立收费项目或者自定标准收费的。

（六）采取分解收费项目、重复收费、扩大收费范围等方式变相提高收费标准的。

（七）对政府明令取消的收费项目继续收费的。

（八）违反规定以保证金、抵押金等形式变相收费的。

（九）强制或者变相强制服务并收费的。

（十）不按照规定提供服务而收取费用的。

（十一）不执行政府指导价、政府定价的其他行为。

第十条 经营者不执行法定的价格干预措施、紧急措施，有下列行为之一的，责令改正，没收违法所得，并处违法所得 5 倍以下的罚款；没有违法所得的，处 10 万元以上 100 万元以下的罚款，情节较重的处 100 万元以上 500 万元以下的罚款；情节严重的，责令停业整顿：

（一）不执行提价申报或者调价备案制度的。

（二）超过规定的差价率、利润率幅度的。

（三）不执行规定的限价、最低保护价的。

（四）不执行集中定价权限措施的。

（五）不执行冻结价格措施的。

（六）不执行法定的价格干预措施、紧急措施的其他行为。

第十四条 拒绝提供价格监督检查所需资料或者提供虚假资料的，责令改正，给予警告；逾期不改正的，可以处 10 万元以下的罚款，对直接负责的主管人员和其他直接责任人员给予纪律处分。

### 4.2.15 《基础设施和公用事业特许经营管理办法》

《基础设施和公用事业特许经营管理办法》自 2015 年 6 月 1 日起施行。

制定该办法的目的是鼓励和引导社会资本参与基础设施和公用事业建设运营，提高公共服务质量和效率，保护特许经营者合法权益，保障社会公共利益和公共安全，促进经济社会持续健康发展，范围包括中华人民共和国境内的能源、交通运输、水利、环境保护、市政工程等基础设施和公用事业领域的特许经营活动，具体是指政府采用竞争方式依法授权中华人民共和国境内外的法人或者其他组织，通过协议明确权利义务和风险分担，约定其在一定期限和范围内投资建设运营基础设施和公用事业并获得收益，提供公共产品或者公共服务。办法还引入了 PPP 的投资模式。

### 4.2.16 《国务院关于特大安全事故行政责任追究的规定》

《国务院关于特大安全事故行政责任追究的规定》自 2001 年 4 月 21 日起施行。规定明确了发生特大安全事故时，对负有责任的地方人民政府主要领导人和政府有关部门正职负责人、主管人员和其他直接责任人员追究行政责任的规定。

## 4.3 规 章

### 4.3.1 国家发展和改革委员会规章

#### 4.3.1.1 《政府制定价格听证办法》（节选）

国家发展和改革委员会主任办公会于 2018 年 12 月 10 日审议通过了对《政府制定价格

听证办法》的修订，自 2019 年 1 月 10 日起施行。

按《价格法》规定，城镇管道燃气的价格由政府制定，政府定价应进行听证，因此城镇燃气经营企业确定管道燃气价格需要听证。尽管听证办法的行政相对人是政府相关部门人员，但燃气经营企业的相关经营管理人员仍应当了解本办法的相关规定。

第三条　制定关系群众切身利益的公用事业价格、公益性服务价格和自然垄断经营的商品和服务价格等政府指导价、政府定价的价格水平，应当实行定价听证。制定定价机制，应当实行定价听证或者公开征求社会意见。依据已经生效实施的定价机制制定具体价格水平时，可以不再开展定价听证。听证的具体项目通过定价听证目录确定，容易引发抢购、囤积，造成市场异常波动的商品价格，通过其他方式征求意见，不纳入定价听证目录。定价听证目录是指由省级以上人民政府价格主管部门依据政府定价目录制定的应当经定价听证的商品和服务清单。定价听证目录应当在听取社会意见的基础上制定、修订并及时公布。法律、法规、规章规定实行定价听证的项目自动进入定价听证目录。制定定价听证目录以外的政府指导价、政府定价，定价机关认为有必要的，也可以实行定价听证。

第八条　听证会设听证人，代表政府价格主管部门专门听取听证会意见。听证人由政府价格主管部门工作人员、定价机关工作人员，以及政府价格主管部门聘请的社会知名人士、专业人士担任。听证会主持人由听证人中的政府价格主管部门的工作人员兼任。听证人不得少于三人，具体人数及人员构成由政府价格主管部门确定。

第十条　听证会参加人由下列人员构成：

（一）消费者。

（二）经营者。

（三）与定价听证项目有关的其他利益相关方。

（四）相关领域的专家、学者。

（五）政府价格主管部门认为有必要参加听证会的政府部门、社会组织和其他人员。鼓励消费者组织参加听证会。听证会参加人的人数和人员的构成比例由政府价格主管部门根据听证项目的实际情况确定，其中消费者人数不得少于听证会参加人总数的五分之二。

第十九条　定价方案应当包括下列内容：

（一）拟制定价格水平或者定价机制的具体项目。

（二）现行价格和拟制定的价格水平，单位调价额和调价幅度。

（三）拟制定的定价机制主要内容、适用条件。

（四）拟制定价格水平或者定价机制的依据和理由。

（五）拟制定价格水平或者定价机制对经济、社会影响的分析。

（六）其他与制定价格水平或者定价机制有关的资料。

### 4.3.1.2　《政府制定价格成本监审办法》（节选）

国家发展和改革委员会主任会议于 2017 年 10 月 30 日审议通过了对《政府制定价格成本监审办法》的修订，自 2018 年 1 月 1 日起施行。

按《价格法》规定，城镇管道燃气的价格由政府制定，政府定价前应进行成本监审，因此城镇燃气经营企业确定管道燃气价格时还需要报政府价格主管部门进行成本监审。燃气经营企业的相关经营管理人员应当了解本办法的相关规定，以便准确、合理的编制供气成本。

第五条　成本监审项目实行目录管理。成本监审目录由国务院价格主管部门和省、自治区、直辖市人民政府价格主管部门分别依据中央和地方定价目录确定，并及时向社会公布。

自然垄断环节以及依成本定价的重要公用事业和公益性服务应当列入成本监审目录。成本监审目录应当根据政府定价目录修订情况和价格监管需要适时调整。

列入成本监审目录的商品和服务，未经成本监审的，不得制定价格，没有正式营业或者营业不满一个会计年度的除外。

第七条　成本监审包括制定价格前监审和定期监审两种形式。

成本监审目录中应当明确不同商品和服务的监审形式以及定期监审的间隔周期，定期监审的间隔周期不得少于一年。

第十一条　经营者应当建立健全成本核算制度，完整准确记录并单独核算定价商品或者服务的生产经营成本和收入。

第十五条　经营者应当自收到书面通知之日起20个工作日内提供相关商品或者服务成本监审所需资料（以下简称成本资料），并对所提供成本资料的真实性、合法性、完整性负责。成本资料应当包括下列内容：

（一）按照定价机关要求和规定表式核算填报的成本报表，主要成本项目的核算方法、成本费用分摊方法及其相关依据。

（二）经会计师事务所审计或者政府有关部门审核的年度财务报告。

（三）生产量、销售量、服务量以及相关的统计报表。

（四）成本监审所需的其他资料。

第二十九条　实行特许经营的，固定资产折旧年限按照不同情况分别处理：

（一）特许经营期满后资产无偿移交的，固定资产折旧年限最高不超过特许经营期。

（二）特许经营期满后资产有偿转让的，按照第二十八条规定确定折旧年限。

### 4.3.1.3　《政府制定价格行为规则》（节选）

国家发展和改革委员会主任会议于2017年9月18日审议通过对《政府制定价格行为规则》的修订，自2018年1月1日起施行。

政府定价行为规则的行政相对人是政府相关部门人员，但燃气经营企业的相关经营管理人员也应当了解本规则的相关规定。

第九条　定价机关制定价格，应当履行价格调查、成本监审或者成本调查、听取社会意见、合法性审查、集体审议、作出制定价格的决定等程序。

依法应当开展成本监审、专家论证、价格听证、风险评估的，按照有关规定执行。

已经依法制定定价机制的，定价机关应当按照定价机制确定具体价格水平。

第十条　定价机关制定价格，可以要求相关经营者、行业组织、政府有关部门提供制定价格所需的资料。

第十一条　定价机关制定价格，应当对市场供求、社会承受能力进行调查，分析对相关行业、消费者的影响。

第十二条　定价机关制定价格，应当开展成本监审或者成本调查，并逐步建立成本信息公开制度。依法应当开展成本监审的，按照成本监审的有关规定执行，未经成本监审的，不得制定价格。

第十三条　制定专业性、技术性较强的商品和服务价格时，定价机关应当邀请有关方面的专家进行论证。

第十四条　定价机关制定价格，应当听取经营者、消费者或其代表，以及有关方面的意见。对依法应当通过听证方式征求意见的，由政府价格主管部门主持，按照价格听证的有关规定开展听证。未经听证不得制定价格。

## 4.3.2　国家市场监督管理总局（国家工商行政管理总局）规章

### 4.3.2.1　《工商行政管理机关禁止滥用市场支配地位行为的规定》（节选）

2010 年 12 月 31 日由国家工商行政管理总局审议通过，自 2011 年 2 月 1 日起施行。

该规定的目的是禁止具有市场支配地位的经营者在经济活动中滥用市场支配地位，排除、限制竞争。从事管道燃气经营的城镇燃气经营企业具有自然垄断地位，相关管理人员应当掌握本规定相关内容：

第五条　禁止具有市场支配地位的经营者没有正当理由，实施下列限定交易行为：

（一）限定交易相对人只能与其进行交易。

（二）限定交易相对人只能与其指定的经营者进行交易。

（三）限定交易相对人不得与其竞争对手进行交易。

第六条　禁止具有市场支配地位的经营者没有正当理由搭售商品，或者在交易时附加其他不合理的交易条件：

（一）违背交易惯例、消费习惯等或者无视商品的功能，将不同商品强制捆绑销售或者组合销售。

（二）对合同期限、支付方式、商品的运输及交付方式或者服务的提供方式等附加不合理的限制。

（三）对商品的销售地域、销售对象、售后服务等附加不合理的限制。

（四）附加与交易标的无关的交易条件。

### 4.3.2.2　《工商行政管理机关查处垄断协议、滥用市场支配地位案件程序规定》

2009 年 5 月 26 日由国家工商行政管理总局审议通过，自 2009 年 7 月 1 日起施行。

本规定的行政相对人是工商行政管理机关，但从事管道供气的城镇燃气经营企业具有自然垄断的地位，从事瓶装燃气经营的企业也经常会发生协议垄断的现象，相关管理人员应当了解规定的相关内容，避免发生违法行为。

## 4.3.3　住房和城乡建设部（建设部）规章

### 4.3.3.1　《市政公用事业特许经营管理办法》（节选）

2004 年 2 月 24 日经建设部第 29 次部常务会议通过，自 2004 年 5 月 1 日起施行。

制定该办法的目的是加快推进市政公用事业市场化，规范市政公用事业特许经营活动，加强市场监管，保障社会公共利益和公共安全，促进市政公用事业健康发展。城市供水、供气、供热、公共交通、污水处理、垃圾处理等行业，依法实施特许经营的，适用本办法。办法对特许经营权的获取、特许经营协议、企业责任等作出明确规定：

第七条　参与特许经营权竞标者应当具备以下条件：

（一）依法注册的企业法人。

（二）有相应的注册资本金和设施、设备。

（三）有良好的银行资信、财务状况及相应的偿债能力。

（四）有相应的从业经历和良好的业绩。

（五）有相应数量的技术、财务、经营等关键岗位人员。

（六）有切实可行的经营方案。

第十二条　特许经营期限应当根据行业特点、规模、经营方式等因素确定，最长不得超过30年。

#### 4.3.3.2　《建筑业企业资质管理规定》

2016年9月13日由住房和城乡建设部第23次常务会议审议修改，自2016年10月20日起施行，2018年修改。

《建筑业企业资质管理规定》旨在加强对建筑活动的监督管理，维护公共利益和规范建筑市场秩序，保证建设工程质量安全，促进建筑业的健康发展，规定所称建筑业企业，是指从事土木工程、建筑工程、线路管道设备安装工程的新建、扩建、改建等施工活动的企业。

根据规定，建筑业企业资质分为施工总承包资质、专业承包资质、施工劳务资质三个序列，其中施工总承包资质、专业承包资质按照工程性质和技术特点，分别划分为若干资质类别，各资质类别按照规定的条件划分为若干资质等级；施工劳务资质不分类别与等级。取得施工总承包资质的企业，鼓励拥有独资或者合资的劳务企业。建筑企业资质许可实行三级审批，企业可以申请一项或多项资质，但申请或增项申请，应当申请等级资质。

城镇燃气工程施工企业的资质根据资质等级进行许可审批；燃气燃烧器具安装、维修企业资质由企业工商注册所在地区的市人民政府住房城乡建设主管部门许可。

#### 4.3.3.3　《工程监理企业资质管理规定》（节选）

2016年9月13日由住房和城乡建设部第23次常务会议审议修改，自2016年10月20日起施行。

规定适用于在中华人民共和国境内从事建设工程监理活动，申请工程监理企业资质，实施对工程监理企业资质监督管理。相关条款如下：

第六条　工程监理企业资质分为综合资质、专业资质和事务所资质。其中，专业资质按照工程性质和技术特点划分为若干工程类别。

综合资质、事务所资质不分级别。专业资质分为甲级、乙级；其中，房屋建筑、水利水电、公路和市政公用专业资质可设立丙级。

#### 4.3.3.4　《房屋建筑和市政基础设施工程竣工验收备案管理办法》

2000年4月4日建设部令第78号发布，2009年10月19日修正，在中华人民共和国境内新建、扩建、改建各类房屋建筑和市政基础设施工程的竣工验收备案，适用本办法。

办法规定了工程竣工验收备案的内容和时间要求。

#### 4.3.3.5　《住宅室内装饰装修管理办法》（节选）

2002年2月26日经第53次部常务会议讨论通过、2002年5月1日起施行的《住宅室内装饰装修管理办法》对室内装修过程中的燃气管道设施安全作出相应的规定。2011年1月26日公布实施的中华人民共和国住房和城乡建设部令第9号《住房和城乡建设部关于废止和修改部分规章的决定》对该办法进行了修改。

第六条　装修人从事住宅室内装饰装修活动，未经批准，不得有下列行为：

（四）拆改燃气管道和设施。

第（四）项行为应当经燃气管理单位批准。

第三十八条　住宅室内装饰装修活动有下列行为之一的，由城市房地产行政主管部门责令改正，并处罚款：

（三）擅自拆改供暖、燃气管道和设施的，对装修人处 500 元以上 1000 元以下的罚款。

### 4.3.4　应急管理部（国家安全生产监督总局）规章

#### 4.3.4.1　《建设项目安全设施"三同时"监督管理办法》（节选）

2015 年 4 月 2 日由国家安全生产监督管理总局修正，自 2015 年 5 月 1 日起实施。相关条款如下：

第四条　生产经营单位是建设项目安全设施建设的责任主体。建设项目安全设施必须与主体工程同时设计、同时施工、同时投入生产和使用（以下简称"三同时"）。安全设施投资应当纳入建设项目概算。

第七条　下列建设项目在进行可行性研究时，生产经营单位应当按照国家规定，进行安全预评价：

（二）生产、储存危险化学品（包括使用长输管道输送危险化学品，下同）的建设项目。

第八条　生产经营单位应当委托具有相应资质的安全评价机构，对其建设项目进行安全预评价，并编制安全预评价报告。

第十条　生产经营单位在建设项目初步设计时，应当委托有相应资质的设计单位对建设项目安全设施同时进行设计，编制安全设施设计。

第十五条　已经批准的建设项目及其安全设施设计有下列情形之一的，生产经营单位应当报原批准部门审查同意；未经审查同意的，不得开工建设：

（一）建设项目的规模、生产工艺、原料、设备发生重大变更的。

（二）改变安全设施设计且可能降低安全性能的。

（三）在施工期间重新设计的。

第十七条　建设项目安全设施的施工应当由取得相应资质的施工单位进行，并与建设项目主体工程同时施工。

第二十二条　本办法第七条规定的建设项目安全设施竣工或者试运行完成后，生产经营单位应当委托具有相应资质的安全评价机构对安全设施进行验收评价，并编制建设项目安全验收评价报告。

第二十三条　建设项目竣工投入生产或者使用前，生产经营单位应当组织对安全设施进行竣工验收，并形成书面报告备查。安全设施竣工验收合格后，方可投入生产和使用。

第二十五条　生产经营单位应当按照档案管理的规定，建立建设项目安全设施"三同时"文件资料档案，并妥善保存。

《建设项目安全设施"三同时"监督管理办法》由国家安全生产监督管理总局发布，对应的管理部门是安全生产监督管理部门，而城镇燃气行业属建设部门管理，在具体操作中存在一定的管辖问题，城镇燃气经营企业的工程建设项目也有安全设施"三同时"的要求，但缺少具体的规定，可参照执行。

### 4.3.4.2 《生产安全事故应急预案管理办法》（节选）

2019年6月24日，应急管理部第二十次部务会议审议通过《生产安全事故预案管理办法》，自2019年9月1日起施行。

办法对生产安全事故应急预案的编制、评审、公布、备案、宣传、教育、培训、演练、评估、修订及监督管理工作作出规定，与燃气企业相关内容如下：

第五条　生产经营单位主要负责人负责组织编制和实施本单位的应急预案，并对应急预案的真实性和实用性负责；各分管负责人应当按照职责分工落实应急预案规定的职责。

第六条　生产经营单位应急预案分为综合应急预案、专项应急预案和现场处置方案。

综合应急预案，是指生产经营单位为应对各种生产安全事故而制定的综合性工作方案，是本单位应对生产安全事故的总体工作程序、措施和应急预案体系的总纲。

专项应急预案，是指生产经营单位为应对某一种或者多种类型生产安全事故，或者针对重要生产设施、重大危险源、重大活动防止生产安全事故而制定的专项性工作方案。

现场处置方案，是指生产经营单位根据不同生产安全事故类型，针对具体场所、装置或者设施所制定的应急处置措施。

第九条　编制应急预案应当成立编制工作小组，由本单位有关负责人任组长，吸收与应急预案有关的职能部门和单位的人员，以及有现场处置经验的人员参加。

第十六条　生产经营单位应急预案应当包括向上级应急管理机构报告的内容、应急组织机构和人员的联系方式、应急物资储备清单等附件信息。附件信息发生变化时，应当及时更新，确保准确有效。

第十九条　生产经营单位应当在编制应急预案的基础上，针对工作场所、岗位的特点，编制简明、实用、有效的应急处置卡。

应急处置卡应当规定重点岗位、人员的应急处置程序和措施，以及相关联络人员和联系方式，便于从业人员携带。

第二十一条　矿山、金属冶炼、建筑施工企业和易燃易爆物品、危险化学品的生产、经营（带储存设施的，下同）、储存企业，以及使用危险化学品达到国家规定数量的化工企业、烟花爆竹生产、批发经营企业和中型规模以上的其他生产经营单位，应当对本单位编制的应急预案进行评审，并形成书面评审纪要。

前款规定以外的其他生产经营单位应当对本单位编制的应急预案进行论证。

第二十六条　易燃易爆物品、危险化学品等危险物品的生产、经营、储存、运输单位，矿山、金属冶炼、城市轨道交通运营、建筑施工单位，以及宾馆、商场、娱乐场所、旅游景区等人员密集场所经营单位，应当在应急预案公布之日起20个工作日内，按照分级属地原则，向县级以上人民政府应急管理部门和其他负有安全生产监督管理职责的部门进行备案，并依法向社会公布。

前款所列单位属于中央企业的，其总部（上市公司）的应急预案，报国务院主管的负有安全生产监督管理职责的部门备案，并抄送应急管理部。其所属单位的应急预案报所在地的省、自治区、直辖市或者设区的市级人民政府主管的负有安全生产监督管理职责的部门备案，并抄送同级人民政府应急管理部门。

本条第1款所列单位不属于中央企业的，其中非煤矿山、金属冶炼和危险化学品生产、经营、储存、运输企业，以及使用危险化学品达到国家规定数量的化工企业、烟花爆竹生产、批发经营企业的应急预案，按照隶属关系报所在地县级以上地方人民政府应急管理部门备案。本款前述单位以外的其他生产经营单位应急预案的备案，由省、自治区、直辖市人民政府负有安全生产监督管理职责的部门确定。

油气输送管道运营单位的应急预案，除按照本条第 1 款、第 2 款的规定备案外，还应当抄送所经行政区域的县级人民政府应急管理部门。

海洋石油开采企业的应急预案，除按照本条第 1 款、第 2 款的规定备案外，还应当抄送所经行政区域的县级人民政府应急管理部门和海洋石油安全监管机构。

煤矿企业的应急预案除按照本条第 1 款、第 2 款的规定备案外，还应当抄送所在地的煤矿安全监察机构。

第三十三条　生产经营单位应当制定本单位的应急预案演练计划，根据本单位的事故风险特点，每年至少组织一次综合应急预案演练或者专项应急预案演练，每半年至少组织一次现场处置方案演练。

易燃易爆物品、危险化学品等危险物品的生产、经营、储存、运输单位，矿山、金属冶炼、城市轨道交通运营、建筑施工单位，以及宾馆、商场、娱乐场所、旅游景区等人员密集场所经营单位，应当至少每半年组织一次生产安全事故应急预案演练，并将演练情况报送所在地县级以上地方人民政府负有安全生产监督管理职责的部门。

县级以上地方人民政府负有安全生产监督管理职责的部门应当对本行政区域内前款规定的重点生产经营单位的生产安全事故应急救援预案演练进行抽查。发现演练不符合要求的，应当责令限期改正。

第三十九条　生产经营单位发生事故时，应当第一时间启动应急响应，组织有关力量进行救援，并按照规定将事故信息及应急响应启动情况报告事故发生地县级以上人民政府应急管理部门和其他负有安全生产监督管理职责的部门。

第四十条　生产安全事故应急处置和应急救援结束后，事故发生单位应当对应急预案实施情况进行总结评估。

### 4.3.4.3　《生产安全事故罚款处罚规定（试行）》

2015 年 4 月 2 日由国家安全生产监督管理总局修正，自 2015 年 5 月 1 日起施行。

规定的适用范围为安全生产监督管理部门和煤矿安全监察机构对生产安全事故发生单位及其主要负责人、直接负责的主管人员和其他责任人员等有关责任人员依照《安全生产法》和《建设工程安全生产管理条例》实施罚款的行政处罚。

规定所称主要负责人是指有限责任公司、股份有限公司的董事长或者总经理或者个人经营的投资人，其他生产经营单位的厂长、经理、局长、矿长（含实际控制人）等人员。

规定所称事故发生单位主要负责人、直接负责的主管人员和其他直接责任人员的上一年年收入，属于国有生产经营单位的，是指该单位上级主管部门所确定的上一年年收入总额；属于非国有生产经营单位的，是指经财务、税务部门核定的上一年年收入总额。

### 4.3.4.4　《安全生产违法行为行政处罚办法》（节选）

2015 年 4 月 2 日修订，自 2015 年 5 月 1 日起施行。

本办法规定县级以上人民政府安全生产监督管理部门对生产经营单位及其有关人员在生产经营活动中违反有关安全生产的法律、行政法规、部门规章、国家标准、行业标准和规程的违法行为实施行政处罚，适用本办法。生产经营单位及其有关人员对安全监管监察部门给予的行政处罚，依法享有陈述权、申辩权和听证权；对行政处罚不服的，有权依法申请行政复议或者提起行政诉讼；因违法给予行政处罚受到损害的，有权依法申请国家赔偿。

本办法规定安全生产违法行为行政处罚的种类分为：警告；罚款；没收违法所得、没收非法开采的煤炭产品、采掘设备；责令停产停业整顿、责令停产停业、责令停止建设、责令停止施工；暂扣或者吊销有关许可证，暂停或者撤销有关执业资格、岗位证书；关闭；拘留；安全生产法律、行政法规规定的其他行政处罚。

在行政处罚管辖方面，办法规定：

安全生产违法行为的行政处罚，由安全生产违法行为发生地的县级以上安全监管监察部门管辖。中央企业及其所属企业、有关人员的安全生产违法行为的行政处罚，由安全生产违法行为发生地的设区的市级以上安全监管监察部门管辖；

暂扣、吊销有关许可证和暂停、撤销有关执业资格、岗位证书的行政处罚，由发证机关决定。其中，暂扣有关许可证和暂停有关执业资格、岗位证书的期限一般不得超过 6 个月；法律、行政法规另有规定的，依照其规定。

给予关闭的行政处罚，由县级以上安全监管监察部门报请县级以上人民政府按照国务院规定的权限决定。

给予拘留的行政处罚，由县级以上安全监管监察部门建议公安机关依照治安管理处罚法的规定决定。

办法还对行政处罚案件管辖权、生产经营单位及其有关人员的行政处罚适用、行政处罚执行和备案作出规定。

#### 4.3.4.5 《生产经营单位安全培训规定》（节选）

2015 年 5 月 29 日根据国家安全生产监督管理总局令第 80 号进行第二次修订，自 2015 年 7 月 1 日起施行。规定明确了生产经营单位培训人员、内容、时间、培训组织、违规处罚的具体内容，相关条款规定如下：

第三条　生产经营单位负责本单位从业人员安全培训工作。

生产经营单位应当按照安全生产法和有关法律、行政法规和本规定，建立健全安全培训工作制度。

第四条　生产经营单位应当进行安全培训的从业人员包括主要负责人、安全生产管理人员、特种作业人员和其他从业人员。

生产经营单位使用被派遣劳动者的，应当将被派遣劳动者纳入本单位从业人员统一管理，对被派遣劳动者进行岗位安全操作规程和安全操作技能的教育和培训。劳务派遣单位应当对被派遣劳动者进行必要的安全生产教育和培训。

生产经营单位接收中等职业学校、高等学校学生实习的，应当对实习学生进行相应的安全生产教育和培训，提供必要的劳动防护用品。学校应当协助生产经营单位对实习学生进行安全生产教育和培训。

生产经营单位从业人员应当接受安全培训，熟悉有关安全生产规章制度和安全操作规程，具备必要的安全生产知识，掌握本岗位的安全操作技能，了解事故应急处理措施，知悉自身在安全生产方面的权利和义务。

未经安全培训合格的从业人员，不得上岗作业。

第六条　生产经营单位主要负责人和安全生产管理人员应当接受安全培训，具备与所从事的生产经营活动相适应的安全生产知识和管理能力。

第十七条　从业人员在本生产经营单位内调整工作岗位或离岗一年以上重新上岗时，应当重新接受车间（工段、区、队）和班组级的安全培训。

生产经营单位采用新工艺、新技术、新材料或者使用新设备时，应当对有关从业人员重新进行有针对性的安全培训。

第十八条　生产经营单位的特种作业人员，必须按照国家有关法律、法规的规定接受专门的安全培训，经考核合格，取得特种作业操作资格证书后，方可上岗作业。

特种作业人员的范围和培训考核管理办法，另行规定。

第二十条　具备安全培训条件的生产经营单位，应当以自主培训为主；可以委托具备安全培训条件的机构，对从业人员进行安全培训。

不具备安全培训条件的生产经营单位，应当委托具备安全培训条件的机构，对从业人员进行安全培训。

生产经营单位委托其他机构进行安全培训的，保证安全培训的责任仍由本单位负责。

第二十四条　煤矿、非煤矿山、危险化学品、烟花爆竹、金属冶炼等生产经营单位主要负责人和安全生产管理人员，自任职之日起 6 个月内，必须经安全生产监管监察部门对其安全生产知识和管理能力考核合格。

第三十二条　生产经营单位主要负责人是指有限责任公司或者股份有限公司的董事长、总经理，其他生产经营单位的厂长、经理、（矿务局）局长、矿长（含实际控制人）等。

生产经营单位安全生产管理人员是指生产经营单位分管安全生产的负责人、安全生产管理机构负责人及其管理人员，以及未设安全生产管理机构的生产经营单位专、兼职安全生产管理人员等。

生产经营单位其他从业人员是指除主要负责人、安全生产管理人员和特种作业人员以外，该单位从事生产经营活动的所有人员，包括其他负责人、其他管理人员、技术人员和各岗位的工人以及临时聘用的人员。

#### 4.3.4.6　《特种作业人员安全技术培训考核管理规定》（节选）

2015 年 5 月 29 日国家安全生产监督管理总局令第 80 号第二次修正。

规定明确了生产经营单位特种作业人员的安全技术培训、考核、发证、复审及其监督管理工作要求，这里的特种作业不包括《特种设备安全监察条例》规定的有关作业，特种设备作业人员按国家安全生产监督管理总局的规定执行。

城镇燃气经营企业的运行、维护、抢修人员涉及电工、焊接、高处作业等特种作业，相关条款如下：

第四条　特种作业人员应当符合下列条件：

（一）年满 18 周岁，且不超过国家法定退休年龄。

（二）经社区或者县级以上医疗机构体检健康合格，并无妨碍从事相应特种作业的器质性心脏病、癫痫病、美尼尔氏症、眩晕症、癔症、震颤麻痹症、精神病、痴呆症以及其他疾病和生理缺陷。

（三）具有初中及以上文化程度。

（四）具备必要的安全技术知识与技能。

（五）相应特种作业规定的其他条件。

危险化学品特种作业人员除符合前款第一项、第二项、第四项和第五项规定的条件外，应当具备高中或者相当于高中及以上文化程度。

第五条　特种作业人员必须经专门的安全技术培训并考核合格，取得《中华人民共和国特种作业操作证》（以下简称《特种作业操作证》）后，方可上岗作业。

第十条　对特种作业人员的安全技术培训，具备安全培训条件的生产经营单位应当以自主培训为主，也可以委托具备安全培训条件的机构进行培训。

不具备安全培训条件的生产经营单位，应当委托具备安全培训条件的机构进行培训。

生产经营单位委托其他机构进行特种作业人员安全技术培训的，保证安全技术培训的责任仍由本单位负责。

第十九条　特种作业操作证有效期为6年，在全国范围内有效。

特种作业操作证由国家安全生产监督管理总局统一式样、标准及编号。

第二十一条　特种作业操作证每3年复审1次。

特种作业人员在特种作业操作证有效期内，连续从事本工种10年以上，严格遵守有关安全生产法律法规的，经原考核发证机关或者从业所在地考核发证机关同意，特种作业操作证的复审时间可以延长至每6年1次。

第三十二条　离开特种作业岗位6个月以上的特种作业人员，应当重新进行实际操作考试，经确认合格后方可上岗作业。

第三十五条　特种作业人员在劳动合同期满后变动工作单位的，原工作单位不得以任何理由扣押其特种作业操作证。

### 4.3.4.7　《安全生产事故隐患排查治理暂行规定》（节选）

2007年12月22日国家安全生产监督管理总局审议通过，自2008年2月1日起施行。2016年5月5日向社会公开征求《安全生产事故隐患排查治理暂行规定（修订稿）》意见。规定的相关条款如下：

第三条　本规定所称安全生产事故隐患（以下简称事故隐患），是指生产经营单位违反安全生产法律、法规、规章、标准、规程和安全生产管理制度的规定，或者因其他因素在生产经营活动中存在可能导致事故发生的物的危险状态、人的不安全行为和管理上的缺陷。

事故隐患分为一般事故隐患和重大事故隐患。一般事故隐患，是指危害和整改难度较小，发现后能够立即整改排除的隐患。重大事故隐患，是指危害和整改难度较大，应当全部或者局部停产停业，并经过一定时间整改治理方能排除的隐患，或者因外部因素影响致使生产经营单位自身难以排除的隐患。

第八条　生产经营单位是事故隐患排查、治理和防控的责任主体。

生产经营单位应当建立健全事故隐患排查治理和建档监控等制度，逐级建立并落实从主要负责人到每个从业人员的隐患排查治理和监控责任制。

第九条　生产经营单位应当保证事故隐患排查治理所需的资金，建立资金使用专项制度。

第十条　生产经营单位应当定期组织安全生产管理人员、工程技术人员和其他相关人员排查本单位的事故隐患。对排查出的事故隐患，应当按照事故隐患的等级进行登记，建立事故隐患信息档案，并按照职责分工实施监控治理。

第十二条　生产经营单位将生产经营项目、场所、设备发包、出租的，应当与承包、承租单位签订安全生产管理协议，并在协议中明确各方对事故隐患排查、治理和防控的管理职责。生产经营单位对承包、承租单位的事故隐患排查治理负有统一协调和监督管理的职责。

第十四条　生产经营单位应当每季、每年对本单位事故隐患排查治理情况进行统计分析，并分别于下一季度 15 日前和下一年 1 月 31 日前向安全监管监察部门和有关部门报送书面统计分析表。统计分析表应当由生产经营单位主要负责人签字。

对于重大事故隐患，生产经营单位除依照前款规定报送外，应当及时向安全监管监察部门和有关部门报告。重大事故隐患报告内容应当包括：

（一）隐患的现状及其产生原因。

（二）隐患的危害程度和整改难易程度分析。

（三）隐患的治理方案。

第十六条　生产经营单位在事故隐患治理过程中，应当采取相应的安全防范措施，防止事故发生。事故隐患排除前或者排除过程中无法保证安全的，应当从危险区域内撤出作业人员，并疏散可能危及的其他人员，设置警戒标志，暂时停产停业或者停止使用；对暂时难以停产或者停止使用的相关生产储存装置、设施、设备，应当加强维护和保养，防止事故发生。

### 4.3.4.8　《危险化学品重大危险源监督管理暂行规定》

2015 年 5 月 27 日国家安全生产监督管理总局令第 79 号修正，自 2015 年 7 月 1 日起施行。

本规定适用于从事危险化学品生产、储存、使用和经营的单位（以下统称危险化学品单位）的危险化学品重大危险源的辨识、评估、登记建档、备案、核销及其监督管理，规定所称危险化学品重大危险源，是指按照《危险化学品重大危险源辨识》GB 18218 标准辨识确定，生产、储存、使用或者搬运危险化学品的数量等于或者超过临界量的单元（包括场所和设施）。

本规定同时明确：城镇燃气、用于国防科研生产的危险化学品重大危险源以及港区内危险化学品重大危险源的安全监督管理，不适用本规定。实践中，城镇燃气管理可以参照此规定。

### 4.3.4.9　《高层民用建筑消防安全管理规定》（节选）

2020 年 12 月 28 日应急管理部第 39 次部务会议审议通过了《高层民用建筑消防安全管理规定》，自 2021 年 8 月 1 日起施行。规定旨在加强高层民用建筑消防安全管理，预防火灾和减少火灾危害。规定相关条款如下：

第十三条　供水、供电、供气、供热、通信、有线电视等专业运营单位依法对高层民用建筑内由其管理的设施设备消防安全负责，并定期进行检查和维护。

第十五条　高层民用建筑内燃气用具的安装使用及其管路敷设、维护保养和检测应当符合消防技术标准及管理规定。禁止违反燃气安全使用规定，擅自安装、改装、拆除燃气设备和用具。

高层民用建筑使用燃气应当采用管道供气方式。禁止在高层民用建筑地下部分使用液化石油气。

### 4.3.5 公安部规章

#### 4.3.5.1 《机关、团体、企业、事业单位消防安全管理规定》（节选）

2001年11月14日由公安部令第61号发布，自2002年5月1日起施行。

本规定旨在加强和规范机关、团体、企业、事业单位的消防安全管理，预防火灾和减少火灾危害。规定要求单位应当落实逐级消防安全责任制和岗位消防安全责任制，明确逐级和岗位安全职责，确定各级、各岗位的消防安全责任人，履行相应的消防安全职责。

本规定将易燃易爆化学物品的生产、充装、储存、供应、销售单位纳入消防安全重点单位，明确消防安全重点单位及其消防安全责任人、消防安全管理理人应当报当地公安消防机构备案，要求消防安全重点单位应当设置或者确定消防工作的归口管理职能部门，并确定专职或者兼职的消防管理人员。

从事管道燃气经营和瓶装燃气充装经营的城镇燃气经营企业都属于消防安全重点单位，应严格履行相关规定：

第四条 法人单位的法定代表人或者非法人单位的主要负责人是单位的消防安全责任人，对本单位的消防安全工作全面负责。

第五条 单位应当落实逐级消防安全责任制和岗位消防安全责任制，明确逐级和岗位消防安全职责，确定各级、各岗位的消防安全责任人。

第十四条 消防安全重点单位及其消防安全责任人、消防安全管理人应当报当地公安消防机构备案。

第十五条 消防安全重点单位应当设置或者确定消防工作的归口管理职能部门，并确定专职或者兼职的消防管理人员；其他单位应当确定专职或者兼职消防管理人员，可以确定消防工作的归口管理职能部门。归口管理职能部门和专兼职消防管理人员在消防安全责任人或者消防安全管理人的领导下开展消防安全管理工作。

第三十八条 下列人员应当接受消防安全专门培训：

（一）单位的消防安全责任人、消防安全管理人。

（二）专、兼职消防管理人员。

（三）消防控制室的值班、操作人员。

（四）其他依照规定应当接受消防安全专门培训的人员。

前款规定中的第（三）项人员应当持证上岗。

第四十条 消防安全重点单位应当按照灭火和应急疏散预案，至少每半年进行一次演练，并结合实际，不断完善预案。其他单位应当结合本单位实际，参照制定相应的应急方案，至少每年组织一次演练。

消防演练时，应当设置明显标识并事先告知演练范围内的人员。

#### 4.3.5.2 《消防监督检查规定》

2012年7月6日由公安部第120号令发布，自2012年11月1日起施行。

本规定适用于公安机关消防机构和公安派出所依法对单位遵守消防法律、法规情况进行消防监督检查，督促机关、团体、企业、事业等单位（以下简称单位）履行消防安全职责。城镇燃气经营企业作为消防安全重点单位应积极配合检查，并按检查要求做好消防安全工作。

### 4.3.6　国家市场监督管理总局（国家质量技术监督局、劳动部）规章

#### 4.3.6.1　《特种设备作业人员监督管理办法》（节选）

2011 年 5 月 3 日修订，自 2011 年 7 月 1 日施行。

本规定明确锅炉、压力容器（含气瓶）、压力管道、电梯、起重机械、客运索道、大型游乐设施、场（厂）内专用机动车辆等特种设备的作业人员及其相关管理人员统称特种设备作业人员。从事特种设备作业的人员应当按照本办法的规定，经考核合格取得《特种设备作业人员证》，方可从事相应的作业或者管理工作。

城镇燃气经营企业涉及压力容器（含气瓶）、压力管道的作业与管理，应当取得《特种设备作业人员证》方可上岗，相关条款如下：

第五条　特种设备生产、使用单位（以下统称用人单位）应当聘（雇）用取得《特种设备作业人员证》的人员从事相关管理和作业工作，并对作业人员进行严格管理。

特种设备作业人员应当持证上岗，按章操作，发现隐患及时处置或者报告。

第十一条　用人单位应当对作业人员进行安全教育和培训，保证特种设备作业人员具备必要的特种设备安全作业知识、作业技能和及时进行知识更新。作业人员未能参加用人单位培训的，可以选择专业培训机构进行培训。

作业人员培训的内容按照国家质检总局制定的相关作业人员培训考核大纲等安全技术规范执行。

第十九条　持有《特种设备作业人员证》的人员，必须经用人单位的法定代表人（负责人）或者其授权人雇（聘）用后，方可在许可的项目范围内作业。

第二十一条　特种设备作业人员应当遵守以下规定：

（一）作业时随身携带证件，并自觉接受用人单位的安全管理和质量技术监督部门的监督检查。

（二）积极参加特种设备安全教育和安全技术培训。

（三）严格执行特种设备操作规程和有关安全规章制度。

（四）拒绝违章指挥。

（五）发现事故隐患或者不安全因素应当立即向现场管理人员和单位有关负责人报告。

（六）其他有关规定。

第二十二条　《特种设备作业人员证》每 4 年复审一次。持证人员应当在复审期届满 3 个月前，向发证部门提出复审申请。对持证人员在 4 年内符合有关安全技术规范规定的不间断作业要求和安全、节能教育培训要求，且无违章操作或者管理等不良记录、未造成事故的，发证部门应当按照有关安全技术规范的规定准予复审合格，并在证书正本上加盖发证部门复审合格章。

#### 4.3.6.2　《特种设备事故报告和调查处理规定》（节选）

为了规范特种设备事故报告和调查处理工作，及时准确查清事故原因，严格追究事故责任，防止和减少同类事故重复发生，根据《特种设备安全监察条例》和《生产安全事故报告和调查处理条例》，国家质量监督检验检疫总局局务会议于 2009 年 5 月 26 日审议通

过了《特种设备事故报告和调查处理规定》，于 2009 年 7 月 3 日公布施行。

规定明确了特种设备制造、安装、改造、维修、使用（含移动式压力容器、气瓶充装）、检验检测活动中发生的特种设备事故，其报告、调查和处理工作。

### 4.3.7 交通运输部（交通部）规章

#### 4.3.7.1 《道路危险货物运输管理规定》

为规范道路危险货物运输市场秩序，保障人民生命财产安全，保护环境，维护道路危险货物运输各方当事人的合法权益，根据《中华人民共和国道路运输条例》和《危险化学品安全管理条例》等有关法律、行政法规，交通运输部于 2013 年 1 月 23 日发布《道路危险货物运输管理规定》，2016 年 4 月 11 日修正，自 2016 年 4 月 11 日起施行。

本规定所称道路危险货物运输，是指使用载货汽车通过道路运输危险货物的作业全过程。规定对道路危险货物运输的驾驶人员、押运人员、运输途中管理等作了详细要求，并明确了违反规定的法律责任。

#### 4.3.7.2 《国内水路运输管理规定》

为规范国内水路运输市场管理，维护水路运输经营活动各方当事人的合法权益，促进水路运输事业健康发展，《国内水路运输管理规定》于 2014 年 1 月 3 日由交通运输部发布。根据 2015 年 5 月 12 日交通运输部令第 5 号《关于修改〈国内水路运输管理规定〉的决定》第一次修正。根据 2016 年 12 月 10 日交通运输部令第 79 号《关于修改〈国内水路运输管理规定〉的决定》第二次修正。

本规定明确，水路运输按照经营区域分为沿海运输和内河运输，按照业务种类分为货物运输和旅客运输。货物运输分为普通货物运输和危险货物运输。危险货物运输分为包装、散装固体和散装液体危险货物运输。散装液体危险货物运输包括液化气体船运输、化学品船运输、成品油船运输和原油船运输。

本规定细化了《国内水路运输管理条例》的具体操作办法，明确个人不能从事危险物品的水路运输。

#### 4.3.7.3 《营业性道路运输驾驶员职业培训管理规定》

为规范营业性道路运输驾驶员职业培训活动，提高营业性道路运输驾驶员职业素质，加强道路运输安全生产管理，提高道路运输服务质量，2001 年 10 月 11 日由交通运输部制定，自 2002 年 7 月 1 日起施行。

驾驶机动车从事营业性道路运输活动的驾驶员，应当按照本规定参加职业培训，取得营运驾驶员从业资格。从事城镇燃气道路交通运输的驾驶人员应当通过营业性道路危险货物运输驾驶员从业资格考试，取得从业资格证书。

## 4.4 政策规定

### 4.4.1 国务院有关安全生产、地下管道建设的政策规定

#### 4.4.1.1 《国务院关于进一步加强安全生产工作的决定》

文件要求相关部门完善政策，大力推进安全生产各项工作；强化管理，落实生产经营

单位安全生产主体责任，普遍开展安全质量标准化活动，建立企业提取安全费用制度，认真执行工伤保险制度；完善制度，加强安全生产监督管理，建立安全生产控制指标体系、安全生产行政许可制度、建立企业安全生产风险抵押金制度；加强领导，形成齐抓共管的合力。

#### 4.4.1.2　《国务院关于进一步加强企业安全生产工作的通知》

2010 年 7 月 19 日，国务院通知要求深入贯彻落实科学发展观，坚持以人为本，牢固树立安全发展的理念，坚持"安全第一、预防为主、综合治理"的方针，强化企业安全生产主体责任落实和责任追究，促进我国安全生产形势实现根本好转。

通知要求严格企业安全管理，建设坚实的技术保障体系，实施更加有力的监督管理，建设更加高效的应急救援体系，严格行业安全准入，加强政策引导，更加注重经济发展方式转变，实行更加严格的考核和责任追究。

通知从技术保障、监督管理、责任追究等多方面作出规定，要求各地区、各部门和各有关单位要做好对加强企业安全生产工作的组织实施，制订部署本地区本行业贯彻落实本通知要求的具体措施，加强监督检查和指导，及时研究、协调解决贯彻实施中出现的突出问题。

2013 年以来，国务院多次就城市地下管线建设出台意见，要求加强城市地下管线的建设与管理，推广综合管廊建设，引入 PPP 投资模式等。

#### 4.4.1.3　《国务院关于加强城市基础设施建设的意见》

2013 年 9 月 6 日，针对我国城市基础设施存在总量不足、标准不高、运行管理粗放等问题，提出"规划引领、民生优先、安全为重、机制创新、绿色优质"的基本原则。要求围绕重点领域，加强城市道路交通基础设施建设，加大城市管网建设和改造力度，加快污水和垃圾处理设施建设，加强生态园林建设，促进城市基础设施水平全面提升。

在城市管线建设方面，提出加强城市供水、污水、雨水、燃气、供热、通信等各类地下管网的建设、改造和检查，优先改造材质落后、漏损严重、影响安全的老旧管网，确保管网漏损率控制在国家标准以内。到 2015 年，完成全国城镇燃气 8 万公里老旧管网改造任务，管网事故率显著降低；实现城市燃气普及率 94%、县城及小城镇燃气普及率 65% 的目标。开展城市地下综合管廊试点，用 3 年左右时间，在全国 36 个大中城市全面启动地下综合管廊试点工程；中小城市因地制宜建设一批综合管廊项目。

#### 4.4.1.4　《国务院办公厅关于加强城市地下管线建设管理的指导意见》

2014 年 6 月 3 日经国务院同意，国务院办公厅下发指导意见指出：城市地下管线是指城市范围内供水、排水、燃气、热力、电力、通信、广播电视、工业等管线及其附属设施，是保障城市运行的重要基础设施和"生命线"。为切实加强城市地下管线建设管理，保障城市安全运行，提高城市综合承载能力和城镇化发展质量，提出 2015 年底前，完成城市地下管线普查，建立综合管理信息系统，编制完成地下管线综合规划。力争用 5 年时间，完成城市地下老旧管网改造，将管网漏失率控制在国家标准以内，显著降低管网事故率，避免重大事故发生。用 10 年左右时间，建成较为完善的城市地下管线体系，使地下管线建设管理水平能够适应经济社会发展需要，应急防灾能力大幅提升。

#### 4.4.1.5　《国务院办公厅关于推进城市地下综合管廊建设的指导意见》

2015 年 8 月 3 日，国务院办公厅出台意见明确，地下综合管廊是指在城市地下用于集中敷设电力、通信、广播电视、给水、排水、热力、燃气等市政管线的公共隧道。要求到2020年，建成一批具有国际先进水平的地下综合管廊并投入运营，反复开挖地面的"马路拉链"问题明显改善，管线安全水平和防灾抗灾能力明显提升，逐步消除主要街道蜘蛛网式架空线，城市地面景观明显好转。

在实施主体方面，意见鼓励企业投资建设和运营管理地下综合管廊。创新投融资模式，推广政府和社会资本合作（PPP）模式，通过特许经营、投资补贴、贷款贴息等形式，鼓励社会资本组建项目公司参与城市地下综合管廊建设和运营管理，优化合同管理，确保项目合理稳定回报。意见要求已建设地下综合管廊的区域，该区域内的所有管线必须入廊。在地下综合管廊以外的位置新建管线的，规划部门不予许可审批，建设部门不予施工许可审批，市政道路部门不予掘路许可审批。既有管线应根据实际情况逐步有序迁移至地下综合管廊。

### 4.4.1.6 《中共中央　国务院关于进一步加强城市规划建设管理工作的若干意见》

2016年2月6日国务院出台意见要求强化城市规划工作、塑造城市特色风貌、提升城市建筑水平、推进节能城市建设、完善城市公共服务、营造城市宜居环境、创新城市治理方式、切实加强组织领导。

在推广建筑节能技术方面，提出完善绿色节能建筑和建材评价体系，制定分布式能源建筑应用标准。对建设地下综合管廊，要求认真总结推广试点城市经验，逐步推开城市地下综合管廊建设，统筹各类管线敷设，综合利用地下空间资源，提高城市综合承载能力。城市新区、各类园区、成片开发区域新建道路必须同步建设地下综合管廊，老城区要结合地铁建设、河道治理、道路整治、旧城更新、棚户区改造等，逐步推进地下综合管廊建设。加快制定地下综合管廊建设标准和技术导则。凡建有地下综合管廊的区域，各类管线必须全部入廊，管廊以外区域不得新建管线。

### 4.4.1.7 《国务院关于创新重点领域投融资机制鼓励社会投资的指导意见》

2014年11月16日由国务院发布。

意见要求推进市政基础设施投资运营市场化，积极推动社会资本参与市政基础设施建设运营。通过特许经营、投资补助、政府购买服务等多种方式，鼓励社会资本投资城镇供水、供热、燃气、污水垃圾处理、建筑垃圾资源化利用和处理、城市综合管廊、公园配套服务、公共交通、停车设施等市政基础设施项目，政府依法选择符合要求的经营者。政府可采用委托经营或转让—经营—转让（TOT）等方式，将已经建成的市政基础设施项目转交给社会资本运营管理。

意见鼓励社会资本加强能源设施投资，鼓励社会资本参与油气管网、储存设施和煤炭储运建设运营。支持民营企业、地方国有企业等参股建设油气管网主干线、沿海液化天然气（LNG）接收站、地下储气库、城市配气管网和城市储气设施，控股建设油气管网支线、原油和成品油商业储备库。

意见要求理顺能源价格机制。进一步推进天然气价格改革，2015年实现存量气和增量气价格并轨，逐步放开非居民用天然气气源价格，落实页岩气、煤层气等非常规天然气价格市场化政策。尽快出台天然气管道运输价格政策。推进天然气分布式能源冷、热、电价格市场化。

**4.4.1.8　《国务院关于加快建立健全绿色低碳循环发展经济体系的指导意见》（节选）**

为贯彻落实党的十九大部署，加快建立健全绿色低碳循环发展的经济体系，2021 年 2 月 2 日国务院发布《国务院关于加快建立健全绿色低碳循环发展经济体系的指导意见》。要求全面贯彻习近平生态文明思想，认真落实党中央、国务院决策部署，坚定不移贯彻新发展理念，全方位全过程推行绿色规划、绿色设计、绿色投资、绿色建设、绿色生产、绿色流通、绿色生活、绿色消费，使发展建立在高效利用资源、严格保护生态环境、有效控制温室气体排放的基础上，统筹推进高质量发展和高水平保护，建立健全绿色低碳循环发展的经济体系，确保实现碳达峰、碳中和目标，推动我国绿色发展迈上新台阶。

与燃气行业直接相关的要求有：进一步放开石油、化工、电力、天然气等领域节能环保竞争性业务，鼓励公共机构推行能源托管服务。鼓励建设电、热、冷、气等多种能源协同互济的综合能源项目。加快天然气基础设施建设和互联互通。完善节能环保电价政策，推进农业水价综合改革，继续落实好居民阶梯电价、气价、水价制度。

## 4.4.2　国务院安委会有关政策规定

**4.4.2.1　《国务院安委会关于深入开展企业安全生产标准化建设的指导意见》**

2011 年 5 月 3 日国务院安全生产委员就深入开展企业安全生产标准化建设提出指导意见，指出开展企业安全生产标准化建设是落实企业安全生产主体责任的必要途径，是强化企业安全生产基础工作的长效制度，是政府实施安全生产分类指导、分级监管的重要依据，是有效防范事故发生的重要手段。

《指导意见》要求，全面落实国务院及国办相关通知精神，按照《企业安全生产标准化基本规范》GB/T 33000－2016 和相关规定，制定完善安全生产标准和制度规范。在工矿商贸和交通运输行业（领域）深入开展安全生产标准化建设，重点突出煤矿、非煤矿山、交通运输、建筑施工、危险化学品、烟花爆竹、民用爆炸物品、冶金等行业（领域）。其中，煤矿要在 2011 年底前，危险化学品、烟花爆竹企业要在 2012 年底前，非煤矿山和冶金、机械等工贸行业（领域）规模以上企业要在 2013 年底前，冶金、机械等工贸行业（领域）规模以下企业要在 2015 年前实现达标。

**4.4.2.2　《国务院安委会关于深入开展餐饮场所燃气安全专项治理的通知》**

针对 2011 年底来多次发生的餐馆场所重特大燃气安全事故，2013 年 1 月国务院安全生产委员会下发通知，定于 2013 年 2 月至 7 月在全国深入开展餐饮场所燃气安全专项治理。《通知》要求，对使用天然气（含煤层气）、液化石油气和人工煤气等燃气的餐饮场所，要依据安全生产、公安消防以及燃气、餐饮行业等有关法律法规、标准规范的规定，对存在燃气使用安全隐患的餐饮场所，责令整改；一时难以整改的，采取停产停业整顿措施，消除安全隐患。

通知对安全用气的条件作出详细、严格的规定。

尽管通知布置的是阶段性的治理要求，但内容具体，有较强的操作性，成为各地长期执行的检查治理标准。

**4.4.2.3　《国务院安全生产委员会关于深刻吸取天津港"8·12"特别重大事故教训，集中开展危险化学品安全专项整治的通知》**

国务院安全生产委员会在 2016 年 4 月 19 日的通知中再次强调了城镇燃气安全整治，

要求加强对学校食堂、餐饮场所等使用天然气、瓶装液化石油气的安全检查，禁止使用达到报废年限的钢瓶、伪劣燃气管路和阀门，通知还要求禁止餐饮经营单位在用餐区使用燃气灶具，加大对使用者的燃气安全知识普及力度。

### 4.4.3 国家发展改革委有关政策规定

#### 4.4.3.1 《关于发展天然气分布式能源的指导意见》（节选）

2011年10月9日国家发展改革委、财政部、住房和城乡建设部、国家能源局联合发布《关于发展天然气分布式能源的指导意见》，提出："十二五"初期启动一批天然气分布式能源示范项目，"十二五"期间建设1000个左右天然气分布式能源项目，并拟建设10个左右各类典型特征的分布式能源示范区域。未来5～10年内在分布式能源装备核心能力和产品研制应用方面取得实质性突破。初步形成具有自主知识产权的分布式能源装备产业体系。2015年前完成天然气分布式能源主要装备研制。通过示范工程应用，当装机规模达到500万千瓦，解决分布式能源系统集成，装备自主化率达到60%；当装机规模达到1000万千瓦，基本解决中小型、微型燃气轮机等核心装备自主制造，装备自主化率达到90%。到2020年，在全国规模以上城市推广使用分布式能源系统，装机规模达到5000万千瓦，初步实现分布式能源装备产业化。

#### 4.4.3.2 《关于建立健全居民生活用气阶梯价格制度的指导意见》（节选）

2014年3月20日国家发展改革委就建立健全居民生活用气阶梯价格制度发布指导意见。指导意见将居民用气量分为三档，其中：

第一档用气量，按覆盖区域内80%居民家庭用户的月均用气量确定，保障居民基本生活用气需求；气价按照基本补偿供气成本的原则确定，并在一定时期内保持相对稳定；

第二档用气量，按覆盖区域内95%居民家庭用户的月均用气量确定，体现改善和提高居民生活质量的合理用气需求；气价按照合理补偿成本、取得合理收益的原则制定，价格水平原则上与第一档气保持1.2倍左右的比价；

第三档用气量，为超出第二档的用气部分；气价按照充分体现天然气资源稀缺程度、抑制过度消费的原则制定，价格水平原则上与第一档气保持1.5倍左右的比价。

指导意见对独立采暖明确由各地单独制定用气阶梯价格制度。

#### 4.4.3.3 《国家发展改革委关于加强政府定价成本监审工作的意见》

2016年6月15日国家发展改革委就加强政府定价成本监审工作提出意见。

意见要求到2017年，成本监审工作取得积极进展，重点行业成本监审办法体系基本形成，重点领域和关键环节成本监审深入开展。到2020年，成本监审工作更加制度化、科学化和规范化，成本监审职能定位清晰准确，制度规则健全完善，方式方法科学合理，重点领域全面覆盖，成本公开规范有序，工作水平进一步提高。

意见要求健全成本监审制度，明确成本监审项目、界定成本监审职责、健全成本监审规则、规范成本监审程序；创新成本监审方式；加强组织领导、充实人员力量、落实经费保障，夯实工作基础。

#### 4.4.3.4 《天然气管道运输价格管理办法（暂行）》《天然气管道运输定价成本监审办法（暂行）》（节选）

2021年6月7日国家发展改革委发布了《天然气管道运输价格管理办法（暂行）》和《天

然气管道运输定价成本监审办法（暂行）》，自 2022 年 1 月 1 日起实施，有效期 8 年。

《天然气管道运输价格管理办法（暂行）》适用于制定国家石油天然气管网集团有限公司（以下简称国家管网集团）经营的跨省（自治区、直辖市）天然气管道运输价格，其他市场主体经营的跨省（自治区、直辖市）天然气管道原则上按照国家管网集团价格执行。

价格管理办法要求：管道运输价格实行政府定价，按照"准许成本加合理收益"的方法制定，即通过核定准许成本、监管准许收益确定准许收入，核定管道运价率。国家管网集团应当将管道运输业务与其他业务分离，实行财务独立核算。建立符合定价成本监审要求的单独账目和成本核算方法，形成年度成本报告。准许成本包括折旧及摊销费、运行维护费等，由国务院价格主管部门通过成本监审核定。本办法出台后首次核定价格，准许收益率按 8% 确定，后续统筹考虑国家战略要求、行业发展需要、用户承受能力等因素动态调整。管道运输价格管理采取分区核定运价率、按路径形成价格的方法。根据我国天然气市场结构和管道分布情况，以宁夏中卫、河北永清、贵州贵阳等管道关键节点为主要界限，将国家管网集团经营管道划入西北、西南、东北及中东部 4 个定价区域。国家管网集团各价区管道负荷率（总结算气量除以总设计输气能力）低于 75% 时，按 75% 负荷率对应的气量确定周转量。

同时明确省级价格主管部门可以参照本办法相关原则制定本省（自治区、直辖市）天然气管道运输价格管理办法。省级价格主管部门制定和调整辖区内天然气管道运输价格，应当同时抄报国务院价格主管部门。

《天然气管道运输定价成本监审办法（暂行）》适用于跨省（自治区、直辖市）天然气管道的管道运输定价成本监审行为，其中规定每年核定的损耗气量最高不超过当年输气量的 0.2%。

**4.4.3.5　《关于明确储气设施相关价格政策的通知》**

为鼓励投资建设储气设施，增强天然气供应保障能力，国家发展改革委于 2016 年 10 月 15 日发布通知，规定：

储气设施天然气购进价格和对外销售价格，由市场竞争形成。储气设施经营企业可统筹考虑天然气购进成本和储气服务成本，根据市场供求情况自主确定对外销售价格。储气设施经营企业要与用气企业单独签订合同，约定气量和价格。

城镇区域内燃气企业自建自用的储气设施，投资和运行成本纳入城镇燃气配气成本统筹考虑，并给予合理收益。用气季节性峰谷差大的地方，要抓紧在终端销售环节推行季节性差价政策，削峰填谷，利用价格杠杆提高城镇燃气企业供气积极性，并加强用气高峰时段需求侧管理。

**4.4.3.6　《关于加快推进天然气储备能力建设的实施意见》（节选）**

为贯彻落实《国务院关于促进天然气协调稳定发展的若干意见》（国发〔2018〕31 号）、《国务院关于建立健全能源安全储备制度的指导意见》（国发〔2019〕7 号），加快储气基础设施建设，进一步提升储备能力，经国务院同意，国家发展改革委、财政部、自然资源部、住房和城乡建设部、国家能源局于 2020 年 4 月 10 日共同发布了实施意见，要求：

一、优化规划建设布局，建立完善标准体系

二、建立健全运营模式，完善投资回报渠道

（六）完善终端销售价格疏导渠道。城镇燃气企业因采购储气设施天然气、租赁库容增加的成本，可通过天然气终端销售价格合理疏导。城市群合建共用的配套储气设施，各城镇燃气企业可按比例租赁库容，租赁成本通过终端销售价格合理疏导。探索建立淡旺季价格挂钩的中长期合同机制，形成合理的季节性价差，营造储气设施有合理回报的市场环境。（地方人民政府负责，发展改革委加强指导，持续推进）

三、深化体制机制改革，优化市场运行环境

四、加大政策支持力度，促进储气能力快速提升

五、落实主体责任，推动目标任务完成

（十二）切实落实主体责任。加强储气能力建设跟踪检查，定期通报工作进展。对工作推进不力的地方政府、企业及相关责任人，必要时可约谈问责。对未能按照规定履行调峰责任的企业，根据情形依法予以处罚，对出现较大范围停供民生用气等严重情节的企业，依法依规实施惩戒。充分考虑储气设施运营特点，探索实施降低储气设施运营成本的政策措施。（发展改革委、住房和城乡建设部、能源局按职责分工负责）各地区在授予或变更燃气特许经营权时，应将履行储气责任和义务列入特许经营协议，对储气能力不达标且项目规划不落地的燃气企业，依法收回或不得授予特许经营权。（地方人民政府负责）对开工情况较好、进度较快但暂未能实现建设目标的企业和地区，要采取签订可中断合同等临时过渡措施弥补调峰能力。（相关企业负责，发展改革委、住房和城乡建设部、能源局督促落实）

（十三）建立健全考核制度。制定储气能力建设任务目标考核制度。（发展改革委、能源局负责，2020年上半年完成）上游供气企业储气能力建设任务，由国务院有关部门进行考核。城镇燃气企业和地方应急储气能力建设任务，由国务院有关部门会同省级人民政府进行考核。各省（区、市）人民政府要加强统筹协调，建立完善推进储气能力建设工作机制，确保建设任务顺利推进。多方合资建设的储气设施，原则上按股比确认储气能力，储气能力确认方案应在既有或补充合同、协议中予以明确。实行集团化运营的城镇燃气企业，在实现互联互通的前提下，可以集团公司为整体进行考核，对集团内异地建设、租赁的储气能力予以确认，但不得重复计算。

实施意见明确提出要将城市燃气企业的储气能力建设和特许经营权挂钩。

### 4.4.4 财政部有关政策规定

**《关于开展中央财政支持地下综合管廊试点工作的通知》**

2014年12月26日，财政部通知明确，中央财政对地下综合管廊试点城市给予专项资金补助，一定三年，对采用PPP模式达到一定比例的，将按上述补助基数奖励10%。试点城市应在城市重点区域建设地下综合管廊，将供水、热力、电力、通信、广播电视、燃气、排水等管线集中铺设，统一规划、设计、施工和维护，解决"马路拉链"问题，促进城市空间集约化利用。

### 4.4.5 住房和城乡建设部（建设部）有关政策规定

#### 4.4.5.1 《建设部关于印发城市供水、管道燃气、城市生活垃圾处理特许经营协议示范文本的通知》

为了施行《市政公用事业特许经营管理办法》，建设部组织制定了《管道燃气特许经

营协议示范文本》GF—2004—2502（以下简称《示范文本》），供各地在实施特许经营制度时参考。

《示范文本》主要体现了特许经营协议的原则性规定。主要内容包括特许经营原则、特许经营权授予、特许经营履约担保、特许经营权期限、特许经营权地域范围、特许经营业务范围、特许经营权转让出租和质押、特许经营权的取消、特许经营协议的终止、燃气设施的建设、维护和更新、供气安全、供气质量和服务标准、收费、权利和义务及违约责任，文本还规定了取得特许经营权的企业实行定期报告和临时报告的要求。

### 4.4.5.2 《燃气经营许可管理办法》

2014 年 11 月 19 日，住房和城乡建设部制定了《燃气经营许可管理办法》，规定从事燃气经营活动的，应当依法取得燃气经营许可，并在许可事项规定的范围内经营，2019 年 3 月 11 日修改。

办法详细规定了申请燃气经营许可应当具备的设施、制度、人员等条件，申请、变更、报告等要求。办法对企业负责人和安全管理人员的配备提出了要求，在运行、维护和抢修人员配备方面，办法结合用户数量作出明确的人数配备标准。

### 4.4.5.3 《住房城乡建设部等部门关于进一步鼓励和引导民间资本进入城市供水、燃气、供热、污水和垃圾处理行业的意见》

2016 年 9 月 22 日住房和城乡建设部、国家发展和改革委员会、财政部、国土资源部、中国人民银行联合发布了《关于进一步鼓励和引导民间资本进入城市供水、燃气、供热、污水和垃圾处理行业的意见》，意见从民间资本进入渠道到相关金融、土地、价费、税收等方面提出了多项扶持政策，促进民间资本进入城市供水、燃气、供热、污水和垃圾处理行业。

### 4.4.5.4 《燃气经营企业从业人员专业培训考核管理办法》

2014 年 11 月 19 日，住房和城乡建设部制定了《燃气经营企业从业人员专业培训考核管理办法》。

办法对燃气从业人员的范围、培训机构要求、考核发证、继续教育等作出规定。办法明确燃气经营企业的企业主要负责人、安全生产管理人员和运行、维护和抢修人员应参加专业培训考核和继续教育。

### 4.4.5.5 《建筑业企业资质等级标准》

建筑业企业资质分为施工总承包、专业承包和施工劳务三个序列。其中施工总承包序列设有 12 个类别，一般分为 4 个等级（特级、一级、二级、三级）；专业承包序列设有 36 个类别，一般分为 3 个等级（一级、二级、三级）；施工劳务序列不分类别和等级。

从各种总承包或专业承包资质允许承包的工程范围来看，城镇燃气工程要求施工单位具备石油化工工程施工总承包资质、市政公用工程施工总承包资质或建筑机电安装工程专业承包资质。

### 4.4.5.6 《工程监理企业资质等级标准》（节选）

工程监理企业资质分为综合资质、专业资质和事务所三个序列。综合资质只设甲级。专业资质原则上分为甲、乙、丙三个级别，并按照工程性质和技术特点划分为 14 个专业工程类别；除房屋建筑、水利水电、公路和市政公用四个专业工程类别设丙级资质外，其他专业工程类别不设丙级资质。事务所不分等级。

从监理范围来看，城镇燃气工程要求监理单位具备化工石油工程中的油气储运工程、市政公用工程中的燃气热力工程两方面的监理资质。

与城镇燃气相关的监理专业工程类别和等级见表 4.4-1。

相关监理专业工程类别和等级表　　　　　　　　表 4.4-1

| 序号 | 工程类别 | | 一级 | 二级 | 三级 |
|---|---|---|---|---|---|
| 四 | 化工石油工程 | 油气储运工程 | 压力容器 8MPa 以上；油气储罐 10 万 m³/台以上；长输管道 120km 以上 | 压力容器 8MPa 以下；油气储罐 10 万 m³/台以下；长输管道 120km 以下 | |
| 十 | 港口与航道工程 | 港口工程 | 集装箱、件杂、多用途等沿海港口工程 20000t 级以上；散货、原油沿海港口工程 30000t 级以上；1000t 级以上内河港口工程 | 集装箱、件杂、多用途等沿海港口工程 20000t 级以下；散货、原油沿海港口工程 30000t 级以下；1000t 级以下内河港口工程 | |
| 十三 | 市政公用工程 | 燃气热力工程 | 总储存容积 1000m³ 以上液化气储罐场（站）；供气规模 15 万 m³/d 以上的燃气工程；中压以上的燃气管道、调压站；供热面积 150 万 m² 以上的热力工程 | 总储存容积 1000m³ 以下的液化气贮罐场（站）；供气规模 15 万 m³/d 以下的燃气工程；中压以下的燃气管道、调压站；供热面积 50 万～150 万 m² 的热力工程 | 供热面积 50 万 m² 以下的热力工程 |

#### 4.4.5.7　《关于燃气燃烧器具安装、维修企业资质管理有关事项的通知》

2007 年 10 月 31 日，建设部就实施燃气燃烧器具安装、维修企业资质管理有关事项发布通知，规定将燃气燃烧器具安装、维修企业资质纳入建筑业企业资质管理。由设区的市人民政府燃气主管部门具体实施燃气燃烧器具安装、维修企业资质许可，并负责本行政区域内燃气燃烧器具安装、维修企业资质的监督管理工作。通知对燃气燃烧器具安装、维修企业的资质标准作了具体规定。

从建设部的具体规定来看，无论是人员配备还是资金要求，燃气燃烧器具安装、维修企业的资质要求与《建筑业企业资质管理规定》规定的总承包或专业承包序列有很大差距，应属于施工劳务资质序列。

#### 4.4.5.8　《建设部、国家安全生产监督管理总局关于加强城镇燃气安全管理工作的通知》

针对 2004 年 5 月、6 月四川省泸州市和安徽省淮北市两起燃气安全事故，建设部和国家安全生产监督管理总局于 2004 年 6 月 29 日发布《关于加强城镇燃气安全管理工作的通知》。指出上述事故暴露了城镇燃气安全生产经营和使用中还潜伏着严重隐患，燃气安全生产工作中存在着检查不到位、管理不到位、监督不到位的问题。

通知要求各地充分认识加强城镇燃气安全工作的重要性，要立即开展城镇燃气安全大检查工作，要加强对城镇燃气生产和经营企业的监管，要切实落实安全生产责任制，要加大对城镇燃气安全宣传教育力度。

要求各地建设及安全生产监督部门要依据国家有关法规和规定，切实加强城镇燃气安全监督管理工作，不断研究燃气管理中出现的新问题、新情况，探索新形势下燃气管理的特点和规律，建立长期有效的监督管理机制，确保燃气安全。

#### 4.4.5.9　《建设部、公安部关于加强城镇燃气用户安全工作的通知》

针对 2004 年以来一些地方相继发生燃气事故，燃气用户事故也时有发生，造成人员伤亡和财产损失，燃气安全隐患大量存在，为切实加强城镇燃气用户安全工作，建设部、公安部于 2004 年 12 月 10 日发布《关于加强城镇燃气用户安全工作的通知》。

通知要求各地进一步提高对城镇燃气监督管理工作的认识，认真履行安全监督管理职责，深入开展燃气安全管理和宣传工作。要求各地建设、公安及有关部门要根据以上要求，结合本地区的实际情况，切实加强对燃气用户的安全监督管理工作，建立和完善长期有效、职责明确、监督到位的燃气安全监督管理机制，确保燃气用户安全。

#### 4.4.5.10　《关于加强非职业性一氧化碳中毒防范工作的通知》

2006 年 11 月 9 日，建设部等 10 家国家机关联合发布《关于加强非职业性一氧化碳中毒防范工作的通知》。

通知明确了各部门的职责分工，要求加强协调配合，坚持预防为主，狠抓防范工作。要求加强安全检查，及时消除事故隐患；加强科普宣传，增强公众防范意识；落实监管责任，确保供气系统和设备安全；加快对事故易发多发危旧住宅区改造，积极推广实用技术设备。要求强化应急能力，做好应急处置工作。要求各地完善预案体系，确保预案措施落实；加强预测预警和信息报告，提高应急处置能力。

### 4.4.6　应急管理部相关政策规定

#### 4.4.6.1　《关于开展重大危险源监督管理工作的指导意见》

指导意见提出了危险化学品重大危险源监督管理的主要任务，明确了重大危险源的申报登记范围。指导意见还规定：

生产经营单位应当每两年至少对本单位的重大危险源进行一次安全评估，并出具安全评估报告。安全评估工作应由注册安全评价人员或注册安全工程师主持进行，或者委托具备安全评价资格的评价机构进行。安全评估报告应报当地安全监管部门（或煤矿安全监察机构）备案。

《危险化学品重大危险源辨识》GB 18218－2018 的适用范围规定"本标准不适用于：危险化学品的运输"，因此用于输送的燃气管道不在重大危险源申报登记范围。

#### 4.4.6.2　《关于开展安全质量标准化活动的指导意见》

2004 年 5 月 11 日，国家安全生产监督管理总局就开展安全质量标准化活动提出指导意见，要求提高认识，增强抓好安全质量标准化工作的自觉性；明确安全质量标准化的指导思想和工作目标；建立健全安全质量标准化工作体系；加强宣传教育和培训，增强广大职工遵守标准规程的自觉性；坚持"三个结合"，促使安全质量标准化与其他各方面工作同步发展；加强领导，狠抓落实，突出重点，加强督促检查，把活动引向深入。

#### 4.4.6.3　《关于印发全国冶金等工贸企业安全生产标准化考评办法的通知》

2011 年 6 月 7 日，国家安全生产监督管理总局发布《全国冶金等工贸企业安全生产标准化考评办法》。

《办法规定》，企业安全生产标准化考评采取自评、申请、评审、审核公告、颁发证书和牌匾的方式进行。安全生产标准化企业分为一级企业、二级企业和三级企业。一级企业由国家安全生产监督管理总局审核公告；二级企业由企业所在地省级安全监管部门审核公告；三级企业由所在地设区的市级安全监管部门审核公告。

企业安全生产标准化创建工作由安监部门推动，城镇燃气经营企业的安全生产管理由城镇燃气行业主管部门负责，因此标准化创建并没有具体的城镇燃气企业考核标准，城镇燃气企业通常采用工贸行业企业的安全生产标准化标准进行申报考评。

**4.4.6.4　《关于印发冶金等工贸行业小微企业安全生产标准化评定标准的通知》**

为进一步推进冶金、有色、建材、机械、轻工、纺织、烟草、商贸等行业小微企业安全生产标准化工作制度化、规范化和科学化，依据《企业安全生产标准化基本规范》GB/T 33000—2016，国家安全生产监督管理总局制定了《冶金等工贸行业小微企业安全生产标准化评定标准》，于2014年2月24日发布。要求各级安全监管部门要把推动冶金等工贸行业小微企业安全生产标准化建设作为落实企业安全生产主体责任的重要途径，并结合本地区实际制定具体工作方案，保证有效推进。

**4.4.6.5　《关于印发企业安全生产标准化评审工作管理办法（试行）的通知》**

为有效实施《企业安全生产标准化基本规范》GB/T 33000—2016，规范和加强企业安全生产标准化评审工作，推动和指导企业落实安全生产主体责任，2014年6月3日国家安全生产监督管理总局审定通过了《企业安全生产标准化评审工作管理办法（试行）》。

办法适用于非煤矿山、危险化学品、化工、医药、烟花爆竹、冶金、有色、建材、机械、轻工、纺织、烟草、商贸企业安全生产标准化评审管理工作。

办法规定企业安全生产标准化达标等级分为一级企业、二级企业、三级企业，其中一级为最高，达标等级具体要求由国家安全监管总局按照行业分别确定。工贸行业小微企业可按照《冶金等工贸行业小微企业安全生产标准化评定标准》开展创建。

办法规定了企业自愿申请的原则，同时规定企业应自主开展安全生产标准化建设工作，每年应进行1次自评，形成自评报告并网上提交并在企业内部进行公示。企业安全生产标准化证书的有效期为3年。

**4.4.6.6　《关于深化工贸行业企业安全生产标准化建设的通知》**

为贯彻落实《安全生产法》关于推进标准化建设的要求，进一步深化工贸行业企业标准化建设水平，推动企业落实安全生产主体责任，2015年5月6日国家安全生产监督管理总局发布关于深化工贸行业企业安全生产标准化建设的通知，要求各级安监部门：

一、深刻理解标准化建设的内涵和意义，理清工作思路，把标准化建设作为强化企业安全生产主体责任、提升企业安全基础管理水平和保障能力的主要抓手，大力推进企业创建，提高企业和区域的本质安全水平。

二、加强政策宣传和培训力度，强化企业主要负责人标准化建设的法定责任意识，指导推动工贸行业企业全部启动，通过3～5年时间全面完成创建。

三、把企业标准化建设与日常监管、专项检查、"打非治违"等工作相结合，有针对性地确定执法检查频次和处罚尺度，对未开展标准化建设的企业，加大执法力度，以执法推动企业主动创建。

四、在当地政府的统一领导下，继续协调有关部门，综合运用经济政策、荣誉、信用等激励约束手段，调动企业自主创建的积极性和主动性，进一步推动企业标准化建设情况与工伤保险、安全生产责任险费率挂钩，用市场化的方式，引导企业主动创建。

五、建立严格的考评工作机制，加强对评审组织单位、评审单位、评审人员的监督管理，着力解决"为取证而取证""为达标而达标"问题。

六、把标准化建设质量作为衡量企业落实安全生产主体责任的重要标尺之一，按照"五落实五到位"的要求开展标准化建设"回头看"，为提升工贸企业安全生产基础水平和促进安全生产形势持续稳定好转提供坚实保障。

### 4.4.6.7　《用人单位劳动防护用品管理规范》（节选）

2015 年 12 月 29 日国家安全生产监督管理总局发布了《用人单位劳动防护用品管理规范》。规范相关要求如下：

第四条　劳动防护用品是由用人单位提供的，保障劳动者安全与健康的辅助性、预防性措施，不得以劳动防护用品替代工程防护设施和其他技术、管理措施。

第六条　用人单位应当安排专项经费用于配备劳动防护用品，不得以货币或者其他物品替代。该项经费计入生产成本，据实列支。

第八条　劳动者在作业过程中，应当按照规章制度和劳动防护用品使用规则，正确佩戴和使用劳动防护用品。

第九条　用人单位使用的劳务派遣工、接纳的实习学生应当纳入本单位人员统一管理，并配备相应的劳动防护用品。对处于作业地点的其他外来人员，必须按照与进行作业的劳动者相同的标准，正确佩戴和使用劳动防护用品。

第十二条　同一工作地点存在不同种类的危险、有害因素的，应当为劳动者同时提供防御各类危害的劳动防护用品。需要同时配备的劳动防护用品，还应考虑其可兼容性。

劳动者在不同地点工作，并接触不同的危险、有害因素，或接触不同的危害程度的有害因素的，为其选配的劳动防护用品应满足不同工作地点的防护需求。

第二十条　用人单位应当对劳动者进行劳动防护用品的使用、维护等专业知识的培训。

第二十一条　用人单位应当督促劳动者在使用劳动防护用品前，对劳动防护用品进行检查，确保外观完好、部件齐全、功能正常。

### 4.4.6.8　《关于生产安全事故调查处理中有关问题的规定》

为进一步规范安全生产监督管理部门组织的生产安全事故的调查处理，认真查处每一起事故并严厉及时追责，吸取事故教训，有效遏制重特大事故发生，根据《生产安全事故报告和调查处理条例》，2013 年 11 月 20 日国家安全生产监督管理总局制定了《关于生产安全事故调查处理中有关问题的规定》，对条例的事故等级划分、事故调查组组成、调查权限、调查处理要求等作了进一步明确。

### 4.4.6.9　《企业安全生产费用提取和使用管理办法（征求意见稿）》

财政部、国家安全生产监督管理总局于 2012 年 2 月 14 日联合制定了《企业安全生产费用提取和使用管理办法》。应急管理部办公厅于 2019 年 7 月 8 日向相关部委办和企业发函对修改稿征求意见的实施。办法根据企业性质的不同，规定了不同的安全生产费用提取标准和使用范围，并规定企业应当建立健全内部安全费用管理制度，明确安全费用提取和使用的程序、职责及权限，按规定提取和使用安全费用。

办法没有明确提及城镇燃气企业，但从办法的具体内容分析，城镇燃气企业可以参照危险品生产与储存和交通运输两类企业执行。

根据办法规定，企业建设期一次性投入的安全设施费用不能计入以后的安全生产费用，这点不利于企业初期的安全生产投入，不利于推动企业的本质安全管理。

### 4.4.7　公安部相关政策规定

**《公安部消防局关于加强超大城市综合体消防安全工作的指导意见》**

公安部消防局就总建筑面积大于 10 万 $m^2$（含本数，不包括住宅和写字楼部分的建筑面积），集购物、旅店、展览、餐饮、文娱、交通枢纽等两种或两种以上功能于一体的超大城市综合体消防安全工作提出了具体的指导意见（总建筑面积小于 10 万 $m^2$ 的城市综合体参照执行）。

指导意见对餐饮业的燃料使用做出了严格明确的规定，从源头与措施上控制了餐饮厨房的火灾危险性。具体规定餐饮场所使用可燃气体作燃料时，可燃气体燃料必须采用管道供气，其排油烟罩及烹饪部位应设置能联动自动切断燃料输送管道的自动灭火装置。建筑内的敞开式食品加工区必须采用电加热设施，严禁在用餐场所使用明火，厨房的油烟管道应当定期进行清洗。

### 4.4.8　国家市场监督管理总局相关政策规定

#### 4.4.8.1　《特种设备目录》

2014 年 10 月 30 日，国家质检总局公布了新的特种设备目录，其中城镇燃气生产经营活动中涉及的特种设备有：压力容器、压力管道、压力管道元件、安全附件。

#### 4.4.8.2　《关于压力管道气瓶安全监察工作有关问题的通知》

2015 年 6 月 19 日，国家质检总局对压力管道气瓶安全监察工作有关问题进行了说明，相关内容如下：

一、关于压力管道安全监察工作有关问题

（八）关于压力管道使用登记。

长输（油气）管道和公用管道使用登记已列入行政许可改革范围，总局和各地质监部门暂停办理长输（油气）管道、公用管道的使用登记。工业管道仍须按《压力管道使用登记管理规则》TSG D5001—2009 的规定办理使用登记。

（九）关于压力管道监督检验和定期检验。

按照《特种设备安全法》的规定，对压力管道安装过程应当实施监督检验，对在用压力管道应当实施定期检验。经国家质检总局核准具有相应压力管道检验资质的检验机构，均可接受安装单位或使用单位的约请，对压力管道安装过程实施监督检验或对在用压力管道实施定期检验，出具检验报告并对检验结论负责。

对使用未经检验或检验不合格的压力管道的违法行为，各级质监部门应当依法实施行政处罚。

二、关于气瓶安全监察工作有关问题

（二）关于焊接绝热气瓶的制造与检验。

3. 定期检验要求。

焊接绝热气瓶的定期检验国家标准未颁布前，检验机构可依据地方标准或企业标准进行焊接绝热气瓶定期检验，具体可按照《气瓶安全技术监察规程》TSG R0006—2014 第 1.5 条规定执行。

（三）关于气瓶阀出气口连接形式及螺纹旋向。

用螺纹连接的可燃气体气瓶的阀门出气口螺纹应为左旋，用于助燃和不可燃气体气瓶的阀门出气口螺纹应为右旋。

车用气瓶阀门出气口连接形式和尺寸可不按照上述要求执行。同时装设气相和液相阀门的液化石油气钢瓶阀门出气口，应采用不同的结构形式，液相阀门的出气口宜采用快装结构，气相阀门的出气口应为左旋螺纹结构。

（九）关于液化石油气钢瓶的安全评定。

按照《液化石油气钢瓶》GB 5842—2006 标准制造的气瓶，制造单位承诺的设计使用年限为 8 年，达到设计使用年限的液化石油气钢瓶，可以在通过安全评定合格后，继续使用最长不超过一个定期检验周期。

在《液化石油气钢瓶》GB 5842—2006 标准实施前制造的液化石油气钢瓶，依据钢印标记的出厂日期，使用年限达到 15 年的应当予以报废，并且采取可靠措施消除使用功能。

（十）关于对报废气瓶消除使用功能。

当地质监部门应确定负责对报废气瓶进行消除使用功能处理的检验机构或专业单位并对其实施监督检查。气瓶产权单位应依法履行气瓶报废义务，将报废气瓶委托给当地质监部门确定的单位进行消除使用功能处理。

（十一）关于车用气瓶充装记录。

车用气瓶充装单位已采用信息化手段对气瓶充装进行控制和记录，且信息系统能够自动记录并保存《车用气瓶安全技术监察规程》TSG R0009—2009 第三十一条规定的充装记录相关内容，充装单位可不再进行人工书面记录和粘贴充装标签。

## 4.4.9　交通运输部相关政策规定

### 《油气输送管道与铁路交汇工程技术及管理规定》

该规定针对的是城镇燃气管道、工业企业内部管道以外的油气管道与城市轨道交通以外的铁路交汇工程，规定了具体的安全控制标准、施工方法及要求、责任等，实践中，城镇燃气管道与铁路交叉时也基本参照此规定执行。

# 5 相关案例

## 5.1 生产安全事故案例

### 5.1.1 苏州某燃气公司储罐场生活区办公楼液化石油气爆炸事故

2013年6月11日7时26分，苏州某燃气公司某储罐场生活区综合办公楼发生液化石油气泄漏爆炸事故，造成11人死亡，9人受伤入院救治，其中1名伤员伤势严重，经抢救无效于6月20日死亡，直接经济损失1833万元，属于重大事故。根据《安全生产法》（2014版）第十四条、第八十三条、第八十四条，国务院《生产安全事故报告和调查处理条例》第三条、第十九条的规定，江苏省政府迅即成立事故调查组，按照"四不放过"原则进行了认真细致的调查。

调查认为，事故的直接原因是操作人员包某处置不当，未遵守安全用气的有关规定，致使大锅灶灶头意外熄火后长时间泄漏；值班运行工范某违反《运行工岗位责任制》规定，导致厨房液化石油气持续泄漏。

事故的间接原因是燃气安全使用培训教育不到位，安全管理制度未落实，储罐场安全管理存在盲区，有关行政主管单位和燃气行业管理部门安全监管不到位。

调查认为，该起事故是一起安全生产责任事故。

调查组依据《安全生产法》（2014版）第九十一条到第九十四条、第一百零四条，国务院《生产安全事故报告和调查处理条例》，国家安全生产监督管理总局《安全生产违法行为行政处罚办法》《生产安全事故罚款处罚规定》《生产经营单位安全培训规定》《安全生产事故隐患排查治理暂行规定》等规定，对事故单位、监管单位的有关责任人员及责任单位提出了警告、记过、撤职等处理意见。

### 5.1.2 泸州"12.26"水井沟摩尔商场燃气爆炸案

2013年12月26日22时50分，泸州市江阳区中城商厦（又称摩尔商场）发生天然气爆燃事故，共造成4人死亡，38人受伤（其中33人轻伤），过火面积约20000m²，直接经济损失约4743万元。事故发生后，依据《安全生产法》（2014版）第十四条、第八十三条、第八十四条，国务院《生产安全事故报告和调查处理条例》第三条、第十九条和《四川省生产安全事故报告和调查处理规定》等有关法律法规的规定和四川省政府领导的要求，泸州市依法成立了事故调查组，按照"四不放过"和"科学严谨、依法依规、实事求是、注重实效"的原则进行了调查。

调查报告认定，事故直接原因为泸州某燃气有限公司工人在维修摩尔商场大门外中压管道时，错将中压管道与摩尔商场废弃天然气管道碰接。送气过程中，天然气从中压管道通过废弃天然气管道进入商场，在负一楼熟食操作间大量泄漏，并在商场内负一楼顶部扩散形成爆炸性混合气体，达到爆炸极限，遇电器设备用电火源引发爆燃，进而造成大面积燃烧。事故当中泄露到摩尔商城负一层的天然气约 0.19 万 m³。

事故间接原因是违规施工、违规送气，维修作业现场安全监管缺失，安全培训教育不到位，安全管理制度不完善且落实不到位，燃气管道档案资料管理不善，燃气使用安全宣传不到位，上级主管企业对燃气公司的安全监督管理不到位，泸州商业摩尔有限公司安全生产主体责任落实不到位，相关部门、属地政府未有效履行安全生产监管职责。

调查组认定，这起天然气爆燃事故是一起安全生产责任事故。

调查组依据《安全生产法》（2014 版）第九十一条到第九十四条、第九十六条，《刑法》第一百三十四条，国务院《生产安全事故报告和调查处理条例》，国家安全生产监督管理总局《安全生产违法行为行政处罚办法》《生产安全事故罚款处罚规定》《生产经营单位安全培训规定》《安全生产事故隐患排查治理暂行规定》等规定，以涉嫌重大责任事故罪批捕事故单位 3 名责任人员、10 人被给予党纪政纪处分和行政处罚，9 名监管单位的工作人员被给予党纪政纪处分，同时要求泸州市 2 名分管副市长分别向泸州市人民政府作深刻书面检查，责成泸州市住建局局长等 4 人作深刻书面检查，对阳江区常务副区长等 2 人进行诫勉谈话，建议泸州市安全监管局对 4 家责任单位给予行政罚款的处罚，责成泸州市住建局等 4 家政府部门向泸州市人民政府作深刻书面检查。

### 5.1.3　天津港"8.12"瑞海公司危险品仓库特别重大火灾爆炸事故

2015 年 8 月 12 日，位于天津市滨海新区天津港的瑞海国际物流有限公司危险品仓库发生火灾爆炸事故，造成 165 人遇难、8 人失踪、798 人受伤的特别重大事故。

事故发生后，根据《安全生产法》（2014 版）第十四条、第八十三条、第八十四条，国务院《生产安全事故报告和调查处理条例》第三条、第十九条，《关于生产安全事故调查处理中有关问题的规定》《国务院关于特大安全事故行政责任追究的规定》的规定，2015年 8 月 18 日成立了国务院调查组，调查组坚持"科学严谨、实事求是、依法依规、安全高质"的原则，查明了事故经过、原因、人员伤亡和直接经济损失，认定了事故性质和责任，提出了对有关责任单位和责任人员的处理建议，指出了事故暴露出的突出问题，分析了事故发生的主要原因，提出了加强和改进工作的意见建议。

调查组查明，事故产生的直接原因是瑞海公司危险品仓库运抵区南侧集装箱内硝化棉自燃，引起相邻集装箱内的硝化棉和其他危险化学品长时间大面积燃烧，导致堆放于运抵区的硝酸铵等危险化学品发生爆炸。

调查组认定，瑞海公司严重违法违规经营，是造成事故发生的主体责任单位。

调查组同时认定，事故还暴露出有关地方政府和部门存在有法不依、执法不严、监管不力等问题。

调查组调查认定，天津港"8.12"瑞海公司危险品仓库火灾爆炸事故是一起特别重大生产安全责任事故。

依据《安全生产法》《刑法》等有关规定，公安、检察机关对 49 名企业人员和行政监察对象依法立案侦查并采取刑事强制措施。

根据事故原因调查和事故责任认定结果，依据《安全生产法》《生产安全事故报告和调查处理条例》，国家安全生产监督管理总局《安全生产违法行为行政处罚办法》《生产安全事故罚款处罚规定》等法律法规，调查组另对 123 名责任人员提出了处理意见，建议对 74 名责任人员给予党纪政纪处分，对其他 48 名责任人员，建议由天津市纪委及相关部门视情予以诫勉谈话或批评教育；1 名责任人员在事故调查处理期间病故，建议不再给予其处分。

调查组建议吊销瑞海公司有关证照并处罚款，企业相关主要负责人终身不得担任本行业相关生产经营单位的负责人；对中滨海盛安全评价公司、天津市化工设计院等中介和技术服务机构给予没收违法所得、罚款、撤销资质等行政处罚。调查组还建议，对天津市委、市政府进行通报批评并责成天津市委、市政府向党中央、国务院作出深刻检查；责成交通运输部向国务院作出深刻检查。

### 5.1.4 山东省青岛市"11.22"中石化东黄输油管道泄漏爆炸特别重大事故

2013 年 11 月 22 日 10 时 25 分，位于山东省青岛经济技术开发区的中国石油化工股份有限公司管道储运分公司东黄输油管道泄漏原油进入市政排水暗渠，在形成密闭空间的暗渠内油气积聚遇火花发生爆炸，造成 62 人死亡、136 人受伤，直接经济损失 75172 万元。

根据党中央、国务院的重要批示和指示要求，依据《安全生产法》和《生产安全事故报告和调查处理条例》等有关法律法规，经国务院批准，11 月 25 日成立了由国家安全监管总局局长任组长的国务院山东省青岛市"11.22"中石化东黄输油管道泄漏爆炸特别重大事故调查组。事故调查组按照"四不放过"和"科学严谨、依法依规、实事求是、注重实效"的原则，查明了事故发生的经过、原因、人员伤亡和直接经济损失情况，认定了事故性质和责任，提出了对有关责任人和责任单位的处理建议，并针对事故原因及暴露出的突出问题，提出了事故防范措施建议。

调查组认定，事故产生的直接原因是输油管道与排水暗渠交汇处管道腐蚀减薄、管道破裂、原油泄漏，流入排水暗渠及反冲到路面。原油泄漏后，现场处置人员采用液压破碎锤在暗渠盖板上打孔破碎，产生撞击火花，引发暗渠内油气爆炸。

间接原因为中石化集团公司及下属企业安全生产主体责任不落实，隐患排查治理不彻底，现场应急处置措施不当；青岛市人民政府及开发区管委会贯彻落实国家安全生产法律法规不力；管道保护工作主管部门履行职责不力，安全隐患排查治理不深入；开发区规划、市政部门履行职责不到位，事故发生地段规划建设混乱；青岛市及开发区管委会相关部门对事故风险研判失误，导致应急响应不力。

经调查认定，山东省青岛市"11.22"中石化东黄输油管道泄漏爆炸特别重大事故是一起生产安全责任事故。

根据事故原因调查和事故责任认定结果，依据《安全生产法》《刑法》等法律法规，部分人员因涉嫌重大责任事故罪、玩忽职守罪，被逮捕。这些人员属中共党员或行政监察对象的，待司法机关作出处理后，由当地纪检监察机关或具有管辖权的单位及时给予相应的党纪、政纪处分。对其他人员涉嫌犯罪的，由司法机关依法独立开展调查。

根据事故原因调查和事故责任认定结果，依据《安全生产法》《生产安全事故报告和调查处理条例》，国家安全生产监督管理总局《安全生产违法行为行政处罚办法》《生产安全事故罚款处罚规定》等法律法规，调查组建议对中石化，青岛市政府、开发区及负有安全生产监管责任的部门相关人员给予警告、记过、记大过、降级、免职、撤职、留党察看等党纪、政纪处分。

依据《安全生产法》《生产安全事故报告和调查处理条例》等有关法律法规的规定，责成山东省安全监管局对中石化管道分公司处以规定上限的罚款，对中石化管道分公司党委书记、总经理各处以 2012 年度收入 80% 的罚款。

建议责成山东省人民政府、中石化集团公司向国务院作出深刻检查，并抄送国家安全生产监督管理总局和监察部；责成青岛市人民政府向山东省人民政府作出深刻检查。

## 5.2　管道占压、破坏案例

### 5.2.1　浙江省某天然气管道 "12.7" 爆炸事故

2008 年 12 月 7 日 23 时 50 分，位于宁波市江北区江北工业园区狮子山南侧山脚，浙江省某天然气公司（以下简称天然气公司）的直径 800mm 杭甬线输气管道发生爆燃事故，未造成人员伤亡和失踪，也没有其他财产损失。

经调查分析，事故发生点原是一片荒山岗，当地部分非法倾倒废土者不顾管道上方的天然气警示警告标志，大量倾倒废土。天然气公司发现这一现象后多次到现场查看阻止，政府有关部门也曾出面制止，但倒土者昼伏夜出，致使废土积压现象日趋严重，最终致使滑坡，导致管道中大量天然气泄漏，引发爆燃事故。

该事故发生在 2008 年，适用于《石油天然气管道保护条例》，2010 年《石油天然气管道保护法》（以下简称《保护法》）实施后，条例已废止。这里参照《保护法》对天然气管道的管理进行分析。

管道保护方面，天然气公司依据《保护法》第十八条的规定设置了管道标志，依据第二十二条规定进行管道巡护，发现危害管道安全的情形后进行阻止，政府相关部门依照第二十五条规定出面制止，但未能及时组织排除安全隐患，天然气公司也未依照第二十三条的规定更新、改造或者停止使用该管道。

管道破坏方面，倒土者违反了《保护法》第三十条的规定，在管道中心线附近堆放生物（倾倒废土），依据第五十二条规定，应当由县级以上地方人民政府主管管道保护工作的部门责令停止违法行为，清除废土。

### 5.2.2　河北保定施工破坏燃气管道案例

2012 年 8 月 6 日下午，被告人黄某雇佣民工三名在保定市七一路凤凰城小区北门西侧人行道的通信井内施工，在明知现场有天然气管道的情况下仍指挥工人在无技术设备保障的状况下工作。施工过程中水钻机打漏地下燃气管道，造成天然气泄漏，并导致凤凰城小区及周边地区 6000 余户停气。因天然气泄漏致使施工现场的其中 1 人死亡。

案发后，被告人黄某赔偿死亡人员家属 285000 元。2012 年 9 月 18 日被告人黄某某被刑事拘留，同年 9 月 26 日被取保候审。保定市北市区人民检察院于 2014 年 8 月 10 日向河北省保定市北市区人民法院提起公诉，指控被告人黄某某犯重大责任事故罪。

法院认为，被告人黄某在生产、作业中违反有关安全管理的规定，致一人死亡，其行为构成重大责任事故罪，公诉机关指控罪名成立。被告人黄某自愿认罪，并积极赔偿被害人亲属取得了被害人亲属的谅解，符合依法可以宣告缓刑的条件。依照《刑法》第一百三十四条第一款、第七十二条、第七十三条之规定，于2014年10月22日判决：被告人黄某某犯重大责任事故罪，判处拘役三个月，缓刑六个月。

《城镇燃气管理条例》第三十四条规定，在燃气设施保护范围内从事可能影响燃气设施安全活动的，应当与燃气经营者共同制定燃气设施保护方案，并采取相应的安全保护措施。第五十条规定，对违反第三十四条等相关规定的，责令停止违法行为，对单位处5万元以上10万元以下罚款，对个人处5000元以下5万元以下罚款，造成损失的，依法承担赔偿责任，构成犯罪的，依法追究刑事责任。

### 5.2.3　天津河东区违章占压地下燃气管线事故

2013年1月21日9点20分左右，河东区七纬路音乐学院附中周边的市民们闻到一股浓重的燃气味。经调查，原来是一施工单位违章占压地下燃气管线，并造成燃气泄漏。

施工单位在七纬路进行排水管道铺设的破路施工，音乐学院附中学校门外摞放着近一人高的多根水泥管。燃气抢险人员介绍说："自从破路施工后，我们接到因施工造成的管线受外力破坏引发事故的报修就有五六次了。"

事故发生后，施工单位现场的负责人调来吊车和挖掘机把水泥管吊走，随后，配合燃气抢修人员挖开路面进行维修。据燃气抢修人员介绍，发生泄漏的是一根直径50mm的输送燃气管道，这根埋在地下的燃气管道已折断。

该案例中施工单位涉嫌违反《城镇燃气管理条例》（以下简称《条例》）第三十四条、第三十七条的相关规定，按《条例》第四十三条规定，应依照《条例》第五十条、第五十二条的规定依法追究责任。燃气公司、燃气管理部门及其他有关部门方面，《条例》第四十一条规定，燃气经营者应当及时采取措施消除隐患，不及时消除隐患可能严重威胁公共安全的，管理部门应依法采取措施，及时组织消除隐患。本案例中破坏事故已有五六次了，事故仍在发生，可见燃气公司及相关管理部门并未有效履行《条例》第四十三条的规定，还应按第四十八条的规定对燃气公司进行相应的处罚。

## 5.3　不正当经营案例

### 5.3.1　重庆某燃气公司垄断经营案

2010年5月12日，重庆市工商行政管理局在对重庆市水、电、气、电信、广电等公用服务企业进行检查中，发现重庆某燃气公司下属部分分公司自2008年1月以来利用公用企业的市场支配地位，在向天然气非民用气用户（工业、集体、商业、CNG）销售天然气过程中，通过设置工作流程与签订格式合同的方式，要求用户接受以"修正系数"为基准的天然气结算方式，即在天然气表正常显示读数上乘以"修正系数"作为最终的气量结算数据，其行为涉嫌违法。

在调查中，专案组成员先后走访了多家仪表生产厂商与质监部门，了解到凡投入市场使用的天然气表（包括此次被当事人以修正系数进行修正的不带自动修正仪的气表）均是通过了国家法定强制认证，具有合法性，当事人作为企业无权单方面对这些法定允许的误差进行修正。

依照《中华人民共和国反垄断法》第四十七条第一款及《中华人民共和国行政处罚法》第二十七条的规定，重庆市工商局决定对当事人从轻处罚如下：

（1）责令停止违法行为。

（2）处 2010 年度销售收入 1% 的罚款（1793588.55 元）。

### 5.3.2　山东某燃气公司垄断经营案

自 2010 年 4 月 16 日起，山东某燃气公司（以下简称当事人）要求工商业户在供气前按当事人测算的开口气量的 50% 缴纳一个月的"预付气费款"，若工商业户不缴纳该笔款项，则无法签订《燃气供气协议》，当事人即予不供气。智能 IC 卡表用户缴纳"预付气费款"后，该笔款项一直由当事人无偿占用，并不能用于 IC 卡充值购气。

对已经供气的普通燃气表用户，当事人于 2013 年 8 月单方下发《关于预收气费款的通知》，要求工商业户在正常缴纳燃气费之外缴纳当事人规定金额的"预付气费款"，并在通知中附加"如逾期不交，我公司将不能保障贵单位稳定的燃气供应"等强势性语言。

2014 年 9 月 2 日，山东省工商行政管理局根据《反垄断法》《工商行政管理机关查处垄断协议、滥用市场支配地位案件程序规定》，将核查情况上报国家工商行政管理总局。2014 年 9 月 24 日，国家工商行政管理总局授权山东省工商局启动反垄断调查。2014 年 9 月 29 日，经省局机关负责人批准正式立案。经过调查取证，山东省工商局认为当事人滥用市场支配地位行为，侵害了工商业户合法权益和社会公共利益，不利于当地燃气行业的正常发展，同时损害了公平竞争的市场交易规则，不利于市场经济的健康发展，于 2016 年 1 月 21 日向国家工商行政管理总局上报对该案的处罚建议，国家工商行政管理总局于 2016 年 2 月 25 日答复同意山东省工商局定性处理意见。

处罚建议认为当事人的行为违反了《反垄断法》第十七条"禁止具有市场支配地位的经营者从事下列滥用市场支配地位的行为"第（五）项"没有正当理由搭售商品，或者在交易时附加其他不合理的交易条件"和《工商行政管理机关禁止滥用市场支配地位行为的规定》第六条"禁止具有市场支配地位的经营者没有正当理由搭售商品，或者在交易时附加其他不合理的交易条件"第（四）项"附加与交易标的无关的交易条件"的规定，构成了无正当理由在交易时附加不合理交易条件的滥用市场支配地位行为。

鉴于当事人能主动消除违法行为的危害后果，根据《行政处罚法》（1996 版）第二十七条"当事人有下列情形之一的，应当依法从轻或者减轻行政处罚"第（一）项"主动消除或者减轻违法行为危害后果的"和《山东省规范行政处罚裁量权办法》第十五条"当事人有下列情形之一的，应当依法从轻或者减轻处罚"第（二）项"主动消除或者减轻违法行为危害后果的"的规定，决定依法予以从轻处罚。依据《中华人民共和国反垄断法》第四十七条"经营者违反本法规定，滥用市场支配地位的，由反垄断执法机构责令停止违法行为，没收违法所得，并处上一年度销售额百分之一以上百分之十以下的罚款"的规定，决定作出如下行政处罚：

（一）责令停止违法行为。

（二）没收违法所得 52308.49 元。

（三）对当事人处以 2013 年度相关市场销售额 3% 的罚款（6818533.79 元）。

### 5.3.3 湖北省 5 家天然气公司价格垄断案

2016 年 7 月，在国家发展和改革委员会指导下，湖北省物价局对咸宁某燃气公司、仙桃某燃气公司、大冶某燃气公司、江夏某燃气公司、石首某燃气公司 5 家天然气公司滥用市场支配地位以不公平的高价销售商品的价格垄断行为进行处罚，共计罚款 295.5 万元。

经查明，自 2013 年以来，上述五家从事管道天然气供应及相关服务的天然气公司，凭借在相关区域内管道天然气供应及相关服务的特许经营权，通过与非居民用户签订管道燃气设施建设安装合同的形式，取得了在相关区域内非居民管道燃气设施建设安装市场的市场支配地位，并且滥用该市场支配地位，在非居民管道燃气设施建设安装经营成本、市场价格没有显著变化的情况下，剥夺了交易相对人自行选择设计、施工、监理等单位以及自行购买建设安装材料的权利，以不公平的高价收取非居民管道燃气设施建设安装费用。具体违法行为如下：一是在非居民管道燃气设施建设安装经营和实际操作过程中，剥夺了交易相对人自行选择设计、施工、监理等单位以及自行购买建设安装材料的权利。二是收取的非居民管道燃气设施建设安装费用，明显大幅度高于实际发生的经营成本。三是在非居民管道燃气设施建设安装中使用建设安装材料（含配套设备）的计费价格，大幅高于实际采购价格。四是非居民管道燃气设施建设安装费用和利润，明显大幅高于其他相同经营者。上述五家天然气公司的滥用市场支配地位行为，违反了《反垄断法》第十七条禁止具有市场支配地位的经营者以不公平的高价销售商品的规定。

在调查过程中，江夏某燃气公司和石首某燃气公司主动配合调查，自觉进行整改，修订非居民管道燃气设施建设安装合同，允许非居民用户自主选择承建经营者，聘请第三方建设工程造价评估机构对非居民管道燃气设施建设安装费用进行评估，对非居民管道燃气设施建设安装有关服务和价格实行公开告知，起到了主动消除或者减轻违法后果的实际作用。依据《行政处罚法》（2009 版）第二十七条的规定，对上述两家公司从轻处罚，处上一年度相关销售额 2% 的罚款。对咸宁某燃气公司、仙桃某燃气公司、大冶某燃气公司分别处以上一年度相关市场销售额 4% 的罚款。上述罚款共计 295.5 万元。

# 第2篇

# 城镇燃气经营企业管理

# 6 燃气经营企业管理

根据《城镇燃气管理条例》的要求，国家对燃气经营实行许可证制度，即县级以上政府燃气管理部门对于符合以下条件的燃气企业核发燃气经营许可证：符合燃气发展规划的要求；有符合国家标准的燃气气源和燃气设施；有固定的经营场所、完善的安全管理制度和健全的经营方案；企业的主要负责人、安全生产管理人员以及运行、维护和抢修人员经专业培训并考核合格；法律、法规规定的其他条件。

## 6.1 燃气发展规划的编制原则和基本内容

### 6.1.1 燃气发展规划的编制原则

1. 城镇燃气规划应结合当地资源状况及发展需求，统筹并科学合理选择各类气源，满足市场需求、保障供需平衡。

2. 城镇燃气规划的编制应与城镇的总体规划、详细规划相衔接，规划范围与期限的划分与城镇规划相一致。

3. 城镇燃气规划应与城镇道路交通、水系、给水、排水、电力、电信、热力及其他专业规划相协调。

4. 城镇燃气规划应近、远期相结合，统筹近期建设和远期发展的关系，且应适应城市远景发展的需要。

5. 城镇燃气规划应从城镇全局出发，充分体现社会、经济、环境、节能等综合效益。

### 6.1.2 规划编制的基本内容

1. 规划分期、规划范围、规划原则、规划目标。

规划目标包括：用气规模、用气结构、燃气气化率、门站或其他燃气厂站数量及规模、调压站数量及规模、燃气主干管长度等。

2. 燃气负荷预测与计算：包括规划指标的确定、年总用气量、高峰日用气量、高峰小时用气量。

3. 气源规划。包括气源的种类、供应方式、供应量、位置与规模。

4. 燃气供需平衡分析及调峰需求，储气调峰方案。

5. 燃气用户用气规律或负荷曲线。

6. 管网水力计算分析结果。

7. 输配管网系统的压力级制、主干管网布局及管径。

8. 燃气厂站布局、设计规模及用地规模、主要厂站选址：

（1）液化石油气站点规划。依据当地经济社会发展的状况，拟定液化气站点的规模、数量、布局原则等。

（2）燃气汽车加气站规划。依据当地气源情况，确定燃气汽车加气站点的类型、数量、规模和布局原则等。

9. 对原有供气设施的利用、改造方案。

10. 监控及数据管理系统方案。

11. 燃气工程配套设施方案。

12. 项目建设进度计划及近期建设内容。

13. 节能篇。

14. 消防篇。

15. 健康、安全和环境（HSE）管理体系。

16. 燃气供应保障措施和安全保障措施。

17. 规划工程量及投资估算。

18. 现状负荷分布图、现状燃气设施分布示意图等。

19. 用地规划图、管网规划示意图、燃气厂站布局示意图等。

# 6.2　城镇燃气设施布局、规模及建设程序

## 6.2.1　气源与燃气管网布局、规模

1. 城镇燃气气源点的布局、规模、数量等应根据上游来气方向、交接点位置、交接压力、高峰日供气量、季节调峰措施等因素，经过技术经济比较确定。门站负荷率宜取 50%～80%。

2. 中心城区规划人口大于 100 万的城镇输配管网，宜选择 2 个及以上的气源点。气源选择时应考虑不同种类气源的互换性。

3. 燃气管网系统宜结合城镇远期规划，优先选择较高压力级制管网，提高供气压力。

4. 中心城区规划人口大于 100 万的城市，燃气主干管应选择环状管网。

5. 城镇高压燃气管道的走廊，应在城镇总体规划编制时进行预留，并与公路、城镇道路、铁路、河流、绿化带及其他管廊等的布局相结合。

6. 燃气调峰量应根据城镇用气负荷曲线和上游供气曲线确定。

7. 调峰设施应根据季节、日、时调峰量合理选择，并按实际调峰需求，统一规划，分期建设。

8. 城镇燃气应急储备设施的储备量应按 3～10d 城镇不可中断用户的年均日用气量计算。

9. 应急储备设施布局应结合城镇燃气负荷分布、输配管网结构，经技术经济比较确定。

## 6.2.2　燃气厂站布局、规模一般规定

1. 应符合城镇总体规划的要求，节约、集约用地，且结合城镇燃气远景发展规划适当留有发展空间。

2. 应具有适宜的交通、供电、给水排水、通信及工程地质条件，并应满足耕地保护、环境保护、防洪、防台风和抗震等方面的要求。

3. 应根据负荷分布、站内工艺、管网布置、气源条件，合理配置厂站数量和用地规模。

4. 燃气指挥调度中心、维修抢修站、客户服务网点等燃气系统配套设施应与其他城镇燃气设施规模相匹配。

### 6.2.3 天然气厂站布局、规模

1. 门站站址应根据长输管道走向、负荷分布、城镇布局等因素确定，宜设在规划城镇建设用地边缘。规划有 2 个及以上门站时，宜均衡布置。

2. 储配站站址应根据负荷分布、管网布局、调峰需求等因素确定，宜设在城镇主干管网附近。

3. 当城镇有 2 个及以上门站时，储配站宜与门站合建；但当城镇只有 1 个门站时，储配站宜根据输配系统具体情况与门站均衡布置。

4. 调压站的布局，应根据管网布置、进出站压力、设计流量、负荷率等因素，经技术经济比较确定。调压站的规模应根据负荷分布、压力级制、环境影响、地质等因素，经技术经济比较确定。调压站的负荷率宜控制在 50%～75%。

5. 液化天然气、压缩天然气厂站储存规模应根据用户类别、用气负荷、调峰需求、运输方式、运输距离等因素，经技术经济比较确定。

### 6.2.4 液化石油气厂站布局、规模

1. 液化石油气厂站的储存规模应根据气源情况、用户类型、用气负荷、运输方式和运输距离，经技术经济比较确定。

2. 液化石油气气化、混气、瓶装站的选址，应结合供应方式和供应半径确定，且宜靠近负荷中心。

### 6.2.5 汽车加气站布局、规模

汽车加气站气源、布局及数量，应根据城镇总体规划、资源条件、汽车数量、运营规律以及经济发展、环保要求等因素，经技术经济比较后确定。

### 6.2.6 人工煤气厂站布局、规模

人工煤气厂站规模应根据制气原料来源、原料种类、用气负荷、供气需求等，经技术经济比较后确定。人工煤气储配站站址应根据负荷分布、管网布局、调峰需求等因素确定，宜设在城镇主干管网附近。人工煤气储配站宜与人工煤气厂对置布置。

### 6.2.7 城镇燃气设施建设程序（浙江省建设程序）

1. 编制项目建议书，提交当地发改委。

2. 当地发改委向省发改委提交项目建议书，省发改委发出前期工作联系函。

3. 进入项目申报阶段，完成以下工作：

（1）规划选址意见。

（2）土地预审意见。

（3）编制项目申请报告及可行性研究报告。

（4）编制项目环境评估报告。

（5）编制项目安全评价报告。

（6）编制项目水土保持方案。

（7）编制项目矿藏文物保护方案。

（8）编制项目地震安全评估报告。

（9）编制项目交通评价。

（10）编制项目职业卫生劳动保护评价。

（11）编制项目节能评价。

4. 提交相关报告由省发改委组织项目申请报告评审。

提交材料如下：

（1）项目申请报告。

（2）固定资产登记。

（3）相关评估批复。

（4）节能审查。

（5）法人资金证明。

（6）营业执照。

（7）组织机构代码。

（8）国土土地预审意见。

（9）规划选址意见。

5. 按评审要求修改项目申请报告报省发改委。

6. 省发展改革委核准项目，并出具项目核准文件。

7. 编制项目初步设计，并由省发改委重点办或相关部门组织初步设计评审。

8. 建设单位进行相关设备和材料的招标。

9. 设计单位编制施工图。

10. 进入施工图审查程序，完善后完成施工图。

11. 建设单位进行施工单位和监理单位招标。

12. 施工单位进场施工。

13. 施工完成，建设单位组织有关部门进行竣工验收。

# 6.3　城镇燃气经营规划、计划

燃气企业管理体制应以安全管理为基础、客户服务为导向。围绕着企业战略目标、企业规模、人力资源、企业文化、内外部环境开展经营活动。

## 6.3.1　燃气企业经营的概念及职能

燃气企业经营是指燃气企业为了满足人们对于燃气的需要而进行的经济活动，对企业整个生产经营活动进行决策、计划、组织、控制、协调，并对企业成员进行激励，以实现其任务和目标等一系列工作的总称。燃气企业的经营活动包括燃气企业市场开发、燃气工程建设、场站、管道及其附属设施的运行维护、客户服务管理管理、财务管理、人力资源管理等。

### 6.3.2 城镇燃气经营的内容

城市燃气属于市政公用事业，城市燃气企业有其固有的特点。城市燃气作为高危行业，国家对燃气经营实行许可证制度，燃气企业经营是系统工程，对外涉及燃气销售，安全供气，用户管理等诸多内容。对内涉及人员的培训、激励考核等内容，并通过对内对外的管理，实现经营管理的两个目标，一是盈利，二是为社会服务。

城镇燃气企业经营的内容包括：合理确定企业的经营形式和管理体制，设置管理机构，配备管理人员；搞好燃气市场，掌握本地产业结构等信息，进行经营预测和经营决策，确定以客为尊、持续安全供气的经营方针、确定以安全、市场、财务、培训的四大目标，编制企业发展规划；建立、健全安全责任制和各种管理制度；搞好场站、管网及附属设施的维护维修管理工作；组织天然气的市场开发及销售管理；加强财务管理和成本管理，处理好收益和利润的分配等。

燃气经营管理的分类：（1）按照管理对象划分包括：人力资源、燃气工程项目、资金、燃气安全及技术、燃气市场开发、信息、场站设备与工艺、作业与流程、文化制度与机制等。（2）按照成长过程和流程划分包括：项目调研—项目设计—项目建设—项目投产—项目运营—项目更新—周而复始的多个循环。（3）按照职能或者业务功能划分包括：计划管理、场站管理、燃气管道管理、采购管理、市场管理、工程质量管理、仓库管理、财务管理、人力资源管理、统计管理、信息管理等。（4）按照层次上下划分为：经营层面、业务层面、决策层面、执行层面、职工层面等。（5）按照资源要素划分为：人力资源、物料资源、技术资源、资金、市场与客户、政策与政府资源等。

### 6.3.3 燃气经营目标的确立

根据燃气行业的特点，燃气企业的经营目标首先要以企业的战略发展规划为出发点，结合企业经营范围的市场客观需求，以经营范围内的能源需求为基础，以安全供气为保障，建立一种科学的KPI管理体系。根据经营目标的分类，结合企业经营范围内能源需求情况、城市发展规划、企业经营基本信息，确定企业的总体目标，并将目标细化到企业的每一个部门，在制定目标时要注意以下几点：

合适的目标数量：既要保持一定的目标数，系统、全面地反映企业经营成果，又要把握好少而精，以便于集中精力解决主要问题。在制定总体目标时，必须突出企业管理的全局意识，事关企业发展的关键目标，有意识地引导企业全体员工抓住重点，做好重点目标落实工作。

合适的目标水平：要充分发挥经营目标所应有的鼓舞和动员作用，激发员工的积极性和创造性。防止脱离实际，把目标水平定的过高，这样不仅起不到激励作用，反而挫伤员工的积极性。防止不求进取，把目标水平定的过低，这样员工奋发精神也会被压抑。

合适的目标表达形式：要尽量采用数量指标和质量指标，以反映企业的经营成果，反映目标成果可用绝对数和相对数来描述，绝对数描述，例如：燃气销量、净利润、事故起数。相对数描述，例如：固定资产回报率、供销差率、第三者破坏指数。

### 6.3.4　燃气企业岗位责任制度

岗位是指组织中完成某项任务而设立的工作职位，依据企业的战略、组织结构图以及部门的生产经营的需要，设置各部门内相应的岗位，并根据燃气企业的各种岗位的特点，对名称进行规范。

明确的岗位职责和任职条件是合理设置岗位不可缺少的重要内容，这里所说的岗位，是指职务、职责和任职条件的统称，而不是以某人而定，岗位是相对固定的，而人是可以变换的，任何在这个岗位工作，担任这个职务的人，都应具备这个岗位的任职条件、履行相应的岗位职责，例如，燃气企业安全管理部门负责人应具备国家注册安全工程师执业资格的条件。因此，岗位的设置和分布、职务的合理确定，是以明确的岗位职责和合理的分工为基础、以合适的任职条件作为保证的，否则，无法体现合理设岗的原则，也无法说明岗位分布、结构的合理性。无序、混乱的岗位分布，无法达到整体目标任务的完成。同时，也会造成因人设岗、多设岗的现象。

1. 岗位设置原则

专业技术职务岗位的设置，总的原则和指导思想是以事为中心，因事设岗，事职相符，由岗择人。如何合理地设置岗位，应遵循以下原则：

（1）实际需要和可能的原则。岗位设置只能根据现有燃气企业规模下，在目前一段时间内的实际工作需要，在现有的人员和获得的职务数额内进行。所谓实际需要，指的是现阶段明确的任务，是必须实施的、是可进行的，不是规划的、将来的任务；所谓可能，即已核定的编制人员和职务数额。

（2）最少岗位数量原则。任何一个机构，其岗位的数量是有限的，某一机构岗位数量的多少，取决于该机构在整个系统中的地位和作用，取决于该机构任务的多少、复杂程度以及人员的需求和经费状况等。因此，岗位数量只能以一个职务岗位饱满的工作量和履职标准，按最少岗位数额的原则来确定。一个岗位能承担和完成的，不能设两个岗位。以达到少投入，获得最大效益的目的。

（3）最低职务岗位原则。也称能级层次原则。不同的工作层次、不同的工作性质、不同任务，职责不一样，难易程度也不一样，对岗位的要求也不一样。一个机构最高职务档次岗位究竟设置到哪一级，应由上述因素确定，按其工作性质、责任大小、难易程度，从低岗设起，避免设高的岗位承担低岗位的职责和任务。

（4）协调配合的原则。也称整分合原则，即任何职务岗位都不能孤立地设置，必须从整体出发考虑上下左右协调配合的关系。每个职务岗位要在整体目标、任务下有明确的分工，并在分工的基础上形成一个协调配合、优化组合的岗位群众。因此，在设置岗位并作合理分布时，必须以机构的职能、目标为依据，进行层层分解，直到每一项具体工作，合理确定到每一个岗位。评价职务岗位是否合理设置，要看其目标任务是否明确具体，职责是否符合整体职能的要求，与其他职务岗位是否协调配合。

（5）人事结合，逐步过渡的原则。以事为中心，并不是完全不考虑人的因素及现状，这就是从燃气企业发展规模情况出发，采取稳妥的过渡办法，逐步进行。

2. 岗位设置方法

（1）组成工作小组

为了保证岗位设置的科学规范，根据燃气企业生产经营的特点，首先要进行岗位调查、分析评价、拟定设岗方案和岗位说明书等基础工作，人事管理部门吸收场站管理部门、运行管理部门等有关部门人员共同参加。

（2）进行岗位调查

以现在各部门、各专业技术岗位上的人员作为调查对象，以岗位的工作性质、任务大小、难易程度、责任轻重及所需资格条件为基本内容，搞清现有企业内部各岗位的实际情况，这是下一步确立岗位的基础。可根据部门的实际情况和条件，采取填表、问卷、访谈、查阅部门管理制度等多种方法，进行岗位调查，为岗位分析评价提供必要的资料和依据。

（3）基层提出初步意见

基层在一般情况下，对所属的岗位现状、特点和工作负荷最为清楚，因此，基层的岗位设置意见，是整体合理设置岗位的一个重要环节和基础。可采取由巡线、测漏、安检、安装等一线管理部门进行申报岗位的办法，提出初步的设岗意见，并附必要的说明，包括名称、档次、设置理由、岗位的工作性质、任务大小、难易程度、具备条件等。

（4）进行岗位分析与评价

在岗位调查的基础上，工作小组要对原有的岗位状况及一线设岗初步意见进行分析评价，综合平衡设置方案，重点是分析评价岗位设置的合理性。看该岗位设置有无必要，依据是否充分，职责、任务是否明确具体，设高了还是设低了；看该岗位的工作与其他岗位的工作是否交叉重复、程度如何，是否合理搭配；看该岗位的工作量是否饱满。

（5）提出岗位设置的整体方案

在分析评价的基础上，拟定各个岗位分布的总体方案，排开现有人员的因素，按照合理设岗应遵循的原则，根据岗位的工作性质、责任大小、难易程度、任职条件及专业特点，按人力资源发展规划的要求，分布到各个一线部门。

（6）拟定《岗位说明书》（岗位职责）

《岗位说明书》是对每一个岗位（特别是高级岗位）的工作内容、职责、工作标准及有关事项的文字说明，也是上岗人员履职、考核的基本依据，一般要求每一职务岗位都应有一份岗位说明书。如果工作性质、难易程度、责任轻重、所需资格条件完全相同的岗位，可以合用一份说明书（或称标准岗位说明书）。

（7）审定

设岗方案及岗位说明书草拟后应提交企业负责人进行审定，审定的内容及重点是：

岗位设置是否合理、精简，不同层次的数额的分布是否恰当，局部与整体是否协调，最高档次设置是否合理。岗位设置是否控制在人力资源规划内。根据目前一段时期的任务变化情况，哪些岗位还需调整。

## 6.3.5　燃气企业先进经营管理模式

随着市场经济体制的建立和完善，市场化程度的提高，燃气企业为在竞争越来越激烈的市场经济环境中生存并持续稳定发展，应有先进管理理念，采用先进管理模式开展经营活动。

### 1. 创新管理

公司不同层级应逐步植入创新文化、建立创新管理机制，协同创新的同时又能发挥各层级自身作用。即要有独立的组织架构，建立完整创新流程，在流程的各个环节具有驱动力，在流程的各个环节具有管制力。燃气公司的创新包括业务领域的创新，开拓增长点；服务创新，通过增值服务实现为广大客户服务增值；管理创新，降低成本，提高效率甚至推动进入新的业务发展阶段等。

### 2. 卓越绩效管理

卓越绩效管理模式产生于美国的"国家质量奖（波多里奇国家质量奖）"，是以顾客为导向，追求卓越绩效管理理念，包括领导、战略、顾客和市场、资源、过程管理、测量分析改进、经营结果等七个方面，是当前国际上广泛认同的一种组织综合绩效管理的有效方法和工具。卓越绩效管理模式有以下特点：四化一满意（目标指标化，指标数字化，管理模式化，模式个性化，相关方满意）；侧重三个评价：自我评价、标杆评价、对手评价；结果控制变过程控制。因此，燃气经营企业为了加强战略执行力，改善客服服务质量和夯实安全管理基础，帮助企业进行管理改进和创新，持续提高企业的整体绩效和管理能力，推动企业获得长期发展，应有效推行卓越绩效管理模式并开展自我评价工作。

## 6.3.6　燃气经营和发展动态、方向

城镇燃气经营企业利用燃气为载体，为大量不同类型的用户服务，企业的经营活动与大众生活和社会经济息息相关，企业担负着支持经济发展、维护社会稳定的责任。持续、稳定、安全地供应符合国家质量标准的燃气，是对城镇燃气运行的基本要求，是燃气经营企业的责任。

（1）应保持气源充足、持续、稳定的供应。要落实这项基本要求，燃气经营企业必须准确地预测用气需求，根据燃气市场的具体特征、不同需求制订气源采购计划并予以落实，保持供需平衡。

（2）应建设能够持续发展、不断满足需求的输配系统。

（3）应建立健全安全评估和风险管理体系，应用安全系统工程的科学理论和方法，判断燃气运行系统发生故障和职业危害的风险，通过风险识别、风险评估、风险驾驭、风险监控等一系列活动来防范风险，进行科学决策和正确处置、强化管理，使得供气服务系统运行安全、稳定、可靠。

（4）加强安全管理，实现安全运行、安全操作（使用）、安全保护。防止和减少燃气安全事故，保障公民生命、财产安全和公共安全，企业应提高运行管理、维护技术水平和装备能力，重视安全事故的应急管理。

（5）增强责任感、使命感，把国家有关法律法规、标准规范、行业有效成熟的运行管理技术和企业完善的制度有机地体现在燃气安全管理的社会责任中；把先进的理念、方法技术应用到各个环节、所有层面，共同推进、保障城镇燃气事业的发展。

人工煤气、LPG、天然气三种气源并存仍然是我国城市燃气的主要特点。但近年来，由于雾霾天气频发，2013 年 9 月 10 日，国务院印发《大气污染防治行动计划》，要求加快推进"煤改气"工程建设，并大力推广包括天然气汽车在内的新能源和清洁燃料汽车，鼓

励发展天然气分布式能源等高效利用项目。2014年3月24日，国家发改委、国家能源局、环境保护部联合发布《能源行业加强大气污染防治工作方案》，要求有序推进替代工商业用途的燃煤锅炉、自备电站用煤。与此同时，天然气资源也稳步增长，城市燃气行业供应条件大幅改善。据国家发展改革委发布的《关于建立保障天然气稳定供应长效机制的意见》，到2020年天然气供应能力达到4000亿立方米，力争达到4200亿立方米。《能源发展战略行动计划（2014～2020年）》进一步提出，到2020年国产常规气达到1850亿立方米，页岩气产量力争超过350亿立方米，煤层气产量力争达到300亿立方米。因此，作为下游的城市燃气企业，应以清洁、环保的天然气能源作为发展方向。

《"十四五"现代能源体系规划》（发改能源〔2022〕210号）提出，到2025年，国内能源年综合生产能力达到46亿吨标准煤以上，原油年产量回升并稳定在2亿吨水平，天然气年产量达到2300亿立方米以上，发电装机总容量达到约30亿千瓦，能源储备体系更加完善，能源自主供给能力进一步增强。"十四五"时期是为力争2030年前实现碳达峰、2060年前实现碳中和打好基础的关键时期，必须协同推进能源低碳转型与供给保障，加快能源系统协调以适应新能源大规模发展，推动形成绿色发展方式和生活方式。

随着环保压力增加和技术进步，全球能源消费的低碳化趋势日益明显。"十三五"期间，国家层面的能源结构优化和环境污染治理将使天然气消费处于快速增长阶段。但随着我国经济体制改革的不断深化，价格在市场中所发挥的杠杆作用越来越明显。煤炭、石油、液化石油气等替代能源的价格市场化程度较高，价格走势取决于供需关系。因此燃气企业必须改变经营理念，由"粗放经营"进入"精耕细作"时代，面对挑战、抓住机遇。

（1）重视城市燃气基础设施的庞大投资压力，合理规划、保持建设与发展平衡。

（2）提高服务水平，提升企业形象，增强用户的满意度和忠诚度。

（3）积极创新，采用先进的生产设备和管理手段，降低企业成本。

（4）挖掘潜能、积极开拓市场发展。细分当地产业结构，以增效双赢为基石，向钢铁、石化、陶瓷、食品等传统工业或交通运输业等其他行业拓展。

（5）改变能源服务模式，认清能源阶梯利用理念，发展分布式能源系统及能源服务业。

（6）推动市场化定价模式。按照国家"监管中间，放开两头"的价格管理思路，包括各省门站价在内的各种气源价格的管制将逐步取消，产业链两端的价格将完全由市场供需决定。在此背景下，政府在天然气价格中的干预力度将越来越弱，供求关系将成为影响天然气价格的决定性因素。

# 6.4 城镇燃气供气管理

## 6.4.1 供气规律

城镇燃气供应受季节气候，居民生活规律，工业用户生产周期等方面影响，有一定规律和周期可循。

1. 季节温差对供气的影响

城镇燃气用气量具有显著的季节变化特征，对用气直接影响的是天气中的温度参数，气温越低，用气量越大，例如苏州属于北亚热带湿润季风气候区，温暖潮湿多雨，四季分明，冬夏季长。在全年日最低气温低于 0℃ 的日数中冬季占了 93%。冬季平均气温 4.3℃，平均最低气温 1.1℃。春夏季燃气用气量较低，而秋冬季燃气用气量明显增加。平均气温和平均气压是影响苏州城市燃气用气量变动最主要的气象因子，平均气温与燃气用气量在各个季节呈一致的负相关，当平均气温低于 15℃，燃气用气量随气温的降低而大幅增加；而平均气压呈一致正相关，与气温类似，平均气压同样是在冬季最高，夏季最低，这与冷空气活动有关，表明燃气用量的波动受冷气团入侵，冷高压控制的降温过程影响。

这些季节气候影响因素在冬季相关最显著，夏季是燃气用气量对气象因子响应最不敏感的季节。

**2. 工业用户燃气用气规律**

工业用户主要是按生产计划用气，其月用气量变化没有明显的规律性，工业用户主要受行业的经济发展状况影响。在正常的生产周期内，工业用户的日用气量正常情况呈现较平稳的态势。气候的变化虽然对工业的用气量有较大的影响，但是规律性不显著，在有订单的情况下是随着温度的降低而用气量增大。另外，工业用户受行业经济情况和运行周期的影响巨大。

**3. 商业用户燃气用气规律**

商业用户燃气用气规律主要体现在：用气量不是很大，用气规律性。商业用户用气规律性与居民用户用气相仿，主要集中在早、午、晚三个高峰期。由居民变化规律可知，由于居民生活水平的提高，城镇居民工作日就餐更加趋向快餐，节假日喜欢外出旅游和聚餐，这大大促进了商业用户用气量的递增，用气峰值一般有规律地出现在节假日。再者随着城市大型建筑面积的建筑物愈来愈多，天然气分布式能源用于大型的写字楼、酒店或医院的概率大大提高，分布式能源可实现能源的梯级利用，利用效率高，经济效益好，污染低、具有一定的环保效益，且调峰性能好，有效做到能源优势互补，是国家政策鼓励的方向。分布式能源冬季主要用于供暖，夏季重点用于制冷，燃气的用气量是根据冷热负荷确定的，其建筑面积的大小决定了用户的变化规律。

**4. 居民用户燃气用气规律**

居民用户是用气量变化最大的用户类型，由于居民的用气一般集中在一日三餐，所以居民用气规律表现为对燃气使用存在明显峰、谷、平的特点，在平常日，有早、午、晚三个用气高峰，夏季 6～10 月为例：5∶00～7∶00 为早高峰，11∶00～12∶00 为午高峰，16∶30～19∶00 为晚高峰（冬季比夏季时间推迟约半小时），夜里 23∶00 至早高峰到来是一天中用气量最少的时候。其中晚高峰大量供气时间较长，用气量也最大，单小时耗气量是深夜时候的两倍以上。另外工作日的用气高峰较休息日更为明显。

## 6.4.2　气源调度调峰

根据调峰的目的不同，可分为事故调峰、季节调峰、日调峰等。

事故调峰又称应急调峰，是指在紧急情况下的非正常停气，一般利用天然气主干网来解决，同时加强天然气管网的检修，降低事故率。

季节调峰主要是解决季节用气的不均衡。一直以来，如何保证冬季用气高峰期间平稳供气，成为管理调度人员的首要关注点，特别是随着用气结构的变化和瞬时气量增力，居民在冬季采用锅炉及地暖采暖的比例增加，使冬季高峰期与夏季日平均用气量差距进一步扩大，季节调峰的难度增加。

日调峰一般是由燃气企业解决的，通过与上游供应商的沟通协商，争取更多的供气量，或者寻找新的补充气源，充分利用已建的调峰设施解决；在用气高峰阶段，应首先保证居民及学校医院等非经营性公共建筑用户的用气需求。

根据调峰方式不同，可从供气和用气两方面考虑。从供气角度考虑，争取更多的供气量最为简便，这种方式需要与上游供气商沟通协商，合同量应根据该地区天然气用气量的预测量制定，特别是对于夏季用气低谷，过多的供气量需要买方考虑储存问题，不仅增大买方的购气投资，而且增大储气设施投资，因此在签订合同前，买方应尽量准确地预测用气量。

从用气角度考虑，一种方式是根据燃气用户等级，通过对可中断供气用户的限停气达到冬季调峰目的。可中断供气的用户指天然气有剩余时才供给，当供稳定用户的燃气量较为紧张无剩余时，就停止向这类用户供气。美国相关法规要求可中断用户必须在供暖季节开始前准备好十五天用量的替代燃料，当上游供应困难，或遇到极端低湿天气，导致用气缺口过大时，可按照一定顺序对某些调峰工业用户进行停气。

另一种方式是建设调峰储气设施。城镇燃气储气调峰设施一般包括储气罐、LNG储气设施及管道储气等。储气罐储气可平衡日不均匀性用气和时不均匀性用气，国内普遍使用高压储气罐；LNG用气量调节范围广，气化方便，可用于平衡各种不均匀性用气；储气管末端储气包括高压管束储气及长输干管末段储气，可有效地平衡时不均匀性用气。

### 6.4.3 用气量预测

燃气用气量预测就是根据历史实际供气记录数据，按规定的要求和一定的用气规律预测出未来某一段时间内用户的用气负荷。用气量预测的准确性，对制定科学、合理的供气计划和设备、管道的抢修或维修方案，确定正确的调度运营方式，保证燃气管网的安全稳定供气具有非常重要的意义。

用气不均匀性是确定城镇燃气输配系统燃气调度气总容量、燃气输配管网、储气容积和设备能力的重要因素。用气不均匀性通常表现为月不均匀性、日不均匀性和时不均匀性。它与城市性质、地域气候、供气规模、用户结构、流动人口状况以及居民生活水平和生活习惯、节假日等有密切关系。因此月、日和时的不均匀系数也是作为用气量预估的一个重要的指标。

一般在年供气量增长的同时，不同年份相同月的同比供气量一般也相应增加，每年各月的供气量变化规律基本一致，且规律性越来越明显。用气高峰月在冬季，低峰月在夏季。

同时也需要了解本单位各用户用气比例，工商业与居民用气量之比是体现燃气供应结构的一个重要综合指标。工商业与居民用气比越低，供气的不均匀性越大，稳定性越差；工商业居民用气比越高，供气的均匀性越好，稳定性越大。

一个地区一年中或某一段时间内消费天然气的量，与当地经济发展速度和水平、政府宏观政策（如环保政策）引导力度、居民生活方式变化情况、气候变化情况、燃气企业经营发展状况、上年用气量和用户发展情况等因素有关，要做到准确预测非常困难，目前系统中存在多种燃气用量预估方法，如时间序列方法、灰色系统预测量理论、人工神经网络预测方法、回归分析预测方法、指数平滑预测方法等。但是在实际工作中，上述方法或多或少存在实际操作取值的困难，对于熟知的偏差会影响到预测值，因此采用简单的趋势外推结合主观修正量的方法，比较符合实际工作。其基本形式如下：

预测年用气量＝上年用气量×（1＋上年增长速度）＋修正量

其中，上年用气量和上年增长速度可直接从统计数据得到。修正量根据影响因素的综合作用取值：当影响因素有利于用气量增长时，取上年用气量的10%以下；当影响因素很有利于用气量增长时，取上年用气量的10%～20%；当影响因素非常有利于用气量增长时，取上年用气量的20%～30%；当影响因素极有利于用气量增长时，取上年用气量的30%～40%，甚至更大；当影响因素不利于用气量增长时，依上类推取上年用气量的负值；如果发展仅是社会自发要求和燃气企业自主行为，政府无新的支持燃气发展政策出台时，只能按有利于用气量增长考虑；政府有新的支持燃气发展政策出台时，则为很有利于用气量增长；政府大力推行发展燃气政策，并采取强力措施予以保证时，将是非常有利于用气量增长；如果再有大的使用燃气项目（如煤改气大用户），肯定极有利于用气量增长。总之，修正量的取值经验性非常强，需要大量数据积累和了解各方面影响用气量增长的因素。预测出当年的用气量后再根据往年月不均匀系数和日不均匀系数，可大致排出每个月和每日的预测供气量。在对修正量取值的经验上必须还要考虑城市气温这一要素，气温影响的趋势性是指气温变化对日用气量的趋势性影响。一般来说，城市燃气日用量与气温呈负相关关系。

### 6.4.4　运行调度系统

运行调度管理系统就是通过管网设施运行状况的监控，进行统计分析、计划与销售、气源协调，使整个输配调度系统保持平稳状态，从而为用户提供高质量、有安全保障的供气服务。

1. 生产监控

用于监测、控制生产场站内工艺设备的运行，保证输气生产安全、可靠、平稳、高效、经济的运行，为发布调度指令及结算等提供决策依据。

2. 管网设施监控

采用智能设备设施对输气管网各站点的实时工艺、运行状态进行监视，并予以有效调控，提升燃气供应系统的安全性和运行效率。

3. 用户计量管理系统

对燃气用户进行气量数据采集，掌握用户用气规律，利用数学模型预测用气负荷、为管理人员提供用气量计划、采购、管理、分析一体化的解决方案。

4. 调度中心

通过网络、无线等信息传送手段，把各数据采集、汇总到统一信息平台，进行处理、显示和集中状态监视。并在此基础上进行气量调配、制定管网优化方案，对事故预警、事故处理作出准确判断和提示。在城市供燃气系统的局部发生事故，或进行施工、检修而需要局部切断管道时，调度中心必须及时作出相应的工况分析，发布紧急调度指令，缩小影响范围。

### 6.4.5　运行调度基本制度

运行调度基本制度：指根据调度中心的职能，为发挥调度中心的最大功能，确保安全稳定供气，应建立健全的基本制度。

为保障调度中心的正常运行，应保持对调度中心的日常保养工作，定期对操作系统、相关设备设施进行检查、维护、保养，同时应有对一般性故障、重大性故障、突发性故障的处理方法和流程。

调度中心作为公司的重要管理场所，安全管理尤为重要。必须定期检查电脑、系统、显示设备、UPS系统的完好性；定期备份系统数据，检查数据库的运行状态、空间使用情况。外来人员进入执行许可证制度，确保带入电脑设备在无病毒状况下与运行系统相连，不得私自查看或修改系统程序代码。

调度中心应按功能特性制定完善制度，调度人员应掌握相应的技术标准和管理规程，填写值班记录，严禁串岗脱岗，严格执行交接班程序和事故预警上报程序。

# 7 燃气经营企业安全生产基础知识

## 7.1 燃气企业安全生产基本内容

### 7.1.1 燃气企业安全生产的现状

当前，我国城市建设速度迅猛，城市规模日新月异，城镇燃气从民用向工业及车用发展，从饮食、洗浴向采暖、制冷等各个方面发展，燃气使用量及燃气设备设施呈几何级数扩容。燃气的迅猛发展，使城市燃气的安全问题面临着巨大的挑战。城市燃气的安全问题，一是供气安全，二是安全供气。供气安全和安全供气两者的侧重点不同，供气安全强调的是宏观和整体，侧重于稳定可靠的供应体系方面，强调供气系统整体的保障，供气安全覆盖了燃气输配系统的所有环节。而安全供气则强调的是微观和局部，其侧重于降低在供气过程中某一具体部位发生安全事故的风险，排除隐患，减少安全事故发生的概率。

纵观城镇燃气供应现状，城镇燃气气源供应主要由天然气、液化石油气和人工煤气组成。目前天然气的供气规模不断扩大，已成为城镇燃气的主气源。据相关资料显示，"十二五"规划末期天然气约占三分之二，液化石油气和人工煤气约占三分之一。城镇燃气的高度普及，深深影响着我们日常生活、工作和生产的各个方面，城镇燃气已广泛应用于民用、工商业、交通运输、分布式能源等领域。随着城镇燃气全方位应用，一旦燃气供应出现气源紧张、突然中断等紧急情况，整个社会将生产停顿、交通瘫痪、餐饮歇业、生活混乱，势必给城镇经济发展、社会安定、居民生活带来极大的负面影响或引发灾害。为此，保障供气安全要做到未雨绸缪，一方面需要建立城镇燃气能源储备制度，防止突发性事故及不可抗力而引起中断供气带来的严重影响，建设燃气储备设施，需要结合当地社会经济发展战略和经济发展水平、燃气发展规划、城镇燃气的规模、设施、布局及用户结构等因素确定应急气源、燃气储备规模、储备方式；另一方面需要加强气源供应设施的保护，确保供气设施正常运行，建立健全气源设施区域的政府责任机制和社会保护机制，规定单位和个人的保护责任和义务，使燃气设施得到有效保护，实现气源的持续、稳定、安全供应。城镇燃气能源储备制度的建立和燃气设施的有效保护是满足供气安全、稳定社会的应急需要。

同一般经营企业相比，城镇燃气企业是没有"围墙"的企业，安全管理具有外延性和社会性，燃气设施分布广泛，不同压力的不同燃气设施、设备分布于城市所有区域、地段和公共场所。安全保障义务是城镇燃气经营企业承担的社会责任中最为重要的部分。随着我国城镇燃气事业的不断发展，燃气生产、储存、运输和使用的燃气量越来越多，应用范围也越来越广泛，因燃气系统发生的泄漏、火灾与爆炸等事故的数量和等级也在不断上升。譬如：居民用户家中燃气泄漏、着火、爆炸的事故，造成建筑物主体破坏、坍塌，造成人员伤亡及环境污染；市政燃气管道泄漏、爆炸，有的甚至成为社会公共突发事件，造成巨大的社会恐慌，影响恶劣。各类燃气事故，影响范围及破坏性较大，不但影响了企事业单位的正常运行和广大居民的正常生活，有的还造成了大量人员伤亡和财产损失，也给社会的公共安全与和谐稳定带来了极大的负面影响。尽管燃气安全事故都存在技术上的客观原因，但几乎所有的事故都和燃气供应企业的安全管理不到位有关，因此从事燃气技术或管理的人员应当掌握燃气安全生产管理的相关内容。只有加强对城镇燃气的安全管理，保证安全供气，才能最大限度地预防和避免事故的发生，这是我们每一位城镇燃气行业从业人员肩上的责任。

### 7.1.2 安全生产标准化规范与建设

1. 安全生产标准化的定义

安全生产标准化，是指通过建立安全生产责任制，制定安全管理制度和操作规程，排查治理隐患和监控重大危险源，建立预防机制，规范生产行为，使各生产环节符合有关安全生产法律法规和标准规范的要求，人、机、物、环处于良好的生产状态，并持续改进，不断加强企业安全生产规范化建设。

安全生产标准化体现了"安全第一、预防为主、综合治理"的方针和"以人为本"的科学发展观，强调企业安全生产工作的规范化、科学化、系统化和法制化，强化风险管理和过程控制，注重绩效管理和持续改进，符合安全管理的基本规律，代表了现代安全管理的发展方向，是先进安全管理思想与我国传统安全管理方法、企业具体实际的有机结合，有效提高企业安全生产水平，从而推动我国安全生产状况的根本好转。

2010 年 4 月 15 日，国家安全生产监督管理总局发布了《企业安全生产标准化基本规范》。安全生产标准化包含安全目标，组织机构和职责，安全生产投入，法律法规与安全管理制度，教育培训，生产设备设施，作业安全，隐患排查和治理，重大危险监控，职业健康，应急救援，事故报告、调查和处理，绩效评定和持续改进 13 个方面。

2. 标准化建设要求

不符合标准化的项目，就可能成为企业的隐患、危险、有害因素，成为危险源、危险点和危险途径，变成企业运行管理的风险。

（1）安全组织网络化

成立安全管理委员会，并根据人员变动及时调整。明确分管安全领导，其设置要求按照《安全生产法》进行。按照城镇燃气经营企业的运行结构，设置或指定风险管理部门，配备兼职或专职安全管理人员。建立顺畅的企业信息传递渠道和可追溯性的信息管理。按城镇燃气行业的规模、特点及当地政府相关部门的要求，建立应急救援、消防保卫、医疗救护、危机公关等专门或临时性组织，确保突发事件及时有效处理。

（2）安全责任明晰化

全员定岗定责。按照"一岗一责"的原则，制定安全生产责任制，确保有岗必有责。安全生产责任制内容应明确、具体、可操作性强。以城镇燃气经营企业的正式文件发布执行。

（3）安全制度体系化

城镇燃气经营企业建立健全各类安全管理制度，适应技术工艺和管理特点，满足所需的安全管理要求。安全制度必须合规（国家、行业、地方的法律法规和标准）。制度条款适应企业发展需要，具有可操作性。相关制度有效衔接，避免管理漏项和管理交叉。考核措施规范，严格落实奖惩和规范执行。定期评审，不断修订、完善。

（4）教育培训经常化

制订年度风险教育培训整体计划。实施全员安全教育，因岗、因人施教：

1）"三级安全教育"：对新入职的企业员工、调岗人员、重新上岗等人员进行三级安全教育，经考核合格后方可上岗。实行岗位标准化作业，针对岗位标准作业单元的技术、操作，开展安全知识、技能培训。

2）按国家要求持证上岗：企业主要负责人，按国家要求参加有关管理部门组织的安全生产知识和管理能力培训，取得证件；每年参加和实施燃气行业的安全再教育培训。安全管理人员，按国家要求参加有关管理部门组织的安全生产知识和管理能力培训，取得证件；定期参加燃气行业安全职业资格认证培训，并经考核合格。

3）特种作业人员：按照国家有关规定经专门的安全作业培训，取得特种作业资格证书，方可上岗作业。参加燃气行业的有关认证资格和再教育培训，考核合格。

4）其他各类人员：国家对职业资格规定的培训，取得相应资格证后上岗。参加燃气行业和企业岗位的培训，经考核合格后上岗。

5）规范人力资源档案管理，实行"一人一档"。实行结合教育培训成果的人力资源管理激励机制。

6）防范意识全员化：决策层和风险管理部门定期进行安全形势分析。每季度组织不少于两次安全活动（培训、演讲、知识竞赛、征求建议等）营造安全氛围，提高安全意识。每月至少召开一次安全会议，通报企业、地方、国家燃气安全事故、安全形势，每季度一次（或企业发生事故后进行）事故案例警示教育。通过多种形式激励员工，激发他们主动参与安全管理的热情。

7）工作和操作流程程序化：制定安全操作规程或作业指导书，要求做到"一岗一流程"。安全操作规程或作业指导书要具有可操作性。明确各部门、各岗位工作流程衔接关键点和安全管理点。不断完善、修订工作流程。

8）危险源管控规范化：制订可操作的危险源识别、风险评价、风险控制管理程序。掌握危险、有害因素辨识与评估方法。制订危险源管理方案，方案要有针对性（针对识别与评价结果），应含有"四定"（定措施、定责任人、定时间、定资金来源）。实行安全目视化管理。危险源辨识管理率100%。重大危险源实行专项管理。制作分布图，建立危险源数据库，分级管理。

9）安全投入合理化编制年度安全费用预算及使用计划。安全费用使用范围：完善、改造和维护安全防护设备、设施支出；应急救援器材、设备和现场作业人员安全防护物品支出；安全生产检查与评价支出；重大危险源、重大事故隐患的评估、整改、监控支出；安全技能培训及进行应急救援演练支出；其他与安全生产直接相关的支出。安全投入计划执行有保障。

10）目标承诺全员化，制定目标：城镇燃气经营企业根据实际情况，年底制订下一年的安全目标，安全目标与生产运行目标一致。安全管理目标从企业主要负责人逐级分解到员工，并明确考核指标。目标分解，制订安全目标措施展开表。企业根据安全总目标制订具体措施，并形成总安全目标措施展开表，将目标及展开表分解至各部门；各部门根据企业安全总目标及展开表制订具体措施，形成部门安全目标措施展开表，将目标及部门展开表分解至各工作单元。企业主要负责人的主动承诺以及全员的主动承诺。

11）监督检查程序化：制订检查方案（检查目的、时间、检查人员、检查内容、情况处置等），进行检查前的强化培训。设计、使用检查记录表单。下发隐患整改通知单，落实整改措施，明确跟踪、整改责任人。形成检查通报和告示机制。组织复查、验收。登记建档。

12）绩效考核工具化制定安全绩效考核与奖惩制度。成立安全绩效考核小组，确定安全绩效考核权重及奖罚措施。利用平衡计分卡或开发其他考核管理工具。全员纳入安全绩效考核与奖惩范围。因岗而设安全考核指标。量化考核指标。

13）应急处置专业化：制订各类应急预案，总体应急预案；专项应急预案，现场应急救援方案。成立各专业／义务应急救援队伍、消防保卫队伍、医疗救护队伍和后勤保障队伍。配置必需的应急救援物资。定期组织实战演练。积极与政府及其他企业建立联动合作关系，提高应急救援水平。

# 7.2 安全生产管理的基本规定

## 7.2.1 安全管理制度

企业安全管理制度是指企业按照国家的法律法规、政策标准，在"安全第一、预防为主，综合治理"的安全生产方针下结合企业自身生产特点，以文件形式制定并在企业内部发行实施的安全生产行为规范和准则。安全生产管理制度应明确规定企业安全生产主要负责人及组织架构、明确企业安全生产规章制度及职责、确定企业安全管理机构及人员配备、制定各类人员作业要求及考核标准、明确重大危险源管理及危险作业、完善企业安全检查制度及实施标准、事故调查统计上报制度等。

1. 安全管理组织架构和职责

燃气经营企业应根据自身实际经营情况建立完善的安全管理架构。安全管理架构设置应满足企业主要负责人是本企业安全生产工作第一负责人，其对本单位安全生产负全面责任。企业应在安全管理架构基础上建立健全安全组织体系，全面落实安全生产责任制；建立完善的安全管理制度、安全操作规程，执行安全检查、安全教育、安全例会等制度；编制相应的安全管理手册并落实执行。

（1）最高管理者安全职责

1）认真贯彻执行国家有关安全生产和劳动保护的法律法规、政策、规章和制度，负责领导公司安全生产委员会的工作，对本公司员工的安全和健康负责，全面负责领导公司的安全生产管理工作，全面推动落实集团总经理检查、事故呈报等各项政策及制度。

2）督促各部门安全责任人在计划、布置、检查、总结、评比生产工作的同时，计划、布置、检查、总结、评比安全工作，定期督促组织召开安全环保委员会工作会议。

3）建立、健全安全组织机构，配置安全管理人员，组织建立安全生产责任制，抓好安全教育工作，及时研究解决有关安全方面的重大问题，确保实现安全生产。

4）批准发布安全生产规章制度和操作规程。

5）保证安全生产投入的有效实施。

6）组织制定本单位的应急预案体系的建立及实施。

7）组织领导公司安全生产检查，对重大的安全隐患负责组织落实和整改，对避免重大事故的有功人员实行重奖。

8）主持各类重大事故的调查、处理并制订出防范措施，认真执行"四不放过"的原则，对事故责任者进行严肃处理。

9）积极改善职工劳动保护条件，减少和预防工伤事故，预防职业病。

10）抓好员工安全教育，不断增强员工的安全意识，努力提高员工的安全技术水平。

（2）安全生产管理部门职责

1）认真贯彻执行国家有关安全生产和劳动保护的法律法规、政策、规章和制度，在总经理的直接领导下，积极认真做好安全工作，对各部门安全生产、劳动保护负有检查、督促的责任。

2）组织部门经常深入现场检查安全生产情况，对查出的事故隐患签发整改通知单，督促有关部门采取措施，限期整改。发现违章作业和违章指挥情况，要及时纠正和制止，并有权作指令性暂停作业，汇报领导后及时作妥善处理。遇重大险情应立即报告领导处理。

3）参与各类重大事故的调查、处理工作，各类事故的综合上报工作，参加各类事故分析会，弄清原因，查明责任，认真执行"四不放过"原则，对事故责任者提出处理意见，并积极提出安全防范措施。

4）参与燃气经营企业动火作业、危险作业的监护，落实安全技术措施，确保安全。

5）制订或修改本部门安全技术措施计划，并检查执行情况。加强本单位防护器材、安全防火设施的管理，对存在的不安全因素，督促有关人员及时处理。

6）负责对员工进行安全生产宣传教育，组织人员的培训及特殊工种员工的培训和安全技术知识考核工作。

7）负责各部门的安全生产考核工作。

8）负责参与各部门安全生产规章制度的建立。

9）负责对安全环保投入的落实进行检查。

10）负责组织各部门实施预案体系的编制、修订工作。指导各个部门开展专项应急预案的演习工作。

（3）各安全生产部门的职责

1）认真贯彻执行国家及上级有关安全生产和劳动保护的法律、法规、方针、政策、规章和制度并督促检查本部门的执行情况，是本部门的安全责任人。

2）组织本部门人员对责任区域内作业进行安全环保方面检查。

3）经常教育本部门人员严格遵守岗位责任制和安全技术操作规程，对新员工进行三级安全教育。对本部门违章作业和不良倾向及时制止和批评教育。

4）发现不安全因素，必须及时组织力量加以排除，发生事故时，除组织力量抢救外，应立即向领导汇报，并保护好现场，参加事故分析，提出防范措施。

5）进行常规性安全检查，对存在安全隐患区域或作业组织整改并上报。

6）制定本部门重大危险源记录表并实施管控，对于重点场所、重点作业采用管理、技术手段进行管控。

7）负责本部门的防火工作，落实防火措施，加强督促本部门员工的防火教育工作，提高防火意识，保证本部门消防器材完好，发生火情积极组织扑救，保护现场，并协助领导及时查处。

8）组织开展部门安全生产竞赛等安全活动，总结交流安全生产经验。

9）负责配合落实单位 HSE 政策、制度等各项要求。

2. 安全委员会及例会制度

安全生产委员会组建的主要目的是组织落实企业管理层和政府部门对安全生产的指示、要求，管理、监督企业的安全生产工作，研究安全生产工作的重大事项和措施，协调、解决安全生产中的问题。企业应根据自身实际情况，成立以最高管理者为代表的安全生产委员会，并定期举行安全生产会议。

安全生产委员会主要职责有：监察管理方案是否足够及有效执行；不断地评估隐患及安排消除隐患措施的执行；协助发展各项管理规则和工作制度；研究事件、事故统计和趋势；留意员工的培训是否足够和有效；留意工作地方的安全及健康讯息的传达和宣传是否足够；组织安全推广活动等。

企业应在合理切实可行情况下执行委员会所建议的所有措施，并确保委员会的决定及建议行动能有效地传达到负责执行的人员。委员会的决议及建议须通知所有员工。企业必须确保备存委员会的会议记录。

3. 安全培训教育制度

安全教育是提高全体员工安全生产素质的一项重要手段，只有全体员工安全素质提高，才能形成企业良好的安全生产环境。开展安全管理工作，首先要抓好安全教育培训。企业组织的安全培训教育主要应针对两类人员：企业管理人员、一般员工。

（1）管理人员安全教育培训

安全生产经营企业的主要负责人应根据企业实际情况按照国家有关规定接受相应的安全培训，安全资格培训学时数应符合《安全生产法》相关规定，并经考试合格取得安全培训合格证后方可任职。

企业管理人员应针对国家和企业有关职业安全卫生的方针、政策、法律、制度和标准进行专项安全培训，并可通过多种形式对事故管理、职业卫生和安全文化、应急救援等进行培训。

其他管理人员安全培训内容应包括：国家和企业有关职业安全卫生的方针、政策、法律、法规、制度和标准；本部门、本岗位职业安全卫生职责；安全管理、安全技术、职业卫生和安全文化等知识；有关事故案例及事故应急管理等。

（2）一般员工安全培训教育

所有员工应接受三级安全教育，学时应符合《安全生产法》相关规定。员工在工作调动、转岗、下岗再就业及脱岗 6 个月以上者应重新进行三级安全教育，经考试合格后方能上岗。

特种作业人员应按照国家有关规定进行专业性安全技术培训，经考试合格，取得特种作业操作证后方能上岗，并定期进行复审。

除了定期开展的安全教育培训外，还要组织以班组为单位的安全教育。班组的安全教育培训应包含以下内容：

1）学习国家和政府颁发的有关安全生产法律法规。

2）学习有关安全生产文件、通报、安全技术规范、安全管理制度和安全技术知识。

3）结合政府或企业事故汇编和安全信息，讨论分析典型事故，总结和吸取事故教训。

4）开展防火、防爆、中毒、燃气泄漏等异常情况应急处理及预案演习。

5）开展查隐患、纠违章活动。

6）其他安全活动。

4. 安全检查制度

开展安全生产检查制度，及时了解和掌握各时期安全生产情况，及时发现不安全因素，及时消除安全隐患，从而使安全工作做到防患于未然。安全检查制度主要形式有：日常安全检查、常规性安全检查、节假日安全检查、专项安全检查、季度性安全检查、总经理安全检查等。安全检查过程中应做到：

（1）安全生产检查，包括日常检查、本部门检查、专业检查和月度检查以及季节性检查，每次检查必须有明确的目的要求和具体计划。

（2）企业建立由企业主要负责人和有关人员参加的安全检查组织体系，切实加强领导，做好检查工作。

（3）企业级安全检查，由企业主要负责人负责，结合月度生产特点，在企业内进行以"查思想、查纪律、查制度、查领导"四查为主的安全生产大检查。

（4）对查出的隐患问题，要逐项分析研究，并制定整改方案，做到定措施、定时间、定人员，立即整改，不得拖延，有些限于物质技术条件，当时不能解决的问题，应采取临时安全措施，并定出计划，按期完成。

（5）日常检查是指各部门和生产班组在日常工作中进行的涉及安全等方面的常规性检查，此项检查应做到随查随改，无法整改的问题立即上报整改。

（6）视气候特点及季节变化，对防暑降温、防雨防洪、防雷电、防风、防冻、保温等工作，可进行预防性季节检查。专业检查和月度检查，日常检查和部门检查可分别结合进行。

5. 事故管理制度

事故管理是安全生产管理的一项重要内容，也是企业预防安全事故的重要手段。安全事故管理制度主要包括事故报告、登记、调查、处理和分析。在事故管理过程中应遵循"四不放过"原则，即事故原因未查清不放过；防范措施不落实不放过；事故责任人未处理不放过；相关人员未受到教育不放过。

6. 工作许可证制度

燃气行业中很多操作涉及可燃气体、用电、高空等危险度较高的作业，不安全的操作方式可能导致严重事故，健全的工作许可证制度是防止这些危害事故的发生的有效手段。所谓工作许可证，就是作业人员从事某项特殊及带有危险的工作前必须得到授权人士的许可，并领取其签发的书面许可证，这份文件即是"工作许可证"。工作许可证制度应明确规定许可证归属部门、审批流程和签发流程。工作许可证的签发就是要求作业者、负责人和授权人士在指定的工作开始以前，应签发的一种书面证明文件。它清楚的列出管理层、雇员、作业者以及其他人员（例如承包商）关于安全工作的条件和要求。工作许可证在签发过程中要求：

（1）作业负责人在工作许可证中填写工作内容、工作地点、计划工作时间、工作性质、作业影响范围、作业人员等工作概况。

（2）作业负责人可按照批准的作业方案填写工作许可证中应采取的安全措施，签发人根据实际情况补充填写应采取的安全措施。

（3）作业人员在作业前，由工作负责人宣读工作许可证，认真详细地交代工作任务、安全措施、危险部位及注意事项。每个作业人员都应集中精神认真听取。

（4）工作负责人在作业过程中，要始终在现场，做到不间断地监护。督促全体作业人员认真执行工作许可证所列各项安全措施，保证作业安全。

（5）变更作业人员的成员时，需经工作负责人同意。变更工作负责人时，应由工作许可证签发人记录在工作许可证上，并签字。

（6）若扩大工作任务，必须由工作负责人通过工作许可人，并在工作许可证上增填工作项目。需要变更或增加安全措施时，必须填用新的工作许可证，重新履行工作许可手续。

（7）当工作全部完毕，经作业负责人和工作许可签发人双方到现场交接、验收，并在工作许可证上签字后即为工作终结，作业负责人方可带领全体作业人员撤离工作地点。

7. 承建商安全管理制度

承建商作为服务甲方的第三方单位，燃气企业应建立健全承建商安全管理制度，确定承建商准入标准及条件，并与之签订安全施工协议。燃气企业承建商有工作区域广、人员流动性大等特点也为企业管理带来一定考验。在承建商管理过程中应做到：

（1）人员的管理与技术培训

根据燃气工程的特点，从确保施工质量出发，必须通过有针对性的培训提高承建商的综合素质。具体应健全岗位职责，加强施工人员资格控制，严格遵守操作规程，从项目负责人、现场安全员到特殊工种，都严格执行持证上岗制度。组织针对承建商专题培训，及时向下传达企业关于施工质量控制、安全规定、技术标准等要求。

（2）过程控制

企业工程项目管理人员及安全管理部门应不定期对施工现场进行安全检查，对于违章指挥、违章作业、违反劳动纪律情况及时纠正；同时应要求监理单位加强巡查力度，做好保障及监督作用。

（3）考核制度

燃气企业应定期组织评定小组对各承建商进行年度评定，制定评定评分系统，确定相应的奖罚措施及服务条款。对于评定不合格的承建商可采取取消其施工资格等手段。

8. 风险评估制度

建立健全燃气企业风险评估制度的核心是事前进行风险预防性管理，用针对性的技术、管理手段有效控制、化解、减少可能发生的风险、隐患和事故。城镇燃气经营企业建立和运行完善的风险评估制度，可以为企业营运所产生的风险提供一个有效的管理架构，确保所有危害能被恰当识别、评估及控制，减少或消除有关风险，以保护员工及大众的安全、保障城镇燃气企业的资产和避免营运中断。风险评估过程主要考察风险发生概率及对一旦发生事故所造成的危害程度进行描述。风险评估分析可分为定性分析及定量分析。

（1）定性分析

定性分析一般采用风险矩阵形式，如下表风险矩阵中深色代表高风险、白色代表中风险、浅灰色代表低风险，见表7.2-1。

风险矩阵 表 7.2-1

| 发生概率 | | | | | 风险矩阵 | |
|---|---|---|---|---|---|---|
| 频繁<br>（等级：5） | 经常<br>（等级：4） | 可能<br>（等级：3） | 不太可能<br>（等级：2） | 很少<br>（等级：1） | | |
| 25 高 | 20 高 | 15 高 | 10 高 | 5 中 | 灾难（等级：5） | 严重性 |
| 20 高 | 16 高 | 12 高 | 8 中 | 4 低 | 危机（等级：4） | |
| 15 高 | 12 高 | 9 中 | 6 中 | 3 低 | 严重（等级：3） | |
| 10 高 | 8 中 | 6 中 | 4 低 | 2 低 | 轻微（等级：2） | |
| 5 中 | 4 中低 | 3 低 | 2 低 | 1 低 | 可忽略（等级：1） | |

在具体评价过程中如果风险程度出现在深色区域，则表示这种风险的主要风险源，必须及时采取相应的技术和管理措施，降低该风险的程度。其他定性分析方法还可以采用问卷调查、集体讨论、专家咨询、政策分析等形式，在定性分析中评价风险等级的主要方法及数据来源于历史数据、行业标杆及专家判断等。

（2）定量分析

定量评价要求燃气经营企业制度定量指标，计量的选取一般等同于所在目标的计量方式，如收入、安全事故比率等，这主要靠企业历史数据的积累以及行业对指标的参考。定量分析方式可采取统计推论（如集中趋势法）、计算机模拟、失效模型或影响分析、事故树分析等。进行风险定量评估，应统一制定各类风险的度量单位和风险度量模型，并通过测试等方法确保评估系统的假设前提、参数进行复核和修改，并将定量评估系统的估算结果与实际效果作对比，据此对有关参数进行调整和改进。

9. 劳动防护管理制度

劳动防护用品是指劳动者在劳动过程中，为避免和减轻事故伤害或职业危害所配备的防护装备。劳动防护用具包括工作服、工作鞋、安全帽、安全带、呼吸器、防毒面具、护目镜、手套、口罩等，其安全管理应符合以下规定：

（1）劳动防护用品应根据企业安全生产符合防止职业危害的程度，按照工种和劳动条件确定其种类和使用期限。

（2）劳动防护用品的发放应严格执行劳动防护相关规定，不得擅自扩大或缩小范围，随意增减内容和数量，不得以货币或其他物品替代应配备的劳动防护用品。

（3）员工上班应按照要求正确穿戴符合规格的劳动防护用品，以免受到伤害，未按照规定穿戴劳动防护用品的，不准进入生产工作岗位。

（4）特种劳动防护用品应具备"三证"，即《生产许可证》《产品合格证》和《安全鉴定证》。特种劳动防护用品必须到国家定点经营单位或生产企业购买。

（5）采购部门必须严格把好各类劳动防护用品质量关，严禁采购和使用不合格的劳动防护用品。

（6）安全技术部门负责劳动防护用品发放范围及各工种标准的制定，并对企业劳动防护用品实施综合管理，行使监督检查职责。

（7）安全技术部门和实际使用部门应根据企业核定的劳动防护用品标准做好日常管理工作，并按照其使用要求，在使用前对其防护功能进行必要的检查。

（8）特种防护用品（如正压式空气呼吸器等）的使用人员应接受专业培训、考核，以求熟练掌握其结构、性能、使用和维护保养办法。

10. 场站安全管理制度

场站安全管理包括各在用或备用场站（包括：天然气 /LNG/CNG/LPG/ 人工煤气储配站、SNG 混气站、LPG 瓶组站等）及其设施在操作、检查、维护保养、紧急情况等方面的管理。

场站责任部门应建立场站安全管理架构及各级岗位人员安全职责，并组织相关人员对场站各类设施及运作进行风险评估，然后根据评估结果，编制各项安全管理制度及操作规程。在实际场站管理中首先应统计编制全面详细的场站设施、设备及安全附件清单，明确场站管控对象，其次制定公司各层次的场站检查（巡查）计划，明确规定执行检查（巡查）的人员、时间（频次）、内容等，所制定的计划应包含各场站的预防性维护保养计划，包括主体设备及配套装置（如储罐、压力容器、烃泵、充装设备、调压设备、压缩机、锅炉、发变配电设施、消防设施、加臭装置等）及附属的管道、阀门、仪表等，按规定予以执行；最后应建立完善的应急机制，就场站各项可预见的紧急情况，例如：超压、机组故障、气体泄漏、火警、爆炸等，确保各类紧急情况严格按照既定的紧急应变程序处理。

11. 管网安全管理制度

近年来，我国城镇燃气事业发展迅速，但是城市燃气管网的防腐检测、安全评估和系统建设等安全运行问题一直是燃气管理的薄弱环节，存在较大的安全隐患。影响燃气管道安全运营的因素主要包括：管道腐蚀、第三方破坏、自然灾害破坏、人员误操作等。

燃气管道的归属部门负责燃气管道及设施的运行、维护和抢修工作的策划、实施和监控管理。在日常管理中，应建立管网安全管理架构及各级岗位人员安全职责，组织相关人员对管网各类作业及设施进行风险评估，然后根据评估结果，编制各项安全管理制度及操作规程，同时对相关人员进行专项培训，取得有关资质证明，使其具备相应的资格。根据风险评估结果，责任部门制订管线巡查工作计划，并组织适当人员及装备，按既定时间表落实执行，防止第三方施工对燃气管道破坏；建立信息监控系统及数据采集系统，确定列入监察范围的运行参数，例如输配系统的压力和流量等，实时在线监控管网运行情况；与政府及外施工单位建立联系机制，互相通报施工信息、设施等数据，了解第三方工程的范围和工程性质及对管线的影响，确定监察及处理措施；就燃气输配系统各项可预见的紧急情况（例如：泄漏抢险、火灾与爆炸等）制定相应应急预案，并向相关员工提供足够指示及培训，确保各类紧急情况严格按照既定的紧急应变程序处理；建立、维持及定期更新管网图档系统，记录各现有管道设施资料，包括管径、材料、操作压力、运作年份、维修记录等，用以执行管道的例行巡查、保养及紧急维修等工作。

12. 客户安全管理制度

客户安全管理制度的建立是确保立管、户内管及燃气具装置安全运行，防止因燃气泄漏、设施使用不当等而造成的火灾、爆炸、供应中断等意外事故，保障员工、客户和公众的安全及健康。由客户服务归属部门负责组织相关人员对客户燃气具装置及各类作业进行风险评估，然后根据评估结果，编制各项安全管理制度及操作规程；编制年度培训计划，针对特色作业，如带气作业，置换，恢复供气等作业人员应取得相应资质；安排符合资格的工程人员为客户提供管道及器具维修，并执行管道防侵蚀保护计划，以确保所有管道及燃气具能安全地正常运作；依照当地燃气管理条例，为燃气管道和设施进行定期安全检查，并建立完整的检查档案，并建立档案记录客户管道及燃具违章、隐患整改通知单，定期跟进客户的整改进展情况，并作记录；建立紧急应变管理小组、明确规定各应急管理人员岗位职责、应对各类紧急事故的执行程序、所需的应急设备等内容，并且每年至少更新或检查该预案一次，及时进行培训与演练。

## 7.2.2 安全生产计划

企业应按照公司发展需要，以年度安全生产目标管理责任为指导，以公司安全管理制度为标准，以安全工作方针"安全第一，预防为主，综合治理、和谐发展"为原则，以系统（部门）和班组安全管理为基础，以预防重点部位、重点岗位重大事故为重点，以纠正岗位违章指挥，违章操作和员工劳动保护穿戴为突破口，制定年度安全生产总目标计划。安全生产计划制定后通过安全生产委员会等形式进行讨论通过，明确量化指标及奖惩措施，层层考核。

## 7.2.3 安全培训教育

为增强员工的法治观念、安全意识和安全生产技能，提高燃气经营企业安全生产管理水平，预防伤亡事故，减少职业危害，企业应根据实际需要制度年度安全培训计划。安全生产教育的主要形式有三级安全生产教育、特殊工种教育和经常性的安全宣传教育等。

三级安全生产教育是指公司级安全教育、车间（项目）级安全教育和班组级安全教育。凡新招（聘）、调入、复岗和停岗（半年以上）人员都必须进行三级安全教育。经考试合格后，按工种领用劳动防护用品并在指定人员或师傅的带领下，方可进入生产作业现场。特殊工种教育是指国家规定的所有特种作业人员的教育培训。特种作业人员培训考核合格取得相应的证书后，才能上岗工作。日常安全教育培训是指不定时间、不论场合、不拘形式、经常地、反复地对职工进行广泛、深入、系统的宣传和教育培训。

## 7.2.4 加强安全生产检查

安全检查制度是一种对安全工作进行监督的制度。建立健全安全生产检查制度有利于隐患发现与整改，促进安全生产。安全生产检查制度主要包括以下几个方面：

1. 对规章制度建立完善程度的检查

企业安全工作的基本保证来源于健全的规章制度。从以往事故案例可以看出，绝大多数事故是由于人的不安全行为引起，规章制度不仅规定了企业安全生产流程，同时也规范了人的具体操作步骤，规章制度的检查及审核是防止事故发生的最基础最有效的措施。规章制度检查是查企业的安全生产制度是否健全，各生产单位或生产工艺的设置是否健全合理。

**2. 检查规章制度执行情况**

安全检查的主要内容就是检查各项规章制度的执行情况。在日常检查过程中应针对受检部门具体操作，制定专项检查表，将部门规章制度作为检查依据，考验实际操作与规章制度是否吻合。

**3. 现场安全检查**

现场安全检查是部门规章制度在实际操作中的具体体现。现场安全检查的方式可以是全面综合安全检查、专业性检查、抽查，主管部门检查、自查、互查等形式。安全检查周期可分为年度、季度、月度、重要节假日专项检查等方式。

安全检查制度建立的目的是使安全检查制度化、标准化、规范化。所以完整的安全检查制度应包括：检查内容、检查方式、检查时间频次、检查负责人、检查结果、处理方式等。

**4. 设立安全生产考核目标**

为贯彻落实《安全生产法》和国务院《关于进一步加强企业安全生产工作的通知》，调动公司全体人员搞好安全生产工作的积极性，强化公司内部惩处违章违规行为，建立高效的激励机制，确保燃气经营企业规章制度的顺利贯彻执行，确保从业人员的生命财产安全，避免重特大交通事故，企业应根据实际情况建立科学的、符合市场规律的安全生产考核目标。燃气经营企业负责落实年度安全生产目标任务及新增安全目标任务。每年度企业最高管理者分别与有关人员签订安全目标责任书并负责进行考核。

燃气经营企业建立安全生产目标管理制度，将安全目标考核等安全专项目标逐项落实，责任到人。年终对责任人进行全面考核，根据考核结果予以奖惩。

**5. 强化用户安全宣传**

燃气具有易燃、易爆、有毒、安全性能要求高、技术性强的特点。近年来，燃气事业发展迅速，特别是天然气的供气规模不断扩大，天然气用户的种类和数量激增。燃气作为城乡必不可少的清洁能源得到广泛普及和应用，燃气在提高居民生活质量和改善大气环境的同时，也给安全管理带来新挑战。燃气安全知识宣传涉及面广，工作量大，是一项社会系统工程，应通过新闻媒体，发挥宣传速度快、效果好、普及性强的优势，通过报纸杂志重要版面播发、刊载燃气安全的公益性广告，使燃气安全常识深入人心，家喻户晓，老少妇孺皆知。各燃气使用单位要把燃气安全作为本单位安全管理的重点，主动配合燃气企业，不断加大对各用户使用燃气的巡查教育力度，时刻提醒用户安全用气，杜绝燃气事故发生。

**6. 组织燃气应急演练**

燃气企业应根据重大危险源评估确定本企业内部重大危险源，根据事故类型及危害程度确定应急预案类型并制定年度应急预案演练计划。应急预案演练应包括演练内容、范围、形式、规模等要素，同时明确事前、事发、事中、事后的各个过程中相关部门和有关人员职责。定期对应急预案进行演练，检讨应急预案有效性、充分性、可操作性。演练结束后应进行预案总结与修订，保持预案完整性。

# 7.3　现场安全管理

## 7.3.1　燃气工程建设安全管理

1. 燃气工程事故发生的原因

目前大多数城市燃气工程建设项目集中在城镇道路沿线和居民小区内，燃气工程施工具有点多面广的特点，工期要求紧，存在的不安全因素多，燃气工程建设中常见的安全事故发生的原因有：

（1）管道沟槽开挖不规范

沟槽开挖是燃气工程施工的基本工序，沟槽开挖后不可能马上回填，这就很容易产生安全问题，有些施工队伍在施工时缺乏安全意识，未对施工人员进行必要的安全培训，安全防护措施不到位，最终引发安全事故。

管道沟槽开挖中的安全问题主要表现为以下两种情况：一是在管沟超深挖掘时安全防护措施不足，缺少或者未做支撑，一旦发生管沟塌方，施工人员可能面临生命危险，二是安全警戒设施不完善，隔离带、防护栏、警示灯不符合文明施工要求，容易发生人员、车辆安全事故。

（2）施工现场用电不规范

燃气工程建设中管道的焊接、吹扫清通、试压等各个环节都需要用电，一般是临时用电，出现工地电源不能固定，电线、电缆沿地面明设，架空线路架设在脚手架或树上，电线杆用竹竿或者钢管，架空线路和灯具架设高度过低的情况，易造成电线外皮老化、破损，绝缘性差。施工现场未按"一机一箱一闸一漏"设置，即一台设备有一个专用的开关箱，开关箱里有一个闸刀开关和一个漏电保护器，保护不足。工地无专业电工，而是让略懂些用电知识的无电工操作证的人员去从事电工作业，接线方法不规范，违规用电的情况屡见不鲜。

（3）高空作业中防护措施不当

燃气管道在很多情况下需要采用架空敷设，例如安装燃气户外立管，随桥架空管等。高空作业安全防护措施的落实是确保燃气管道架空敷设安全的重要环节，必须坚持"先防护、后施工，不防护、不施工"原则，必须用安全可靠的高空作业吊篮、高空作业车或其他能够保证安全的设备进行施工。但是有些施工企业的施工人员缺乏高空作业的专业培训，未持证上岗，现场施工设备简陋，连防护栏杆、盖板或安全网等基本的防护设施都不具备，安全带及安全帽配备不齐全或不按规范使用等，这些因素都有可能诱发安全事故。

（4）带气作业

带气作业不论是在灾害发生时，还是在施工过程中，都是极度危险的，必须严格按安全技术规程操作。带气作业对施工人员、劳动保护、机械设备工具，技术因素、作业方案等都具有严格的要求，任何一丝一毫的疏漏都有可能酿成巨大的伤亡事故。令人遗憾的是，有些施工企业在带气、带压条件下施工时，缺少周密的施工方案，安排非专业人员进行带气作业，劳动保护不足，使用的设备工具陈旧，一旦发生燃气泄漏，后果不堪设想。

（5）进入密闭空间（或者限制区域）防护措施不当

燃气工程施工有可能进入阀井、深坑等密闭空间或者限制区域，密闭空间内会有很多不确定的危险因素。事实上，除了坠落、磕碰等机械事故外，密闭空间对于施工人员的最大危险还是来自于其中的有毒有害气体，这些危险气体大致可以分为三大类：氧气（不足或过量）、可燃气体、有毒气体。而这些有毒有害气体既可能在工人进入密闭空间之前存在，也可能在施工过程中形成。可以说，缺乏在施工人员进入密闭空间之前和在其中工作过程中对于危险气体的检测是绝大多数密闭空间发生事故的重要原因。

2. 燃气工程建设安全管理的主要措施

（1）加强施工现场管理，做到文明施工。

1）工地现场张贴工程概况、施工许可（场站工程应有五牌一图）及焊接规程等。

2）进入施工现场必须戴安全帽，高空作业必须拴好安全带。

3）不准光脚、穿拖鞋、穿高跟鞋，严禁裙装、光背、短袖。

4）高空作业人员严禁向下抛扔任何物体。

5）未经培训人员，严禁进入现场操作，特殊工种必须持证上岗。

6）施工现场要严格执行个人岗位责任制，做到整个现场清洁整齐文明。

7）现场材料分规格、品种堆放整齐，做到工完料尽场清，临时工棚等设施规范搭建，保持现场整洁。

8）工人操作地点和周围必须清洁整齐，工完、场清、料净。

9）现场禁止吸烟或设吸烟室，木工场地严禁吸烟。

10）进入项目现场，任何车辆限速 15km，以防交通肇事及沙尘；办公区域禁止鸣笛。

11）施工现场的坑、槽、沟和各种孔洞必须设置围栏或盖板和安全标志。

12）施工用电采用三相五线制，电器开关、按钮、闸刀设箱加锁、防雨，机械设备接零，分系统设置漏电保护装置。

13）库房、办公室、食堂、宿舍配备消防器材，并派人定期检查保证有效。

14）库房、宿舍、办公室内严禁明火，禁烧电炉，禁用 100W 以上的大灯泡和大功率电器。

15）使用的机电设备完好，有可靠及有效的安全防护措施。

16）工地四周设有适当防护、警示标志、夜间警示灯。

17）配电线路及电线完好，无老化、破皮等现象。

（2）加强施工人员安全教育培训，提高施工人员的安全意识、安全技能，掌握安全操作技术规范，提高自我保护意识，特种作业必须持证上岗。

（3）进行特殊作业（如高空作业、带气作业、密闭空间作业等）必须开展风险评估、制定安全技术措施，经逐级审批同意后方可实施，并办理工作许可证。

### 7.3.2 用户安全知识

1. 户内燃气安全事故原因

随着城市燃气的快速发展、供气范围的不断扩大、用户数量的增长，与燃气有关的各类风险因素不断增加，用气安全问题日益突出，室内燃气事故造成的人员伤亡、财产损失事件屡见不鲜。分析历史数据，室内燃气事故的主要类别包括：燃气泄漏、着火、爆炸或爆燃、中毒或窒息、意外供气中断。室内燃气事故形成的原因错综复杂，涉及燃气设备、设施及其使用和管理等诸多方面。按照主要事故类别分析，其原因见表 7.3-1。

室内燃气事故原因分析表　　　　　　　　　　　　　表 7.3-1

| 序号 | 事故类别 | | 原因分析 | 备注 |
|---|---|---|---|---|
| 1 | 燃气泄漏 | 室内燃气器具泄漏 | 使用不当 | 排气点火 |
| 2 | | | 间断供火 | |
| 3 | | | 供气压力异常（调压器异常、管道故障） | |
| 4 | | | 燃气器具泄漏、接头泄漏 | |
| 5 | | | 安全装置失效 | |
| 6 | | | 阀门泄漏 | |
| 7 | | | 燃烧器具穿孔 | 火头质量问题 |
| 8 | | 室内供气系统泄漏 | 管道腐蚀穿孔、管道接头泄漏 | |
| 9 | | | 计量表具或接头泄漏 | |
| 10 | | | 调压设施或接头泄漏 | 瓶装燃气或中压进户管道气 |
| 11 | | | 软管老化，脱落、意外受损（安装不规范、小动物咬破等） | |
| 12 | | | 电气短路、击穿 | |
| 13 | | | 超压 | |
| 14 | | | 维修后置换不当 | |
| 15 | | | 钢瓶角阀、连接处或钢瓶本体泄漏 | 瓶装 LPG |
| 16 | | 室外燃气积聚 | 引入管腐蚀穿孔、断裂、接头密封失效，燃气泄漏后扩散、渗透 | |
| 17 | | | 管网遭第三方破坏、腐蚀穿孔、断裂，燃气泄漏后扩散、渗透 | |
| 18 | | | 违规倒残液 | |
| 19 | 着火 | | 连接管安装不规范，管道不符合要求 | |
| 20 | | | 超压（调压器故障）导致火源异常等 | |
| 21 | | | 燃气泄漏（浓度超过爆炸极限）遇到明火 | |
| 22 | | | 室内其他火源引起的供气系统着火 | |
| 23 | | | 户外他室泄漏燃气窜入 | |
| 24 | | | 用户不良行为 | 自杀或开关阀 |
| 25 | 爆炸或爆燃 | 化学性爆炸 | 通风不良，泄漏的燃气聚积达到爆炸极限 | |
| 26 | | | 用户不良行为 | 自杀或开关阀 |
| 27 | | | 他室泄漏燃气窜入 | |

| 序号 | 事故类别 | | 原因分析 | 备注 |
|---|---|---|---|---|
| 28 | 爆炸或爆燃 | 物理性爆炸 | 不合格钢瓶 | 瓶装 LPG，LNG，CNG |
| 29 | | | 超装、温度超高导致钢瓶超压 | |
| 30 | | | 保温层失效导致钢瓶、管道超压 | LNG |
| 31 | 中毒或窒息 | 一氧化碳中毒 | 通风不良，燃气器具安装不规范，燃烧不完全 | |
| 32 | | | 燃气器具不合格，燃烧不完全，烟气排放室内 | |
| 33 | | | 含有一氧化碳的燃气泄漏 | 人工燃气 |
| 34 | | 氧气浓度不足造成窒息 | 安装、使用不当，造成密闭空间内氧气含量偏低 | |
| 35 | 供气故障或意外供气中断 | | 输配管网（调压设施、管网及其阀门）故障 | 管道燃气 |
| 36 | | | 人为因素造成阀门切断 | |
| 37 | | | 供气管道堵塞（水堵、冰堵等） | |
| 38 | | | 自然灾害（对上述事故原因也适用） | |
| 39 | | | 第三方行为损坏燃气管道 | |

注：备注栏中未特别注明的，事故原因适用于各种供气方式。

用户安全使用燃气是燃气企业的经营管理责任和目标，应该采取多种措施确保用户安全使用燃气。

2. 加强对用户的宣传教育

户内燃气事故不断发生，很大程度上是因为用户安全意识薄弱。作为燃气经营企业应加大对市民进行燃气知识、燃气法规的宣传，提高燃气用户依法用气、保障安全的意识，教育市民要爱护燃气设施，确保燃气设施的安全和正常运行，防止人为破坏和私自改动燃气设施形成泄漏，造成事故。

（1）在用户申请安装时对用户发放《安全用气使用手册》，通气点火时对用户再次进行正确使用燃气设施设备指导，并进行安全用气口头宣传。

（2）对工商客户用气点内张贴各类"安全用气警示"和"燃气管线示意图"，以提醒用户正确安全的使用燃气，预防事故的发生，让用户熟悉、掌握公司 24 小时客户服务热线和紧急切断阀的操作。

（3）利用集中安检的机会在小区内设置安全用气宣传点，对客户的安全用气疑问进行解答，有安全用气宣传展板、安全用气宣传资料发放等。

（4）利用各类公益活动上街宣传。在明显位置设置宣传点，接受咨询，发放宣传资料。

（5）开展发短信活动。将安全用气常识以短信的方式发送给用户，结合季节特点，有针对性的提醒。

（6）利用媒体（报纸、广播、电视台）、广告、公司网站、客户中心等宣传途径来加强宣传的力度。

3. 加强对用户燃气设施的检查、检测力度

燃气经营公司应定期对居民的燃气设施进行检查维护，消除安全隐患，减少燃气事故发生的概率。具体可以采取以下几项措施：

（1）燃气经营企业应根据《城镇燃气设施运行、维护和抢修安全技术规程》CJJ 51—2016 组织专业的入户安检队伍，对燃气用户设施定期进行上门检查，对居民用户每 2 年检查不得少于 1 次，对工商用户每年检查不得少于 1 次。在检查时对用户进行安全用气知识宣传，并对发现的隐患提出整改建议，做好整改情况的复查、跟进。

（2）巡线人员根据本公司的实际，做好小区管网的巡查。

（3）燃气经营企业组织专人定期对小区的燃气管网、阀门井、楼前管等进行检测，可购置激光甲烷遥距检测仪等检测设备进行快速检测。

4. 规范燃气经营企业

（1）燃气经营企业应对用户侧的安全隐患进行分级管理，按照隐患的严重程度进行分级监控，督促用户整改。

（2）燃气经营企业应加强对员工的安全教育和技能培训，做到持证上岗，使员工能够符合标准规范的为客户进行安全服务。

（3）加强施工队伍管理，提高工程质量。在施工中，如发现有不按设计规范施工或偷工减料的现象，要立即坚决制止，并处罚有关责任人。

（4）工程验收时，严格执行"三同时"规定，严格执行《城镇燃气室内工程施工与质量验收规范》CJJ 94—2009、《城镇燃气输配工程施工及验收规范》CJJ 33—2005 等方面的要求。

（5）室内燃气安装、使用要符合安全使用条件的要求，特别是室内通风条件的满足。不得改变建筑性质来使用燃气，如临街住房改变成商业用途，必须按照商业用气的要求来改造原房屋使用燃气的安全条件，以满足商业用气的安全要求。

（6）制定燃气事故处置规程，设置专职抢修队伍，昼夜 24 小时值班，配备防护用品、车辆器材，通信设备等，确保出警及时，处置有效。

5. 积极推广安全保护措施

（1）对于燃气器具，应具有熄火保护装置和不完全燃烧保护装置，采用强制排风式热水器。

（2）安装燃气浓度检测报警器和自动切断装置来确保室内用气的安全性。

（3）室内燃气设施加入保险。

（4）使用不锈钢波纹软管。

## 7.3.3　燃气从业人员的工作环境保障和安全管理

燃气经营企业管理者有责任确保员工的健康和安全，包括告知员工工作场所存在的危险，提供必要的设备以确保健康和安全，并建立适当的健康和安全规程。因此，燃气经营企业管理者有义务在员工开展工作之前评估健康和安全风险，通过职业健康评价、合理使用劳动保护用品来进一步完善消除或减轻这些风险。

1. 职业危害分析

（1）燃气本身的危害因素

燃气是具有一定毒性的爆炸性气体，又是在压力下输送的，由于管道及设备材质和施工方面存在的问题和使用不当，容易造成漏气，有时引起爆炸、着火和人身中毒的危险。当浓度达 25%～30% 时，人会出现头疼、头晕、呼吸加速，心跳加快、注意力不集中、乏力及肌肉协调运动失常等，当浓度进一步升高时，则出现意识障碍、四肢冰冷，呼吸心跳停止，而致"电击样"死亡。

（2）环境中的职业危害因素

由于燃气管道安装多是室外作业，夏天平均气温较高，高温首先引起血管膨胀，血液流动速度加快，毛细血管扩张，导致心脏负荷加重，身体能量加剧消耗。脑部供血、供氧下降。紫外线对人体的皮肤晒伤或可能导致人员中暑。

（3）施工安装及运营过程中的职业危害因素

燃气管道在安装过程中需要进行喷砂除锈或角磨机除锈，机器使用不当或未穿戴防护工具很容易伤害到使用者；防腐作业时，防腐油漆中树脂成分为丙烯酸树脂和聚酰胺树脂，溶剂中含有苯、甲苯、二甲苯、正己烷等，在喷涂过程中油漆及胶黏剂分别可挥发出丙烯酸、丙烯腈、丙烯酸丁酯、甲基丙烯腈、丙烯酸乙酯、甲基丙烯酸、二甲基甲酰胺、甲醛等有毒物质，对人体危害很大；电焊作业时产生的氧化锰、一氧化碳、氮氧化物、臭氧等有毒物质，人体吸入后对神经系统、眼和皮肤都会有不同程度的损伤，同时电焊和气焊的弧光都可产生大量紫外线而引起电光性眼炎，伤害作业人员的眼睛；在运营过程中，燃气在燃气管道内、容器内流动产生的动力性噪声；管道安装过程中，发电机、角磨机、抽水水泵的机械工作噪声，对人体健康也有一定的影响。

（4）场站工作人员的职业危害因素

输气站场工人除在场站内及场站外沿部分管线进行定时巡检作业外，工作时间均在值班室进行计算机视屏或指令远程操作，操作时工人多采取坐姿工作，容易产生人机工效学问题。加气站工人身上不允许带明火或静电进行加气作业，且在气体排污放散时，会产生少量的粉尘，燃气短时间高压排空具有一定冲击力，操作不当容易引爆或伤害人员。LNG低温储存和运行，操作工皮肤容易发生冻伤。

2. 职业病的防治

（1）管理上应做到

领导高度重视，针对各项制度及制约机制健全，安全管理应做到全方位、全天候、全过程、全员管理，改变安全管理中的事后整治为事前控制，以"预防为主"减少及杜绝事故的发生。

（2）用人单位应做到

为劳动者创造符合国家职业卫生标准和卫生要求的工作环境条件；告知劳动者作业场所中职业病危害因素和防护措施，落实职业病危害防治经费，对职业病患者安排诊治、康复，依法进行赔偿。

（3）劳动者应做到

及时获取职业病卫生知识培训教育；提供健康检查、诊疗、康复等服务，并定期参加职业病健康检查；及时了解作业场所职业病危害因素种类、防护条件；要求改善作业环境，提供职业病防护措施；遵守用人单位职业卫生制度和操作规程；正确使用职业病防护设施和个人防护用品。

3. 各类职业病防治的具体措施

（1）中毒防治措施

对易爆工序实行遥控，设备管道严格密封，加强定期维修保养，使之保持完好状态，配备可燃气体探测报警器、照明灯，巡检中严防跑、冒、滴、漏等现象，及时提供个人防护用品等，并认真使用。

（2）环境危害防治措施

为室外施工人员配备工作服、棉衣、工作鞋、夏季工作服（草帽）、安全帽、耳塞、防尘口罩等个体防护用品。夏期施工作业时，应合理安排工作时间，定期发放避暑劳保用品，高空作业人员还应配备安全带，个体防护用品的发放。

（3）施工作业中危害防治措施

施工人员施工中应穿好防护工作服，戴好安全帽，特殊工种人员尤其值得注意（除锈工应佩戴口罩，防腐喷漆工应配发防毒面具，电焊工应有防护面罩，专用电焊手套、电焊服、劳保鞋等）。

（4）施工中噪声防治措施

因势利导布局设备，合理安排工艺和作业时间；对设备加强维护，降低设备的运行声响；加大宣传和教育，使工人做到文明施工，绿色施工，树立以人为本，以己及人的思想，在施工过程中，轻拿轻放，不大声喧哗，不使用高音通话设备等。

（5）燃气单位场站工作人员危害防护措施

场站工作人员工作时间内应穿戴静电服、静电鞋，对场站内设备进行定期巡检，严防阀门关闭不严引起的跑、冒、滴、漏。排污放散时，操作员应保持与放散口一定的安全距离，轻排慢放，场站内压缩机房应建有通风百叶窗，保证运行的安全，场站内避雷设施避雷面应全面覆盖场站，保证场站运行安全。

4. 劳动保护规定

根据相关法规要求，燃气经营企业应根据劳动防护用品产品使用说明书及相关标准中的维保要求督促、教育作业人员正确佩戴使用并维护劳动防护用品。应制定并实施适宜有效的劳动保护用品管理制度，防止劳动防护用品管理混乱和由此对从业人员造成的事故伤害及职业危害。

燃气经营企业在配备适合本单位作业岗位的劳动防护用品时，需结合配发岗位的生产作业环境、劳动强度以及接触有害因素的存在形式、性质、浓度（或强度）和防护用品的防护性能，制定适用于本单位的劳动防护用品配发标准，防止配发不合格或超过使用期限的劳动防护用品所造成的安全隐患。从业人员也有按照要求佩戴和使用劳动防护用品的义务和责任。

## 7.3.4　供气保障环节的安全技术管理

城市燃气安全技术旨在事故发生前采取措施，避免事故发生；事故发生中采取相应技术，防止意外释放的能量波及人、物，减轻其对人和物的影响；事故后采取相应技术，能迅速控制局面和事故规模，防止引起二次事故而释放出更多的能量或危险物质。

目前，城市燃气安全技术主要采取六种方法，即燃气成分控制技术、超压预防技术、静电消除技术和安全切断技术、爆炸泄压技术、火焰隔离技术。前三种属于事故发生前采取的预防措施，后三种属于事故中、后的处理技术。

1. 燃气成分控制技术

在城市燃气工程中，许多预防爆炸的安全技术已被大量地采用，这对于确保城市燃气的安全使用和应用领域的广泛扩展给予了充分的保障。

燃气管道开始使用时，或者是利用储气罐进行储气时，会遇到管内或罐内空气与将要存储的燃气的安全置换问题，而在储气罐进行检修时，也会遇到罐内燃气与环境空气的安全置换问题。这一问题的提出是由于燃气与空气的置换过程中，在储罐内或管内会形成爆炸性混合物，即会出现爆炸的基本条件，所以燃气的安全置换问题是非常重要的。解决这一问题的主要方法是燃气的成分控制，在此基础上进行安全置换。

许多气体置换工程中，经常利用添加惰性气体的方法来防止发生爆炸。值得注意的是，在置换工艺的安排时，除了考虑气体的爆炸特性外，还应综合考虑以下因素：① 气体的性质（相对密度、扩散特性、定压比热等）。② 所用惰性气体的性质。③ 惰性气体的出入口。④ 气体排放口。⑤ 置换气体的输入速度。⑥ 断续升压置换时的升压速度等。由此可以合理地安排置换工艺，减少置换气体的用量，达到经济、安全的置换效果。防止置换的过程中，在被置换的管道或容器空间出现难以置换的死角是很重要的。如液化石油气储气罐在检修之前的置换，若其中有的死角未进行彻底置换，便会出现置换结束一段时间后又会出现爆炸性气体的可能。这是因为滞留部位的残液或附着污垢，再次蒸发而成为可燃气体的缘故。

2. 超压预防技术

燃气高压容器或具有额定压力要求的管路系统，在特殊情况下具有出现超压的可能。而出现超压的后果之一便是破裂。另外一种情况出现在燃气管道输送系统中，如高、中压燃气管网系统与低压燃气管网系统的连接通常是用高、中压—低压调压器进行的。如果调压装置失灵，则会将高压或中压的燃气导入低压系统，由此引起低压管路泄漏、用户设备破坏（如表具的损坏等）、连接软管脱落，引起爆炸、火灾等事故。还有一种情况是，有些使用箱式调压装置的系统，高、中压燃气的调压过程是在户外完成的，箱式调压装置通常无人看管，如果箱式调压装置失灵，则同样会直接导致高、中压燃气进入用户，其后果不堪设想。

超压预防技术在燃气输送与储存系统中十分重要，常用的超压预防技术是采用安全排放装置，如安全阀、安全水封、安全回流阀等。

（1）安全阀

安全阀是一种为防止压力设备和容器或容易引起压力升高的设备和容器内部压力超过使用极限而发生破裂的安全装置。它是一种常闭的阀门，平时利用机械荷重的作用（弹簧、重块等）来维持阀门的关闭状态，而当内部压力达到安全阀的排放压力时，阀门便被打开，内部介质喷出，具有泄压、排放的目的。当储气罐内的介质压力降低到安全阀的关闭压力时，安全阀又重新关闭。它通常安装在高压设备上，如高压储气罐、压缩机的排气管、高压管道、锅炉等。

作为维持正常状态下的关闭方式之一，弹簧使用最广，此类安全阀称为弹簧式安全阀。它的显著优点是：在压力降低时，可以自动恢复到原位，使容器内的介质停止排放，阻止容器内的压力继续下降。同时，可以对阀门的开启压力进行微调，以提高其工作精度，这是它被广泛使用的原因之一。但它的排放量很小，不适用于压力急剧上升的场合，更不能用来排放爆炸压力。

（2）安全水封

　　由于燃气工程中使用的安全阀所排放出的气体通常具有爆炸性，安全阀与排放口之间的管道内可能形成可燃混合气体，而排出物是完全可以形成可燃混合气的，因此排放口的位置及四周的安全要求应根据相应的规范设计，安全水封就是将泄压管口浸入水槽中，如果设备内部压力过高可以通过水封泄压。

　　（3）安全回流阀

　　安全回流阀是正常状态的常闭设备。它通常安装在液化石油气储配站的一些工艺中。例如，灌装工艺中的容积式叶片泵出口的液相回流管上，安装安全回流阀的目的在于能在管路超压时起到溢流作用，防止管路超压。

　　3. 静电消除技术

　　静电防护的方法可以分为两类。第一类是防止相互作用的物体的静电积累。这类方法有将设备的金属件和导体的非金属件接地，增加电介质表面的电导率和体积电导率。第二类方法不能消除静电荷的积累，而是实现预防不希望发生的情况和危险出现。如在工艺设备上安装静电中和器，或者使工艺过程中的静电放电发生在非爆炸性介质中。

　　（1）静电接地

　　静电接地就是用接地的方法提供一条静电荷泄漏的通道。在实际生产工艺中，包括有管道、装置、设备的工艺流程应形成一条完整的接地线。在一个车间的范围内，与接地的母线相接不少于两处。

　　（2）静电中和

　　一种结构简单的防静电装置，由金属、木质或电介质制成的支承体，其上装有接地针和细导线等。

　　4. 安全切断技术

　　当事故发生时，与事故现场相邻的管道或设备会处于危险状态，或者管道和设备本身是可以使事故扩大的一种源头，那么采用安全切断的方法可以使事故扩散的可能性减少。因此，在许多系统中，采用安全切断技术作为系统的安全保证是必要的。

　　（1）紧急切断系统

　　高压管道的紧急切断系统由紧急切断装置和危险参数感应装置构成，系统中使用的主要设备是紧急切断阀和易熔断合金塞。油压式紧急切断阀在正常状态下依靠高压油的压力使阀口开启，油泵将加压的油沿油管送到紧急切断阀，当发生事故时，使油缸泄压，起到紧急切断的作用。危险参数的感应装置通常使用易熔断合金塞，用它感应危险场所的温度，当火灾导致温度上升时，将金属熔化而使紧急切断阀的高压油路泄压，实现紧急切断。

　　在需要紧急切断的系统中，通常也采用电磁阀和电动液压阀。传统的电磁阀中的电动部件可以是交流螺线管、整流交流螺线管或直流螺线管，气阀部件可以是直接作用式的阀门，当螺线管中有电流通过时，阀门被线圈所产生的磁力吸住而开启，一旦螺线管的电流被切断时，阀门则在弹簧力的作用下迅速关闭。也可以用手动复位的阀门或断电开启的阀门。

　　电力液压阀则是应用普通电磁阀作为控制阀的安全切断阀。

　　（2）非事故状态安全切断

　　1）低压切断装置。用于燃气压力低于某一数值时，对管道进行安全切断的装置。

2）止回阀。用于防止介质倒流而引发事故的阀门。

3）过流阀。用于保证流量超过规定值的一个范围时，阀门关断，从而防止介质大量泄漏的阀门。

（3）熄火保护系统

正常的燃烧过程意外终止时，产生爆炸事故的可能性是相当大的。一种情况是点火失败后如果燃气供应不被终止，再点火时便会发生爆炸；另一种情况是，由于燃烧不稳定导致火焰熄灭，如不及时关闭燃气通路，燃气在燃烧室的积聚导致爆炸事故的发生。因此，许多的燃烧设备或燃烧系统都必须安装熄火保护系统。

常见的熄火保护装置有热控式熄火保护装置、紫外线火焰检测器和火焰电离检测器。

（4）建筑物燃气安全系统

当燃气供应系统设计完成后，为确保系统安全，并能使其技术先进，必须辅以燃气的安全报警和自动控制系统。安全系统的构成有：

1）单体型。由燃气泄漏报警器组成，通过声、光等方式警报燃气泄漏导致的危险状态。

2）户外型。由安装在室内的燃气泄漏报警器和安装在室外的喇叭构成。通过户外的喇叭监视室内出现的燃气泄漏现象，达到报警的目的。

3）集中型。由分别安装在各个用气地点的燃气泄漏报警器和燃气泄漏集中监视器构成。燃气泄漏集中监视器安装在管理人员的值班室，在所管辖的范围内，任何一个用气地点发生燃气泄漏，都可以得到监视，防止出现事故。

燃气通路自动切断的安全系统的构成方式，其构成的方式主要是智能燃气表和报警器联动自动切断装置。

智能燃气表。在燃气流量表上组装传感器、控制器和切断阀，主要在燃气系统的过大流量以及过长时间的使用时切断燃气通路。这种装置能有效地防止由于表后的管道破裂和连接软管脱落所导致的燃气泄漏事故。

报警器联动切断装置。它由燃气泄漏报警器、控制器和燃气切断阀构成。当燃气发生泄漏并达到一定的浓度时，燃气泄漏报警器便开始报警，同时控制器指挥燃气切断阀切断燃气通路，这种系统通过切断阀与燃气泄漏报警器的联动，可以有效解除由于燃气泄漏可能带来的事故危险。

5. 爆炸泄压技术

爆炸泄压技术是一种对于爆炸的防护技术，其目的是减轻爆炸事故所产生的影响。爆炸泄压对于爆轰的防护是不起作用的。在许多工程领域，意外的爆炸有时不可避免，但可以将爆炸产生的危害控制在最小的范围内。在密闭或半敞开空间内产生的爆炸事故，包围体的破坏会引起更大的危害，所谓泄压防爆就是通过一定的泄压面积释放在爆炸空间内产生的爆炸升压，保证包围体不被破坏。例如在燃气工程中，区域调压室、压缩机房等，燃气设施都建设在建筑内，尽量在发生爆炸的情况下，室内设施的保全是难以完成的，但可以通过泄压防爆的方法保护建筑物本身的安全。

泄爆装置既用来封闭设备或包围体，又可以用来泄压。封闭设备或包围体不会使其因漏气而不能正常工作，泄压时又可以在爆炸产生时降低爆炸空间的压力，保证包围体的安全。泄爆装置与设施通常分为敞口式和密封式。敞口式包括全敞口式、百叶窗式和飞机库门式；密封式则有爆破门式和爆破膜式。

非设备的泄爆采用敞开式的结构较多。标准敞口泄爆孔是无阻碍、无关闭的孔常是最有效的。许多危险建筑的泄爆设计都是采用这样的方式，而采用百叶窗式的结构无疑会减少实际的泄压面积和增加泄压时的阻力。

非敞开结构的泄爆装置在建筑上使用较多的是轻型爆破门。由于这种门的开启非常容易，而且可以重复使用，开启压力还可以调整。

特殊生产工艺中的设备泄爆，采用密封式的居多，其中主要是泄爆膜、爆破片和爆破门。

6. 火焰隔离技术

火焰隔离技术通常是采用一些火焰隔离装置，防止火焰窜入有爆炸危险的场所，如输送、储存和使用可燃气体或液体的设备、管道、容器等，或者防止火焰向设备或管道之间扩展。这些装置有安全液封、水封井、阻火器、单向阀等。

（1）安全液封

安全液封采用液体作为阻火介质，在液封的两侧任何一侧着火之后，火焰都会在液封处熄灭，从而可以阻止火势蔓延。安全液封采用的介质通常是水，其形式有开敞式和封闭式两种。

开敞式和密封式安全液封通常适用于操作压力低的场合，一般不会超过 0.05MPa。

安全液封在使用时应特别注意保持液位的高度，如果是用水作为液封的介质，还应该防止冻结。

在封闭式液封工作时，可能由于使用的介质中含有的黏性油质，使阀门的阀座污染并影响其关闭性能，故应经常检查阀门的气密性。

（2）水封井

排放液体中如果含有可燃气体或可燃液体的蒸汽，则在管路的末端应该设置水封井，这样可以防止着火或爆炸蔓延到管道系统中。为保证水封井的阻火效果，水封高度不宜小于 250mm，如果管道很长，可每隔 250m 设 1 个水封井。

（3）阻火器

阻火器广泛用于输送可燃气体的管道、有爆炸危险系统的通风口、油气回收系统以及燃气加热炉的供气系统等。阻火器的设计充分利用了燃气的淬熄原理，火焰通过狭小的孔口或缝隙时，由于散热和器壁效应的作用使燃烧反应终止，起到隔离火焰的作用。

阻火器根据形成狭小孔隙的方法和材料的差别，大致有以下种类：金属网阻火器、波纹金属片阻火器、充填型阻火器等。

（4）单向阀

单向阀一般用在天然气设备出口管道上，在停机或突然停电时防止管内的高压气体倒流，这种倒流往往会引起压缩机发生反转，形成机械事故。单向阀的作用原理是依靠介质本身的流动自动开闭阀门，用来防止管道中气流倒流。常用的单向阀有升降式和旋启式两大类。

## 7.3.5　道路交通安全常识

燃气经营企业与道路交通密切相关，无论是工程建设、管网维护，还是燃气运输，离不开安全行车。每一个燃气经营企业的驾驶人员，不管是一般汽车、摩托车、电瓶车驾驶员，还是危化品运输驾驶员，均须遵守交通法规，安全文明出行。

1. 一般车辆安全行车知识

（1）驾驶员在出车前要确定车辆：

1）有足够的汽车燃油。

2）挡风玻璃的喷水器和水拨操作正常。

3）所有轮胎有良好状态，环绕着整个轮胎外圆周的胎面，须有至少 3/4 的宽度刻有至少 1mm 深的胎面花纹。

4）除电单车外，所有公司车辆必须有良好状态的后备轮胎及完善的更换轮胎工具。

5）倒后镜不能少过两个而其一装在车辆的右方。

6）有效牌照齐全、清晰。

7）讯号指示系统和照明系统操作正常。

8）排放废气不得超过正常水平。

9）刹车系统和转向系统操作正常。

10）有足够刹车系统和转向系统液压油。

11）有足够引擎冷却液和润滑油。

12）全车车身没有未经报告或登记的损毁记录。

（2）驾驶员在开车前如发觉公司车辆机器损毁，或不妥当、不符合上述各项目，不可继续使用车辆，必须立即报告车辆管理部门。

（3）摩托车电瓶车驾驶员在驾驶时必须使用由公司所提供一切安全设备，包括戴上合规格的头盔和穿上反光荧光背心、皮靴及手套等。

（4）车辆驾驶员于开车前要确认挡位必须处于空挡位置和迫力手掣要拉紧，才可扳动汽车钥匙起动引擎。

（5）车辆驾驶员于驶离停车位置前要确认车门要关闭和车身周围有充足活动空间，不论前进或倒车，要避免对其他道路使用者或行人造成危险。

（6）驾驶机动车不得有下列行为：

1）在车门、车厢没有关好时行车。

2）在机动车驾驶室的前后窗范围内悬挂、放置妨碍驾驶人视线的物品。

3）拨打接听手持电话、观看电视等妨碍安全驾驶的行为。

4）下陡坡时熄火或者空挡滑行。

5）向道路上抛撒物品。

6）驾驶摩托车手离车把或者在车把上悬挂物品。

7）连续驾驶机动车超过 4h 未停车休息或者停车休息时间少于 20min。

8）在禁止鸣喇叭的区域或者路段鸣喇叭。

2. 危险化学品运输车辆安全行车知识

（1）从事营业性道路危险品货物运输的单位，必须具有 10 辆以上专用车辆的经营规模，五年以上从事运输经营的管理经验，配有相应的专业技术管理人员，并建立健全安全操作规程、岗位责任制、车辆维修保养、安全检查和安全教育等规章制度。

（2）危险化学品运输企业要设立专门的安全管理机构并配备专业人员，切实从源头上把好安全关，真正落实主体责任。要建立健全危险化学品出入库和核准制度，杜绝无资质车辆和人员装运危险化学品，杜绝超载超装车辆出厂出库。所有危险化学品运输车辆均要安装 GPS 卫星定位系统，运输企业要通过 GPS 或行驶记录仪，严格落实动态监管措施，及时发现并消除各类安全隐患。

（3）危险化学品运输车辆驾驶员、押运员和装卸管理人员必须接受有关法律、法规、规章和安全技术培训，了解所运载的危险化学品性质、危害特性及发生意外的应急措施，经考核合格取得从业资格证后方可上岗作业。

（4）加强车辆检查。要加强危险化学品运输车辆日常维护保养和安全检查，防止带病上路，同时要重点检查车辆标志标识是否齐全。危险化学品运输车辆必须取得道路运输管理机构核发的车辆营运证并随车携带；必须按有关规定设置明显标识，车身和尾部要粘贴反光标志；运输途中要加强检查，严防危险化学品泄漏事故的发生，如有应及时堵塞漏源，以免污染环境。

（5）盛装危险介质的储罐（压力容器）必须按规定进行定期检验，到期未检或检验不合格的储罐严禁使用。

（6）选择行驶路线。运输危险化学品应尽量选择远离城镇及居民区且道路平整的国道主干线或高速公路，不得在情况复杂的道路上行驶，不得在城市街道、居民区停车休息、吃饭。特别是危险化学品槽罐车辆，由于罐体全部暴露在外，夏天应提倡白天休息夜间行车。遇有雨雾冰雪等恶劣天气，尽量不要安排出车。

（7）强化应急处置。运输途中一旦发生泄漏等情况，个人力量无法挽回时，要迅速开往空旷地带，远离人群。特别是在高速公路上，要迅速将车辆移至紧急停靠带，规范设置警示区域，并立即报警。报警时应详细讲明危险化学品的名称、性状、数量和泄漏等情况，便于民警第一时间有效处置。

# 8  事故及应急管理

燃气泄漏是燃气供应系统中最典型的事故。燃气泄漏的原因有很多，也很复杂，各种供气环节均存在燃气泄漏的可能，即使未造成燃气火灾和爆炸，但也会导致资源浪费和环境污染。燃气经营企业应该加强各类检查和维护工作，确保燃气设施的安全运行。

## 8.1  燃气事故成因

燃气管道分布在城镇的各个区域，通常埋设在地下，因而其工作环境复杂，绝大部分燃气泄漏来自燃气管道破损。燃气管道概括起来分为金属和非金属两大类。燃气经营企业目前常用的管材有铸铁管、钢管等金属管和 PE 管非金属管。燃气管道在使用过程中容易产生裂纹、穿孔等现象，造成漏气的原因，主要有管材的缺陷、工程的质量问题、压力、温度的影响、外力作用或其他工程施工的破坏和设备设施的维护不当等。

同样，场站的燃气泄漏也不能忽视。场站燃气一旦泄漏，小则影响正常供气，大则造成爆炸、人员伤亡等恶性事故，造成巨大经济损失。场站主要设备设施为储罐和工艺管道。场站燃气泄漏的主要原因有腐蚀、高压以及输送过程中产生的冲刷、振动等特点引起法兰密封失效、螺纹连接松弛、罐体和管道穿孔，造成泄漏。

为此，燃气经营企业应该积极做好燃气泄漏的预防工作，防患于未然。预防措施有：

1. 设计可靠，工艺先进

在燃气工程设计时要充分考虑以下几方面的问题：工艺过程合理，尽量减少工艺设备或者选用危害性小的原材料和工艺步骤；正确选择生产设备和材料，要与其使用的温度、压力、腐蚀性及介质的理化特性相适应；正确选择密封装置，其密封材料、结构和形式设计要合理；提高设计的可靠性，在设计时留有余地或降额使用；装置结构形式要合理，尽量做到简单化；设计时应考虑装配、检查、维修操作的方便，利于日常使用、维修和应急处理。

2. 严格选材，抓住根本

燃气管道和设备自身质量的优劣，它不仅取决于生产厂家在生产过程中要制造出高品质管材和设备；同时还需要在销售流通环节消灭假冒伪劣产品生存的空间；更主要的是燃气企业在物资采购过程中精心细致，严格筛选。通过生产、流通、使用三方的共同努力培育出用于城市燃气精品，从源头上消灭不安全的缺陷。

3. 精心施工，质量第一

燃气施工是把握好各方面质量的最综合，最紧要的关口。因此，我们必须在施工过程中把质量放在第一位，要挑选最好的材料、最好的质量检验员、最好的施工管理者，组成最强硬的队伍，焊接好每一道口，敷设好每一根管，严格遵守设计规范和施工验收规范，从根本上铲除安全隐患。

4. 细心呵护，加强管理

加大技术投入，提高科技含量，提升燃气企业的现代化管理水平。如建立 SCADA 系统、地理信息系统、健全燃气管网档案。加强管网和场站设施的定期维护与巡检，建立管线和场站责任区、责任人和事故第一报警制度。

管网检漏是一个系统工程，为防患于未然，每年要对管道进行风险评估确定检漏计划，纳入生产计划下达，分区分片实施，按管道年限、投产时间、管道材料、运行地段、相邻地下设施等不同情况制定巡检周期和任务目标，对运行时间较长或问题较多的管网要优先进行检漏，然后逐步推进。配备先进的检漏车、钻孔机、检漏仪，以便在出现漏气时能迅速、准确地找到漏点。加强技术培训，培养一支专业的检漏队伍。

## 8.2　燃气事故防护措施

根据燃烧的基本原理，燃烧必须同时具备三个条件：可燃物、助燃物、着火源。每一个条件要有一定的量，相互作用，燃烧才能发生。当可燃气体与空气混合一定浓度的混合物，遇火源后就会爆炸。因此做好可燃气体火灾、爆炸的主要措施就是设法消除燃烧的三个条件中的一个。

1. 控制泄漏

燃气工程的各个工艺系统，设备的每个部分都有发生燃气泄漏的可能，因此防止燃气泄漏后无法达到爆炸极限是首要措施。

将所有的生产工艺装置和设备，尽可能地放置在露天或半露天的厂房内，以利于燃气泄漏扩散。当现场条件或工艺装置设备不允许时，需要将生产工艺装置和设备放置在厂房或柜体内，厂房建筑和柜体必须具备良好的通风条件，或加装强制通风设备。厂房建筑和柜体的顶部设置轻质屋盖等泄压设施。设备上的一切排气放空管都应伸出室外高于屋顶，同时应考虑周围环境防止燃气释放时进入其他场所。

燃气管道和设备投入使用后，应定期进行燃气泄漏的检测巡查。场站工艺区、各类调压柜和其他封闭半封闭场所还应设置固定式燃气报警探头，实施实时监控。

燃气管道和设备首次通气置换、检修、动火作业，应用惰性气体进行充分置换，分析合格后方可实施作业。

2. 消除火源

（1）防止撞击、摩擦产生火花

撞击和摩擦往往是造成燃气火灾爆炸事故的原因之一，因此，在爆炸危险场所应采取相应措施，如严禁穿带钉鞋进入，严禁使用能产生冲击火花的工（器）具，而应使用防爆工（器）具或者铜制、木制工（器）具。此外，在爆炸危险场所应铺设不发火地面等。

（2）防止明火

在设计时办公区、生活区应与工艺设备和罐区保持足够的安全距离；在爆炸危险场所应严禁吸烟和携带火种；在具有火灾爆炸危险的厂房和仓库内，必须使用防爆电气设施和照明；在工艺操作过程中，气化加热燃气时，尽可能采用热水、水蒸气或其他较为安全的加热方法；在工艺设备和罐区维修用火（如焊接、切割等）必须严格遵守动火作业许可证制度；机动车排气管喷出的火星火源可能引起可燃气的爆燃，进入爆炸危险场所需要加装防火帽。

（3）防止电气火灾爆炸事故

电火花是一种电能转变成热能的常见引火源。常见的电火花有：电气开关开启或关闭时发出的火花、短路火花、漏电火花、接触不良火花、继电器接点开闭时发出的火花、电动机整流子或滑环等器件上接点开闭时发出的火花、过负荷或短路时保险丝熔断产生的火花。因此，电火花的控制与防范，主要是对电气设备采取防爆措施、严格遵守操作规程、及时检查设备和线路异常情况等。

（4）预防雷电静电火灾爆炸事故

雷电是自然界中的静电放电现象。雷电所产生的火花温度之高可以熔化金属，也是引起火灾爆炸事故的祸根之一。因遭受雷击导致油罐大火的事故，在国内外时有耳闻，一般都损失惨重。防雷电的基本措施有：安装防雷装置、根据不同的保护对象采取不同的防雷措施以及对防雷装置进行日常巡查和定期检查（定期检测每年不应少于 2 次）。

静电现象广泛存在于自然界、工业生产和人们的日常生活中。静电危害中最严重的是静电放电引起可燃物起火和爆炸。因此要从生产工艺控制上和利用静电接地的方法来消散静电荷，具体措施有：控制燃气流速；合理选择机器的转动方式；加强静电接地装置的维护和检测；作业人员穿着防静电服等。

（5）防止热射线（日光）

直射的太阳光通过凸透镜、弧形、有气泡或者不平的玻璃等，都会被聚焦形成高温焦点，可能会点燃可燃物。为此，有爆炸危险的厂房及库房必须采取遮阳措施。如将门窗玻璃涂上白漆或者采取磨砂玻璃。

## 8.3　燃气安全事故和安全生产的监督管理

随着我国城镇燃气事业的不断发展，燃气生产、储存、运输和使用的量越来越多，范围越来越广，如何对城镇燃气进行有效的安全管理，预防、遏制灾害和事故的发生，已经成为我们面临的重大课题。由于燃气突发事故具有突发性、不确定性，严重威胁和损害人民的财产和生命安全，从而危害社会、危及公共安全、造成公共危机、激发潜在的社会矛盾、危及国家稳定。对此，政府主管部门和城市燃气经营企业要提高应对燃气突发事故的能力，要采取应急处置措施予以应对。

### 8.3.1　燃气安全事故管理

事故管理是安全生产管理的一项重要内容，是企业预防安全事故的重要手段。

（1）燃气经营企业应运用各种管理手段，按照国家法律法规和各类标准建立起来的各类管理程序、制度和措施，对生产和运营进行安全管理，从而达到事故预防的目的。

（2）建立一套行之有效、适合本企业运营的安全管理制度。建立健全燃气安全评估和风险管理体系，对作业场所进行危险、危害识别和评价。开展从业人员的安全教育和技术培训，形成良好的安全意识和安全行为。

（3）设立应急预案，建立预警机制。凡事预则立不预则废。燃气企业应做好应急预案，建立包括监测系统、咨询系统、组织网络和法规体系在内的预警机制，保证对突发事件的科学识别、分级，从而及时有效地处置。

（4）燃气经营企业应设立 24 小时应急值班制度。一旦发生突发事故，应急处置人员第一时间赶赴现场处置，避免事故进一步扩大。

（5）提升快速决策能力。要迅速查清事由，对事件的起因、事态程度、发展趋势、社会影响等情况进行深入调查摸底，掌握实情，为事件妥善处置做好基础性的保障工作。根据事件的不同起因和性质，对症下药，采取有针对性的工作措施。尤其要时刻注意事件的动向，不断地应对调整。

（6）强化专业协作。燃气企业应发挥相关专业机构的作用，强调协调配合，分工协作。

（7）建立协调机制。燃气突发事故的原因是多方面的，处置需要多个部门的密切协作配合，因此，建立统一高效的应急协调联动机制是关键环节。

（8）做好宣传发动。加强对突发事故知识的宣传和教育，有利于有效应对突发事件和减少事故造成的损失。广播、电视、报刊、网络都可以作为有效的宣传平台。

（9）做好信息公开。突发事故的处置牵动每个人的神经，因此企业要坦诚告诉顾客相关信息，使顾客感知到企业会从中吸取的教训以及以后如何避免类似突发事件发生。

（10）城镇燃气供应单位应建立燃气安全事故报告和统计分析制度，并应制定事故等级标准。根据《城镇燃气设施运行、维护和抢修安全技术规程》CJJ 51—2016 规定，事故等级按无伤亡事故、一般事故和较大及以上事故划分。

安全事故管理主要包括对安全事故进行报告、登记、调查、处理和分析。

1. 事故报告和应急救援

燃气生产经营单位应当制定本单位事故应急救援预案，建立应急救援组织，配备应急救援人员和必要的应急救援设备设施和器材，并定期组织演练，保证应急救援队伍在任何情况下都能迅速实施救援，以及救援装备在任何情况下都处于正常使用状态。

发生安全生产事故，事故现场有关人员应当立即报告本单位负责人，单位主要负责人应按本单位应急救援预案，迅速采取有效措施，组织营救受害人员，控制危害源，监测危害状况，防止事故蔓延、扩大，减少人员伤亡和财产损失，并采取封闭、隔离等措施，消除危害造成的后果。

按照有关规定，发生严重的燃气安全事故，可能危及周边区域或公众安全的（如汽车罐车运输、站场燃气严重泄漏等），必须立即向属地燃气行政主管、公安、安全生产监督、质量技术监督部门报告，按本单位应急救援预案，迅速采取有效措施，并采取一切可能的警示措施。发生事故后不得隐瞒不报，谎报或拖延不报，不得故意破坏事故现场、毁灭有关证据。否则要追究法律责任。事故报告应包括以下内容：

（1）发生事故的时间、地点和伤亡情况。

（2）事故类别、事故种类、事故等级、企业的基本情况。

（3）事故简要过程和直接经济损失的初步估计。

（4）事故发生原因的初步判断。

（5）事故发生后采取的措施和事故控制情况。

（6）报告人姓名、所属单位及联系电话等。

2. 事故调查

事故发生后，要对事故进行调查和处理。调查的目的是了解事故情况，掌握事故事实，查明事故原因、分清事故责任，拟定防范措施，防止同类事故发生。

事故的调查处理根据事故等级或危害程度，由相应级别的主管部门成员组成调查组。轻伤、重伤事故由企业负责人或其指定人员组织生产、技术、安全等有关人员以及工会代表参加事故调查组进行调查。死亡事故由企业会同所属地市（地）级政府安全生产主管部门、燃气行政主管部门、劳动保障部门、公安部门、工会等成员组成事故调查组进行调查。重大死亡事故按企业的隶属关系由省、自治区、直辖市企业主管部门或者国务院有关主管部门会同同级安全生产主管部门、劳动保障部门、公安部门、工会等成员组成事故调查组进行调查。调查组的职责：

（1）查明事故发生原因、过程和人员伤亡、经济损失情况。

（2）查明事故责任人。

（3）提出事故处理意见和防范措施建议。

（4）写出事故调查报告。

3. 事故分析

在分析事故原因时，先要认真整理和研究调查材料，并从直接原因入手，即从机械、物质或环境的不安全状态和人的不安全行为入手，确定导致事故的直接原因（指直接导致事故发生的原因）后，逐步深入到间接原因（指直接原因得以产生和存在的原因，一般可以理解为管理上的原因）进行分析，找出事故主要原因，从而掌握事故的全部原因。分清主次，进行事故责任分析。事故间接原因主要按以下方面进行分析：

技术上和设计上是否有缺陷，如建（构）筑物、设备、构件、仪器仪表、工艺过程、操作方法、检修检验等的设计、施工和材料使用存在的问题；未经教育培训或培训教育不够，不懂或缺乏操作知识；劳动组织不合理；对现场工作缺乏检查监督或指挥失策；没有操作规程或不健全；没有或不认真实施防范措施，对事故隐患整改不力等。

对事故责任分析，必须以严肃认真态度对待，要根据事故调查所确认的事实，通过对直接原因和间接原因的分析，确定事故的直接责任者和领导责任者，然后在此基础上，根据事故发生过程中的作用，确定事故的主要责任者。最后，根据事故后果和责任者应负的责任提出处理意见。

4. 事故处理

事故调查处理应当按照实事求是、尊重科学的原则，及时、准确地查清事故原因，查明事故性质和责任，总结经验教训，提出整改措施，并对事故责任者提出处理意见。对事故责任者的处理，一般以教育为主，或者给予适当行政处分（包括经济制裁）。其中对情节恶劣、后果严重、触犯刑法的，应提请司法部门依法追究刑事责任。

对在伤亡事故发生后隐瞒不报、谎报、故意迟迟不报、故意破坏事故现场，或者无正当理由，拒绝接受调查以及拒绝提供有关情况和资料的，由有关部门按照国家相关规定，对单位负责人和直接责任人给予行政处分，构成犯罪的，由司法机关依法追究刑事责任。

事故单位要认真吸取事故教训，教育广大群众，落实整改措施，防止同类事故再次发生。同时还要做好事故材料归档工作，将事故调查处理过程中形成的材料归入安全生产档案。

5. 事故结案归档

事故结案后，应归档的资料包括：

（1）职工伤亡事故登记表。

（2）事故调查报告书及批复。

（3）现场调查记录、图纸、照片。

（4）技术鉴定和试验报告。

（5）人证、物证材料及直接、间接经济损失材料。

（6）事故责任者的自述材料。

（7）医疗部门对伤亡人员的诊断书。

（8）发生事故的工艺条件、操作情况和设计资料。

（9）处分决定和受处分人员的检查材料。

（10）有关事故通报、简报及文件。

（11）安全教育记录及防范措施。

（12）注明参加调查组的人员姓名、职务、单位等。

## 8.3.2　燃气安全生产的监督管理

燃气管理部门承担着本地区燃气安全生产的业务指导和监督管理责任，燃气主管部门应当会同发展和改革、城乡规划、安全监管、质量技术监督、公安、商务、工商行政管理等部门，建立健全燃气安全信息通报和执法协作机制。对执法中发现属于其他部门管辖的违法行为，应当及时通报有关部门；有关部门应当依法及时查处。经常性开展对燃气经营企业的执法监督检查，对燃气经营企业的安全生产和预防事故的发生有着现实的意义。

对燃气经营企业安全管理的检查应当包括下列内容：

（1）依法组织开展燃气工程建设和经营活动，安全生产组织保障体系建设。包括：健全安全管理网络，按规定配备专（兼）职安全生产管理人员，完善管理制度，明确岗位职责，层层落实安全生产责任制等。

（2）落实安全培训、宣传。主要包括：企业主要负责人、安全生产管理人、抢险抢修人员培训考核合格并持证上岗；向用户发放安全用气手册，宣传安全使用常识，指导用户安全使用燃气开展情况。

（3）企业落实燃气设施设备的检查保护、检测检修、更新维护。包括：各类压力容器、阀门仪表等的检验检测等。

（4）燃气储存输配、调压计量、灌装以及经营场所的安全管理。包括：警示标识、通信电力、安全监控、消防设备、防雷防静电等设施设备的配备管理等。

（5）企业开展安全隐患排查治理。包括：隐患排查治理机制、机构、计划，建立隐患排查治理台账，编写重大安全隐患治理方案等。

（6）落实燃气事故应急处置。包括：制定修订事故应急预案、建立专（兼）职应急队伍、应急物资、器材准备、事故应急演练和处置等。

（7）开展燃气用户安全服务。包括：建立用户档案、开展安全宣传、定期入户安检、报修电话畅通及抢修及时、按与单位用户签订供应合同供气等。

（8）落实安全生产检查。包括：制定检查计划、检查记录完整、隐患处置及时等；加强事故预防、及时处置事故以及对事故进行调查和处理，应该是城镇燃气事故有效的防控管理方法。

# 8.4 燃气安全事故的应急特点

在燃气生产、储存、输配和使用过程中，自然灾害、不可抗力、人为故意或过失、意外事件等多种因素均有可能造成燃气泄漏、停气、中毒或火灾爆炸事故，为避免及减少燃气安全事故导致的人员伤亡和财产损失，城镇燃气经营企业要调动一切积极因素，组织人员开展应急抢险。

1. 燃气经营企业在燃气安全事故应急体系中的行为

燃气经营企业应当制定本单位燃气安全事故应急预案，配备应急人员和必要的应急装备、器材，并定期组织演练。燃气经营企业应当建立健全燃气安全评估和风险管理体系，发现燃气安全事故隐患的，应当及时采取措施消除隐患。燃气安全事故发生后，燃气经营企业应当立即启动本单位燃气安全事故应急预案，组织抢险、抢修。

城镇燃气安全事故大体可以从以下几方面考虑。

（1）根据城镇燃气的种类划分

根据城镇燃气常用的燃气种类，可分为人工燃气事故、天然气事故、液化石油气事故。

（2）根据事故的严重程度和后果划分

参照《生产安全事故报告和调查处理条例》，根据事故的损失严重程度可分为：特别重大燃气事故、重大燃气事故、较大燃气事故、一般燃气事故。

（3）按照燃气事故的后果，可分为死亡事故、受伤事故、财产损失事故等。

2. 根据燃气事故的表现方式划分

根据燃气事故的表现形式可分为：燃气火灾爆炸事故、燃气中毒事故、燃气泄漏事故等。

3. 按照城镇燃气运营场所及经营环节划分

可将燃气事故分成：场站燃气事故、输配燃气事故、用户燃气事故及燃气工程施工事故四类。

（1）场站燃气事故：在燃气场站内发生的事故。包括场站内发生的火灾、爆炸、人身伤害及财产损失以及燃气供应中断或难以满足供气要求，以及其他设备设施严重损坏等情况。

（2）输配燃气事故：在燃气输配过程中发生的燃气事故。包括燃气管道损坏、管道附属设置损坏，以及因这些原因导致的大量泄漏、火灾、爆炸、人身伤害及财产损失和燃气供应中断或不足等情况。

（3）用户燃气事故：在用户燃气使用场所发生的燃气事故。包括因用户燃气设施缺陷或在燃气使用过程中用户燃气设施泄漏导致的火灾、爆炸、中毒等情况。

（4）燃气工程施工事故：在燃气设施建设、维修、抢修、改造施工过程中发生的事故。包括火灾、爆炸、人身伤亡及财产损失等情况。

4. 按照造成事故的因素划分

按照造成事故的因素可划分为：第三方破坏（人的因素和环境的因素）、施工缺陷和材料缺陷（机器、材料、方法、技术的因素）、腐蚀（材料、环境、方法、技术的因素）、地基移动（环境因素）、操作失误（人的因素）及其他类别等。

5. 按照事故管理和处置分类

可分为城镇燃气安全事故和城镇燃气生产安全事故。前者多由燃气管理部门会同有关部门来调查事故原因，处理相关责任人；后者多由安全生产监督管理部门会同有关部门来调查处置。

对于事故的表述往往不可能只用某一个因素来概括性分类，往往会是上述几个类型的组合，这就带来统计口径不一致，不利于城镇燃气安全事故的统计分析进而总结规律，给针对性预防管理带来困难。

6. 城镇燃气安全事故的特点

城镇燃气安全事故发生的原因，无外乎人的不安全行为、物的不安全状态、环境的不良，以及管理的缺陷等方面。但城镇燃气有自己的特殊性，城镇燃气事故也有其自身的特点：

开放性：城镇燃气管道、场站设施以及附属设施分布极为广泛，遍布于城市大街小巷、千家万户，还涉及大量工商业企业，凡有燃气管道及设施的场所都有可能引发燃气安全事故。

突发性：城镇燃气的泄漏往往悄无声息、四处蔓延，在什么地方冒出来，与地下、地面的许多因素相关，在什么时候、什么地方与点火源相遇是随机的，多是"突然"地引发火灾、爆炸或中毒事故，造成严重的后果。

复杂性：① 后果复杂严重，因为影响范围大，多引发次生灾害，甚至引发社会突发事件，特别是燃气火灾、爆炸事故，往往影响周围比较大的范围，导致人员伤亡和财产损失，甚至出现群死群伤的严重事故。一些发生在街道上的地下管网爆炸，会影响整条街道，而一些发生在某一住户内的燃气爆炸，则会影响到整栋楼，甚至周边的建筑物也会波及。② 事故原因复杂性：燃气设计、燃气施工、燃气经营管理、燃气使用、燃器具、自然灾害、社会原因和人的失常等或这些原因的组合，都可能导致燃气事故的发生。③ 事故处理复杂性：事故处理过程中，将涉及政府、用户或受害方、燃气经营企业等多方利益，难度大、程序复杂、周期长、社会影响大。

隐蔽性：或者潜伏性。燃气设施多在地下，难于直接观察和面对面管理；引起次生事故的因素难以明确预计；燃气使用中的危害因素不易发现，如一氧化碳对人的危害过程非常隐蔽；自然灾害（地震、洪水、滑坡、雷击等）导致什么地方城镇燃气设施破坏，引发事故也具有隐蔽性。

不可预防性：正是上面的特性，使得城镇燃气安全事故会在什么时间、什么地点、什么状况、什么场合下发生，确实很难事先准确地预测到。四种特性正好表示城镇燃气事故的不可预防性，但这也正是城镇燃气事故的可预防性。因为四种特性就是燃气事故的显现规律，既然有规律，就可以通过事故统计分析来找出规律采取运行、维护管理的安全技术来预防。

## 8.5　燃气保障供应的应急特点

随着燃气消费使用率的不断增长，国家对于燃气的依赖程度也与日俱增。城镇燃气已成为当地政府提供的重要公共产品。如果燃气供应出现气源短缺、突然中断等紧急状态，会给该城镇发生颠覆性的灾难，供气安全直接决定了城镇燃气的能源供应可靠性。国家立法规定县级以上地方人民政府要提高燃气应急保障能力，正是为了保证社会安定稳定的需要，也只有政府，在影响社会安定的严重公共灾害前，有能力调动全社会资源来应对。

政府在城镇燃气供应应急体系中的保障性，政府组织编写燃气应急预案，提高燃气应急保障能力。对燃气供求状况实施监测、预测和预警，通过对燃气供求状况的科学判断决策，当燃气供应严重短缺、供应中断等突发事件发生后，政府应当及时启动预案，采取应急措施，调动全社会力量，保证供气安全。政府要根据周边气源状况、区域燃气布局、当地社会经济发展战略和经济发展水平、燃气发展规划、城镇燃气的规模、设施、布局及用户结构等因素确定应急气源、燃气储备规模、储备方式，建设燃气储备设施。加强区域范围内气源供应设施的保护，确保供气设施正常运行，建立健全气源设施区域的政府责任机制和社会保护机制，规定单位和个人的保护责任和义务，使燃气设施得到有效保护，实现气源的持续、稳定、安全供应。运行机制与经济手段的宏观调控：供气安全是当地政府保障能源供应安全的职责之一，《城镇燃气管理条例》已有明确规定。由于我国城镇燃气市场发展的不健全、上中游设施的不完备以及燃气能源市场交易运作不完善，供气安全的运作需要各地政府对运行机制进行研究与决策，需要利用经济手段来充分运作各地城镇燃气经营企业的资源。城镇燃气经营企业在城镇燃气供应应急体系中的地位企业预案是政府燃气应急预案的下级预案和组成部分。企业供气系统设施本身就是保障能力的重要组成。城镇燃气经营企业做好设施、设备、器材、人员准备、定期检查本单位燃气应急抢险预案、交通、通信、仪器、抢险工具和专业人员的落实情况，定期组织抢险应急演练，并设专人对抢险器材、设备等定期进行维护保养，确保能随时处于工作状态，把日常的抢修、维修、抢险事务和能力，有机地与政府燃气应急预案对接。企业有维护安全供气、维持服务的责任，在事故状态时听从调配，城镇燃气经营企业的救援机制和体系要和政府各机构相适应，在应急过程中要不断调整运行状态，协调关系，形成整体，使系统快速、有序、高效地开展现场应急救援行动。同时，城镇燃气经营企业还要根据形势，维持正常的安全供气服务，积极配合政府的全面应急救援工作。企业可以根据经营区域的实际供应状况来规划建设应急储备气源。

## 燃气应急储备体系建设

1. 燃气应急储备的种类

建立燃气储备有助于缓解燃气供应的波动性，填补城镇燃气供应峰谷，消除供需矛盾，提高对城市燃气的调峰能力，保证燃气连续稳定地供给。依据《突发事件应对法》，燃气应急储备可分为：国家战略储备、各级政府储备、企业储备、特殊用户储备。

（1）国家战略储备

国家战略储备是指由国家中央直属机构所建立的储备系统。国家战略储备制度需建立庞大的储气库或其他储存方式以满足国家对燃气的较长时间内的需求，当能源危机或重大突发事件发生后，国家储备将起到保障、调节作用，储备燃气通过国家干线设施进行调节、补充，使国内有能力应对突发变故的后果，保证能源有较长时间的正常供应，使国民经济和社会生活不至于因能源中断而瘫痪。

（2）各级政府储备

地方各级人民政府根据国家法律的规定和城镇燃气供应特点及实际需求分级建立应急储备制度，可分为省、自治区、直辖市、设区的城市和县市的应急储备制度。省、自治区人民政府通过规划储备、建设地下库、大型储配场、资源协调和市场统筹等方式，解决省、自治区全局性的燃气气源短缺。同时，下级政府的储备系统应与上级储备制度形成有机体系。按照燃气应急预案规定的预警机制、处置程序、应急保障措施等有效、经济、快捷地应对突发事故状态下的燃气供应。

（3）燃气经营企业储备

企业储备更注重时效性、技术性和经济性。遵守、配合政府的燃气应急预案。要依据燃气发展规划、经营区域的实际供应状况，关注气源市场成熟程度，来规划建设应急储备气源数量、方式、方法，并结合调峰需要，建立储备设施和经济运行机制。

（4）用户储备

用户储备是一种企业储备，对于一些应用城镇燃气的用户，如工业用户、大型商业用户停气将造成大量的经济损失，可根据企业自身设备特点和工艺要求，建设一定规模的储备气源或采取替代能源，维持设施使用的稳定。这也可以和燃气经营企业的运行调度，建立适应峰谷冲击的用户结构结合起来，在和用户签订供气合同时予以确认。

2. 燃气储备的方式、设施

燃气储备的方式根据燃气状态的不同可分为固态储存、液态储存和气态储存。目前主要有气态储存和液态储存两种。储存设施有储罐、管束、管道、地下库、岩洞库等多种，应根据当地资源和供气实际来组合选择。

储罐储存：液化石油气从气态变为液态时，其体积缩小，约为气态的1/250，液化石油气气源多采用钢制储罐储存。根据储存温度和储存压力可分为常温压力储存、低温常压储存及低温压力储存。

天然气从气态变为液态时，其体积缩小，约为气态的1/600，多采用低温压力储存，利用大型储罐储存是广泛使用的方式，也有中小型的储罐在城镇使用。地层、岩洞、地下库储存：地层储存可以利用天然的地下储库，如枯竭的油气田、抽空的地下盐穴、废弃的矿井坑道以及其他天然的多孔地层或岩穴等，也可以建造人工的地下储库。液化石油气和天然气都有这样的储存方式。地下库是最经济有效的储存方式。

管束、管道（含地下钢制储气井）储存：一般为高压气态方式储存。特殊容器或载体的固态储存（水合物储存）。

天然气固态储存将天然气低压固化，达到降低损耗、降低储存压力、提高储存密度的目的，实现天然气的高密度储存。目前距实际应用还有一定的差距。天然气水合物的储存方法是，将天然气在一定压力和温度下转变成固体结晶水合物，并储存于钢制的储罐中。天然气能否形成水合物同其储存温度及压力有关，压力越高，温度越低，越易形成水合物。通常天然气水合物需要在温度为 −40～45℃、稍高于大气压力的情况下储存在罐内。水合物形成气在水合物晶体中的密度是其常压下密度的180倍，故以水合物形式来储存天然气具有体积小、安全性高等优点。除此之外，这种储气方法还有一些优点，如工艺流程简单，不需要复杂的设备，只需一级冷却装置；在水合物状态下储存气体的装置不需要承受压力，可用普通钢材制造。

## 8.6　燃气系统安全事故应急处理的原则

1. 分级管理，先期处置的原则

企业的燃气事故应急处置工作实行分级管理、按级负责原则，可以按事故响应级别成立不同层次的指挥体系。

先期处置原则是指对某些特定的紧急事故，企业一线应急处警人员（即第一批到达现场的应急人员）根据现场的事态，有权争取时间，在上报主管部门领导给予指示前，按照先期处置的有关规定进行先期处置，以便最大限度地控制事态扩展、降低损失。

只有做到快速反应，多谋善断，速战速决，才能掌握处置突发事故的主动权，将事故可能产生的影响控制在最小范围。

2. 降低风险，挽救生命的原则

事故应急过程中，抢险、抢修方案的确定尽量减少操作安全风险；应急人员进入事故现场首先要做好自我防护工作，没有上级的指令，不允许擅自进入危险区；在事故应急处理现场，如发生人员的伤亡，应组织力量全力抢救伤员，就近及时送入医院抢救。

3. 制止事态扩大的原则

在事故应急处置过程中，若现场事态仍有恶化的可能，应积极组织人员、设备和物资，采取有效措施，防止事态的进一步恶化和扩大。

燃气企业应发挥相关专业机构的作用，并与相关部门密切协作，强调协调配合，分工协作，充分调动各方面的积极性，避免事故因组织拖延、调控不当而造成更大的危害和损失。

4. 统一指挥，严格指令的原则

事故应急处理工作的组织指挥，实行总指挥负责制，一切行动听从总指挥的命令，任何应急处置人员，接到指令，必须立即执行命令。

5. 信息口径统一的原则

事故应急处置过程中，应急处理的进度和相关信息的发布由指挥部统一口径对外公开发布。事故信息的上报应由总指挥或总指挥指定的部门（或个人）向上级主管部门报告。

信息公开是提高公众对应急管理措施认同与配合的前提和有效途径，可以防止应对突发事故工作的形势因谣言的产生和散播而恶化。

## 8.7　应急预案体系及其基本内容

### 8.7.1　应急救援意义和基本任务

由于燃气在储存、输送、使用等过程中存在着燃气供应中断、火灾和爆炸等危险，严重威胁和损害人民的正常生活、财产和生命安全，因此需要制定事故发生后采取的紧急措施和应急方法。通过制定事前计划和应急措施，充分利用一切可能的力量和资源，在事故发生后能迅速地控制事故发展，维持生活和工作秩序，并尽可能排除事故带来的危害，以保护现场人员和场外人员的安全，将事故对人员、财产和环境破坏的损失减少到最低程度。

安全事故应急救援的总目标是通过有效的应急救援行动，尽可能地降低事故的后果，包括人员伤亡、财产损失和环境破坏等。事故应急救援的基本任务包括下述几个方面：

（1）立即组织营救受害人员，组织撤离或者采取其他措施保护危害区域内的其他人员。

（2）迅速控制事态，并对事故造成的危害进行检测、监测，测定事故的危害区域、危害性质及危害程度。及时控制住造成事故的危险源是应急救援工作的重要任务。

（3）消除危害后果，做好现场恢复。

（4）查清事故原因，评估危害程度。

### 8.7.2　应急预案体系组成

我国《安全生产法》中有关"安全生产条件"一词出现 21 次，要求企业必须具备安全生产条件。《安全生产许可证条例》规定企业应具备的安全生产条件有：① 建立、健全安全生产责任制，制定完备的安全生产规章制度和操作规程；② 安全投入符合安全生产要求；③ 设置安全生产管理机构，配备专职安全生产管理人员；④ 主要负责人和安全生产管理人员经考核合格；⑤ 特种作业人员经有关业务主管部门考核合格，取得特种作业操作资格证书；⑥ 从业人员经安全生产教育和培训合格；⑦ 依法参加工伤保险，为从业人员缴纳保险费；⑧ 厂房、作业场所和安全设施、设备、工艺符合有关安全生产法律、法规、标准和规程的要求；⑨ 有职业危害防治措施，并为从业人员配备符合国家标准或者行业标准的劳动防护用品；⑩ 依法进行安全评价；⑪ 有重大危险源检测、评估、监控措施和应急预案；⑫ 有生产安全事故应急救援预案、应急救援组织或者应急救援人员，配备必要的应急救援器材、设备；⑬ 法律、法规规定的其他条件。

应急预案体系主要由风险评估及重大危险源分析得出。

（1）风险评估

根据《生产安全事故应急预案管理办法》的规定，编制应急预案前，编制单位应当进行事故风险评估和应急资源调查。所谓事故风险评估，是指针对不同事故种类及特点，识别存在的危险危害因素，分析事故可能产生的直接后果以及次生、衍生后果，评估各种后果的危害程度和影响范围，提出防范和控制事故风险措施的过程。

事故应急救援预案是在认识危险、了解并评估事故发生的可能性的基础上，通过对事故后果的预测和估计，针对事故特点所制定的预防和应急处理对策，是为应对各种可能发生的事故所需的应急行动而制定的指导性文件。一般要针对具体设备、设施、场所或环境，在安全评价的基础上，根据可能的事故形式、发展过程、危害范围和破坏区域等，为降低事故损失，就事故发生后的应急救援机构、人员、救援的设施、设备、行动步骤和纲领等，预先作出的计划和安排，并编制事故应急救援预案文稿。

1）风险管理体系

城镇燃气经营企业风险管理是指燃气企业通过识别风险、衡量风险、分析风险，从而有效地控制风险，用最经济的方法来综合处理风险，以实现最佳安全供气保障的科学管理方法。风险管理不同于安全管理，风险管理的内容要比安全管理广泛，不仅包括预测和预防事故及灾害的发生，还包括保险、投资等风险领域，主要目标是尽可能减少风险的经济损失。而安全管理强调的是减少事故，甚至消除事故。风险管理的目标，首先是鉴别显露的和潜在的风险，并控制风险，预防事故损失，其次是在事故发生后，提供尽可能的补偿，减少损失的危害性，保障企业安全生产和各项活动的顺利进行。

风险管理的理论体系包括风险分析，风险评价和风险控制三个方面。

① 风险分析

风险分析就是研究风险发生的可能性及其他所产生的后果和损失，即是在特定的系统中进行危险辨识、频率分析、后果分析的全过程。危险辨识目的在于确定危险源并定义其特征；频率分析目的在于分析待定危险源导致事故发生的频率和概率；后果分析目的在于分析待定危险源在环境因素下可能导致的各种事故及其可能造成的损失。

② 风险评价

风险评价是在风险分析的基础上，研究风险的标准以及可接受的准则，以及如何处理对待风险。风险评价对系统或者作业中固有的或潜在的危险及其严重程度所进行的分析和评估，并以既定指数、等级或概率值作出定量的表示。

③ 风险控制

风险控制就是风险管理的最终目的，即在现有技术和管理水平上，根据风险评价的原则和标准，提出各种风险解决方案，从中选择最优（满意）方案并予以实施的过程，以最低的成本达到最佳的安全水平。

城镇燃气经营企业以企业总体战略为主线，以风险分析为基础，以风险评价为依据，以风险控制为目的，以运行安全"管理标准"为核心，以安全管理措施、技术防范措施和劳动防护措施为手段，通过合理配置资源，将安全管理的各项活动与风险预防及控制紧密结合。稳步提升安全综合管理水平，逐步实现企业安全管理绩效目标。引入风险管理理念，改变安全管理工作的被动性事故管理、单向事故原因管理，而形成全员性的主动控制型的基础管理，就使城镇燃气经营企业的安全管理出现质的变化。

2）安全评价和风险评价

安全评价是指运用定量或定性的方法，对建设项目或生产经营单位内在的职业危险因素和有害因素进行识别、分析和评估。

安全评价与风险评价在本质上是相同的。风险可以看作安全的对立面，风险评价是从不安全程度的角度来评价安全的程度。安全评价和风险评价的方法及程序基本相同。在我国，安全评价实质上也是评估危险（即不安全）的种类和程度，而国外（尤其是西方国家）习惯将该过程称之为风险评价。

城市燃气系统是城市公用基础设施的重要组成部分，现代化的城市燃气系统是一个可维修的、复杂的、网络化的综合设施。因此，在进行燃气系统的风险评价时，首先应确定评价的范围，不仅包括物理范围，也应包括时间范围。燃气系统在设计、施工建设、投产、运行、置换、维修、废弃过程中均存在风险，燃气系统的技术风险评价的范围通常有以下几个方面。

新建、扩建、改建项目及新技术、新设备、新材料的风险预评价，在新建、扩建、改建的燃气管道、站场项目在可行性研究阶段，应采用科学的定性和定量风险评价方法对项目的风险进行分析和评价，识别出潜在的危害因素，并提出预防措施。在初步设计阶段时，应考虑这些危害因素和预防措施，使得系统的风险在项目设计阶段得到削减或控制。在燃气项目中使用新技术、新工艺和新材料时，也应当在投产前预先辨识、评价其潜在的风险并提出预防措施。燃气管道工程施工建设过程中沟槽的坍塌、管道搬运作业、施焊作业、管道试压、高压乙炔瓶、氧气瓶等的使用均给施工人员带来安全风险，由于作业人员的操作失误或环境及设备的突然恶化等原因经常导致事故发生，因此在施工作业前应作详细的风险评价。

3）管道及设备的抢险抢修、置换作业的风险评价

管道及设备抢险抢修的风险主要来自于泄漏燃气发生燃烧、爆炸从而造成对作业人员的危害的可能性，以及作业人员中毒或窒息的可能性。置换过程的风险主要来自管道或设备内的燃气浓度达到爆炸极限并发生爆炸的可能性。因此，在进行这些作业之前，也应对作业过程中可能出现的危害因素及后果程度作详细分析。

4）在役管道、装置设备、场站的风险评价

由于城市化的不断推进，城市能源需求的不断增加，城市燃气系统的建设也迅猛发展。目前，在大部分大中城市，在役燃气管道及其附属设备几乎已经遍布于城市的每一条街道及每一座建筑物之中，随着燃气管道、设备及装置服役时间的不断延长，它们难免会由于各类原因出现一些失效事故，从而给公众带来威胁。因此，对在役燃气管道、设备、装置及场站的风险评价是燃气系统风险评价的主要内容。

5）管道、装置设备废弃的风险评价

燃气管道、装置及设备废弃时，如果处理不善，其内部残留的燃气仍然可能会带来危害。

（2）重大危险源管理

根据《安全生产法》的相关规定，生产经营单位对重大危险源应当登记建档，进行定期检测、评估、监控，并制定应急预案，告知从业人员和相关人员在紧急情况下应当采取的应急措施。

1）重大危险源的定义

"重大危险源"定义为长期或临时生产、加工、搬运、使用或储存危险物质，且危险物质的数量等于或超过临界量的单元。单元指一个（套）生产装置、设施或场所，或同属一个工厂的且边缘距离小于 500m 的几个（套）生产装置、设施或场所。根据此定义，许多燃气场站都属于重大危险源，例如 CNG 加气站、燃气储配站、LNG 液化工厂和气化站、LPG 储配站和灌瓶站等。

2）重大危险源申报登记与评估

根据《危险化学品重大危险源辨识》GB 18218—2018 和《安全生产法》的规定，以及实际工作的需要，重大危险源申报登记的范围如下：① 储罐区（储罐）；② 库区（库）；③ 生产场所；④ 压力管道；⑤ 锅炉；⑥ 压力容器；⑦ 煤矿（井工开采）；⑧ 金属非金属地下矿山；⑨ 尾矿库。因此，燃气储配站、高中压燃气管道都属于重大危险源申报登记的范围。

燃气经营企业应当按照《安全生产法》《危险化学品重大危险源辨识》GB 18218—2018 和申报登记范围的要求对本单位的重大危险源进行登记建档，并填写《重大危险源申报表》报当地政府主管部门。

燃气经营企业应当对本单位的重大危险源进行安全评估并确定重大危险源等级。安全评估报告应包括重大危险源的基本情况，危险、有害因素辨识与分析，可能发生的事故类

型、严重程度，重大危险源等级，安全对策措施，应急救援措施和评估结论等。安全评估报告应报当地政府主管部门。重大危险源安全评估可以与本单位的安全评价一起进行，以安全评价报告代替安全评估报告，也可以单独进行重大危险源安全评估。

重大危险源的生产过程以及材料、工艺、设备、防护措施和环境等因素发生重大变化，或者国家有关法规、标准发生变化时，燃气经营企业应当对重大危险源重新进行安全评估，并将有关情况报当地政府主管部门。

（3）重大危险源安全管理

燃气经营企业应当建立完善重大危险源安全管理规章制度和安全操作规程，并采取有效措施保证其得到执行。

燃气经营企业应当根据构成重大危险源的危险化学品种类、数量、生产、使用工艺（方式）或者相关设备、设施等实际情况，按照下列要求建立健全安全监测监控体系，完善控制措施：

1）重大危险源配备温度、压力、液位、流量、组分等信息的不间断采集和监测系统以及可燃气体泄漏检测报警装置，并具备信息远传、连续记录、事故预警、信息存储等功能；一级或者二级重大危险源，具备紧急停车功能。记录的电子数据的保存时间不少于30天。

2）重大危险源的化工生产装置装备满足安全生产要求的自动化控制系统；一级或者二级重大危险源，装备紧急停车系统。

3）对重大危险源中的易燃气体等重点设施，设置紧急切断装置。涉及液化气体的一级或者二级重大危险源，配备独立的安全仪表系统（SIS）。

4）重大危险源储存场所或者设施，设置视频监控系统。

5）安全监测监控系统符合国家标准或者行业标准的规定。

燃气经营企业应当按照国家有关规定，定期对重大危险源的安全设施和安全监测监控系统进行检测、检验，并进行经常性维护、保养，保证重大危险源的安全设施和安全监测监控系统有效、可靠运行。维护、保养、检测应当作好记录，并由有关人员签字。

燃气经营企业应当明确重大危险源中关键装置、重点部位的责任人或者责任机构，并对重大危险源的安全生产状况进行定期检查，及时采取措施消除事故隐患。事故隐患难以立即排除的，应当及时制定治理方案，落实整改措施、责任、资金、时限和预案。

燃气经营企业应当对重大危险源的管理和操作岗位人员进行安全操作技能培训，使其了解重大危险源的危险特性，熟悉重大危险源安全管理规章制度和安全操作规程，掌握本岗位的安全操作技能和应急措施。

燃气经营企业应当在重大危险源所在场所设置明显的安全警示标志，写明紧急情况下的应急处置办法。重大危险源风险提示主要内容应包括：重大危险源名称、具体位置、危险物质及储存数量、风险及控制措施、紧急情况下的应急措施等。

燃气经营企业应当将重大危险源可能发生的事故后果和应急措施等信息，以适当方式告知可能受影响的单位、区域及人员。

燃气经营企业应当依法制定重大危险源事故应急预案，建立应急救援组织或者配备应急救援人员，配备必要的防护装备及应急救援器材、设备、物资，并保障其完好和方便使用。

对存在吸入性有毒、有害气体的重大危险源，燃气经营企业应当配备便携式浓度检测设备、空气呼吸器、化学防护服、堵漏器材等应急器材和设备；涉及易燃易爆气体或者易燃液体的重大危险源，还应当配备一定数量的便携式可燃气体检测设备。

燃气经营企业应当制定重大危险源事故应急预案演练计划，并按照下列要求进行事故应急预案演练：

1）对重大危险源专项应急预案，每年至少进行一次；

2）对重大危险源现场处置方案，每半年至少进行一次。

应急预案演练结束后，燃气经营企业应当对应急预案演练效果进行评估，撰写应急预案演练评估报告，分析存在的问题，对应急预案提出修订意见，并及时修订完善。

燃气经营企业应当对辨识确认的重大危险源及时、逐项进行登记建档。

重大危险源档案应当包括下列文件、资料：

1）辨识、分级记录；

2）重大危险源基本特征表；

3）涉及的所有化学品安全技术说明书；

4）区域位置图、平面布置图、工艺流程图和主要设备一览表；

5）重大危险源安全管理规章制度及安全操作规程；

6）安全监测监控系统、措施说明、检测、检验结果；

7）重大危险源事故应急预案、评审意见、演练计划和评估报告；

8）安全评估报告或者安全评价报告；

9）重大危险源关键装置、重点部位的责任人、责任机构名称；

10）重大危险源场所安全警示标志的设置情况；

11）其他文件、资料。

燃气经营企业在完成重大危险源安全评估报告或者安全评价报告后15日内，应当填写重大危险源备案申请表，连同重大危险源档案材料，报送本地政府主管部门备案。重大危险源出现变化，燃气经营企业应当及时更新档案，并向本地县级人民政府主管部门重新备案。

燃气经营企业新建、改建和扩建燃气建设项目，应当在建设项目竣工验收前完成重大危险源的辨识、安全评估和分级、登记建档工作，并向本地县级人民政府主管部门备案。

（4）危险源的事故控制

控制、消除、预防和减弱危险、危害因素的技术措施、管理措施，是事故预防对策中非常重要的一个环节，实质上是保障整个城镇燃气运行过程安全的对策措施，也就是安全管理技术。安全管理技术分为工程技术和管理技术，还可以按照不同的角度来应用，如隐患和危险因素控制预防技术是从管理对象的角度；如安全系统工程的"人、机、料、法、环"综合预防型管理就是从管理过程角度；也有基于管理理论的安全管理技术，如人机工程、风险管理与安全评价；还有管理方式角度的无隐患管理、风险管理和目标管理等。结合燃气行业的实际，组合应用这些管理技术才会有效果，不可陷于赶时髦、追风头、标榜式的夸夸其谈，那样只会给安全管理工作带来新的隐患和更深的损伤。如从安全工程技术预防伤亡事故的原则来控制城镇燃气物化的危险因素，可以采取如下对策：

① 机械化、自动化施工、维护机具，不停气施工技术。

② 功能完整的安全连锁控制、紧急切断、止回、放散、监控、隔离、防腐、防雷、防火、防爆等装置。

③ 严格各项性能试验、检验，如强度、气密、计量调压器具、管材、管件、容器等。

④ 安全可靠的电气、电子、通信系统、计算机系统。

⑤ 先进、完好的储存、输配、充装、使用设施设备；按规定维护、保养、检修和计划维修。

⑥ 遵循人机关系，优化燃气场站工作环境，配备个人防护用品。

安全管理技术是一门综合性的系统技术，对象是生产中的一切人、物、环境的状态管理与控制，安全管理技术也是一种动态状态，和城镇燃气经营企业运行过程相适应。主要是依据城镇燃气经营企业的目标，组织实施企业安全管理规划、指导、检查和决策，保证供气过程处于最佳安全状态。随着科学技术的进步和人类社会的发展，安全问题越来越受到整个社会的关注。搞好安全工作，对于促进生产发展、提高人民生活质量与水平、坚持安全发展、建设和谐社会等具有重要的现实意义。

危险源的控制是利用工程技术手段和管理手段消除、控制危险源，防止危险源导致事故、造成人员伤亡和财物损失的工作。危险源的控制可从三方面进行，即技术控制、人的行为控制和管理控制。

1) 技术控制

控制危险源主要通过技术手段来实现。危险源控制技术包括防止事故发生的安全技术和减少或避免事故损失的安全技术。在采取技术措施对危险源进行控制时应着眼于前者，即尽量做到防患于未然；另外也应做好充分准备，一旦发生故障、事故时，能防止事故扩大或引起其他事故，把事故造成的损失限制在尽可能小的范围。危险源控制主要技术有消除、控制、防护、隔离、监控、保留和转移等。

2) 人的行为控制

即控制人为失误，减少人不正确行为对危险源的触发作用。人为失误的主要表现形式有：操作失误、指挥错误、不正确的判断或缺乏判断、粗心大意、厌烦、懒散、疲劳、紧张、疾病或生理缺陷、错误地使用防护用品和防护装置等。人的行为控制首先是加强教育培训，做到人的安全化，其次应做到操作安全化。

3) 管理控制

实行科学的安全管理对危险源进行控制，也是非常重要的手段。通过一系列有计划、有组织的安全管理活动，也可以达到对危险源控制的目的。一般可采取以下管理措施对危险源实行控制。

① 建立健全危险源管理的规章制度。危险源确定后，在对危险源进行系统危险性分析的基础上建立健全各项规章制度，包括岗位安全生产责任制、危险源重点控制实施细则、安全操作规程、操作人员培训考核制度、日常管理制度、交接班制度、检查制度、信息反馈制度、危险作业审批制度、异常情况应急措施、考核奖惩制度等。

② 明确责任、定期检查。应根据各危险源的等级，分别确定各级的负责人，并明确他们应负的具体责任。特别是要明确各级危险源的定期检查责任。除了作业人员必须每天自查外还要规定各级领导定期参加检查。对危险源的检查要对照检查表逐条逐项、按规定的方法和标准进行检查，并作记录。如发现隐患则应按信息反馈制度及时反馈，促使其及时

得到消除。凡未按要求履行检查职责而导致事故者，要依法追究其责任。规定各级领导人参加定期检查，有助于增强他们的安全责任感，体现管生产必须管安全的原则。也有助于重大事故隐患的及时发现和得到解决。专职安检人员要对各级人员实行检查的情况定期检查、监督并严格进行考评，以实现管理的封闭。

③加强危险源的日常管理。要严格要求作业人员贯彻执行有关危险源日常管理的规章制度。搞好安全值班、交接班，按安全操作规程进行操作；按安全检查表进行日常安全检查；危险作业经过审批等。所有活动均应按要求认真做好记录。领导和安检部门定期进行严格检查考核，发现问题，及时给予指导教育，根据检查考核情况进行奖惩。

④抓好信息反馈、及时整改隐患。要建立、健全危险源信息反馈系统，制定信息反馈制度并严格贯彻实施。对检查发现的事故隐患，应根据其性质和严重程度，按照规定分级实行信息反馈和整改，作好记录，发现重大隐患应立即向安全管理部门和行政第一领导报告。信息反馈和整改的责任应落实到人。对信息反馈和隐患整改的情况各级领导和安全管理部门要进行定期考核和奖惩。安全技术部门要定期收集、处理信息，及时提供给各级领导研究决策，不断改进危险源的控制管理工作。

⑤搞好危险源控制管理的基础建设工作。危险源控制管理的基础工作除建立健全各项规章制度外，还应建立健全危险源的安全档案和设置安全标志牌。应按安全档案管理的有关内容要求建立危险源的档案，并指定人专门保管，定期整理。应在危险源的显著位置悬挂安全标志牌，标明危险等级，注明负责人员，按照国家标准的安全标志表明主要危险，并简要注明防范措施。

⑥搞好危险源控制管理的考核评价和奖惩。应对危险源控制管理的各方面工作制定考核标准，并力求量化，划分等级。定期严格考核评价，给予奖惩并与班组升级和评先进结合起来。逐年提高要求，促使危险源控制管理的水平不断提高。

### 8.7.3　应急预案体系组成及编制

1. 应急预案体系组成

应急预案应形成体系，针对各级各类可能发生的事故和所有危险源制订专项应急预案和现场应急处置方案，并明确事前、事发、事中、事后的各个过程中相关部门和有关人员的职责。生产规模小、危险因素少的生产经营单位，综合应急预案和专项应急预案可以合并编写。

（1）综合应急预案

综合应急预案是从总体上阐述事故的应急方针、政策，应急组织结构及相关应急职责，应急行动、措施和保障等基本要求和程序，是应对各类事故的综合性文件。

（2）专项应急预案

专项应急预案是针对具体的事故类别（如燃气泄漏火灾爆炸、第三者破坏事故等）、危险源和应急保障而制定的计划或方案，是综合应急预案的组成部分，应按照综合应急预案的程序和要求组织制定，并作为综合应急预案的附件。专项应急预案应制定明确的救援程序和具体的应急救援措施。

（3）现场处置方案

现场处置方案是针对具体的装置、场所、设施、岗位所制定的应急处置措施。现场处置方案应具体、简单、针对性强。现场处置方案应根据风险评估及危险性控制措施逐一编制，做到事故相关人员应知应会、熟练掌握，并通过应急演练做到迅速反应、正确处置。

2. 应急预案体系的编制

企业编制事故应急预案应遵循以下步骤：成立预案编制小组；收集资料并进行初始评估；辨识危险源并评价风险；评价能力与资源；建立应急反应组织；选择合适类型的应急计划方案，编制各级应急预案及附属文件；讨论、审定、批准实施预案。应急预案编制步骤：

（1）成立预案编制小组

企业管理层应有人担任预案编制小组的负责人，确定预案编制小组的成员，小组成员应是预案制订和实施过程起重要作用或是可能在紧急事件中受影响的人员。成员应来自企业管理、安全、生产操作、保卫、设备、卫生、环境、抢修、物资等应急救援相关部门。此外，小组成员也可包括来自地方政府应急救援机构的代表（例如，消防、公安、医疗、交通和政府管理机构等），这样可消除企业应急预案与地方应急预案的不一致性，也可明确当事故影响到企业外部时涉及的单位和职责。

（2）资料收集

在编制预案前，需进行全面、详细的资料收集、整理。企业需要收集、调查的资料主要包括：① 燃气设施周围环境条件，包括地质、地形、周围环境、气象条件（风向、气温）、交通条件；② 燃气管网、场站布局和用户分布；③ 生产设备状况等。

（3）危险源与风险分析

在危险因素分析及事故隐患排查、治理的基础上，确定本单位可能发生事故的危险源、事故的类型和后果，进行事故风险分析，并指出事故可能产生的次生、衍生事故，形成分析报告，分析结果作为应急预案的编制依据。在应急预案编制过程中，危险辨识与风险评价应包括如下内容：① 气源的种类、压力级别及特性；② 场站种类及分布；③ 气体运输路线分布；④ 可能发生事故的类型、性质；⑤ 可能造成的事故后果；⑥ 事故可能影响区域。

（4）应急资源与能力评估

对本单位应急装备、应急队伍等应急能力进行评估，并结合本单位实际，加强应急能力建设。应急资源与能力评估应包括如下内容：① 企业内部应急力量的组成、各自的应急能力及分布情况；② 各种重要应急设施（备）、物资的准备、布置情况；③ 当地政府救援机构或相邻企业可用的应急资源。

（5）应急预案的编写

针对可能发生的事故，按照有关规定和要求编制应急预案。应急预案编制过程中，应注重全体人员的参与和培训，使所有与事故有关人员均掌握危险源的危险性、应急处置方案和技能。应急预案应充分利用社会应急资源，与地方政府预案、上级主管单位以及相关部门的预案相衔接。

（6）应急预案评审与发布

应急预案编制完成后，应进行评审。评审由本单位主要负责人组织有关部门和人员进行。外部评审由上级主管部门或地方政府负责安全管理的部门组织审查。评审后，按规定报有关部门备案，并经生产经营单位主要负责人签署发布。

3. 应急预案管理

（1）应急预案培训

燃气经营企业应制定应急预案的培训计划、方式和要求，使各应急人员、应急指挥人员、企业员工了解相关应急预案内容，熟悉应急职责、应急程序和现场处置方案。如果应急预案涉及社区和居民，要做好宣传教育和告知等工作。

（2）应急预案演练

进行应急预案演练是为评估企业对不同事故发生时所发挥的效能，主要目的包括：测试应急预案的整体效能及兼容性；评估各方面在沟通及信息互传的水平；借着演练吸取相关知识及经验，改善应变措施的管理及效率；通过定期演练提高成员在执行应急预案时的自信心及专业性；从演练中确认及分析现有措施的不足地方，以便作出改善；保证有能力应对任何突发性的重大危机，并将可能导致的损失减至最低。

应急预案的演练应根据不同类型确定演练的形式、范围、频次和内容。应急预案的责任部门应制定书面的演习方案，并报送企业安全管理部门进行审批。在完成紧急应变演练后，有关部门需填写一份紧急应变演练记录，交回安全管理部门作为监察及分析之用。在完成紧急应变演练后，演练责任部门应进行书面演练总结，并抄送安全管理部门。

（3）应急预案修订

燃气经营企业应当建立定期评估制度，分析评价预案内容的针对性、实用性和可操作性，实现应急预案的动态优化和科学规范管理，一般每年修订一次。

有下列情形之一的，应当及时修订应急预案：

1）有关法律、行政法规、规章、标准、上位预案中的有关规定发生变化的。

2）应急指挥机构及其职责发生重大调整的。

3）面临的风险发生重大变化的。

4）重要应急资源发生重大变化的。

5）预案中的其他重要信息发生变化的。

6）在突发事件实际应对和应急演练中发现问题需要作出重大调整的。

7）应急预案制定单位认为应当修订的其他情况。

（4）应急预案备案

燃气经营企业应向所在地建设部门和安监局等有关主管部门备案，并提交以下材料：

① 应急预案备案申请表；② 应急预案评审或者论证意见；③ 应急预案文本；④ 公司应当向接受备案的上级部门，领取备案登记证明。

（5）应急预案实施

燃气经营企业应急预案一般由安全管理部门组织制定和解释，应急预案由公司总经理签署批准，并在批准之日起实施。

# 9 服　　务

## 9.1 城镇燃气用户经营服务概述

1. 燃气服务定义

为满足用户使用燃气的需要，燃气经营企业或燃气器具经营服务单位向用户提供的供气及相关服务活动。燃气经营企业是管道燃气经营企业、瓶装燃气经营企业、燃气汽车加气经营企业的总称。城镇燃气以城市门站为分界点，天然气和液化石油气的生产、进口，燃气作为工业生产原料使用以及沼气和秸秆气的生产和使用，不属于城镇燃气经营企业服务范畴。

2. 服务方式

燃气经营企业或燃气器具安装维修服务单位按照国家相关服务要求，制定相关标准规范企业或从业人员的服务行为，为用户提供服务的场所或平台。包括窗口服务，上门服务，网络服务等渠道，对燃气用户建设、使用和维护进行标准化的流程，包括分类服务、专项服务、时效性服务等满足客户需求的个性化服务。

3. 服务原则

（1）燃气行业服务应遵循安全第一、以客为尊、诚信为本、文明规范的指导性原则。应为燃气用户提供持续、稳定、安全的燃气供应并符合国家质量标准的燃气等相应服务；应为社会公共危机处理提供供气安全保障，并实行全年全天候的应急服务，保障人员与设施安全；不应因燃气质量和服务质量等问题对人身安全和生产、生活活动及环境等构成不良影响和危害。

（2）燃气企业应遵循依法对燃气用户信息保密等安全性原则。

（3）燃气企业要服务透明，公正、公平，营造和谐用气环境，应向用户公示服务规范业务程序、条件、时限、收费标准、服务电话、服务窗口与渠道等与服务有关的各项信息。

（4）燃气企业服务要及时，确保在规定的时间或承诺的时限内，响应用户在使用燃气时发生的诉求，包括对质量、维修和安全等方面的需求。

（5）燃气企业服务应遵循普及全民性原则，应对区域内符合用气条件的单位和个人提供均等化的普遍服务。

4. 服务要求

（1）燃气经营企业供应燃气应符合《城镇工程项目规范》GB 55009、《城镇燃气设计规范（2020 版）》GB 50028、《城镇燃气分类和基本特性》GB/T 13611 和《燃气服务导则》GB/T 28885 等相关规定落实相关服务。

（2）公布符合相应燃气种类的标准，包括所供应燃气种类、组分、热值和供气压力等质量信息。应根据燃气专项规划、适应当地经济发展和满足居民生活需要，制定和公布燃气用户的用气条件，在其经营范围内履行普遍服务义务。

（3）对具备供气条件的用户用气申请不得拒绝，对用户用气申请后应在 5 个工作日内答复，对不受理的业务应向用户说明理由。

（4）燃气经营企业应公示用户申请业务的办事流程、办理时间、办理部门和地点等信息，提供多种方式接受用气申请和用户用气需求。

（5）燃气经营企业应规范用气程序，指导用户安全用气，与用户签订供用气合同，提前告知用户安全用气要求和各自承担的责任与义务。

（6）燃气经营企业因管道施工或有计划供气方针对用户临时调整用气量或暂停燃气供应提前 48 小时予以公告或书面通知用户，并按照有关规定及时恢复正常供气；因突发事件影响用户供气的，应采取紧急措施并及时通知燃气用户。

（7）燃气经营企业应公布服务热线和抢修电话，全天（24h）接受用户咨询、诉求和投诉救助，并与当地公安、政府智能化管理中心建立联动，积极采取现代化服务手段、新型服务方式，为用户提供高效服务。

（8）燃气经营企业为了方便燃气用户的使用，应建设服务窗口，制定优质接待服务行为规范，向客户提供"一站式"服务；建设主动上门服务队伍，保障用户安全用气。

（9）燃气经营企业应严格执行物价部门批准的收费项目和收费标准，为用户提供合格的计量表，按供气协议内容做好贸易结算，并提供多种缴费渠道，方便用户缴费。

5. 服务制度建设

作为社会公用事业的城镇燃气企业，其社会服务的目的是为用户提供稳定、安全、符合质量要求的燃气产品与服务。燃气企业必须科学合理地组织、动员相应的资源来达成目标，必须事前、事中和事后全过程对各项服务进行谋划、组织、指挥、协调和控制，规定服务人员行为准则、制定服务标准、依托企业的服务宗旨和使命，对市场开发环节、管网建设和预算环节、工程建设环节、管网运行环节、销售与客服环节，满足客户需求、实现企业目标。

# 9.2　城镇燃气用户设施及供气服务保障

1. 城镇燃气用户类型及其供应设施概况

城镇燃气用户类型一般有居民用户、商业用户（包含公服用户）、工业用户和交通工具用户。

居民用户是城市燃气供应的基本用户，应予以优先供应。使用燃气，特别是天然气可有效地防止环境污染，改善居民的生活条件，节约劳动力，以及减轻城市交通运输量。居民燃气用户设施常见的有管道用户设施和液化石油气钢瓶用户设施，管道用户设施是指用户燃气管道、阀门、计量器具、调压器和燃气器具等。液化石油气钢瓶用户设施是指气瓶、调压器和燃气器具等。

商业用户指具有经营性质的餐饮、娱乐、宾馆、饭店、美容美发、洗浴，办公楼区、供热等服务业的燃气用户，也包括非经营性质的部门机关、学校、团体、食堂、收发室、集体浴室、物业管理用房、医院及市政设施等。商业用户设施分管道用户设施和瓶装用户设施，管道商业用户设施主要包括：引入管、阀门、过滤器、计量器具、补偿器、调压设备、配套管道和燃气器具等。瓶装商业用户设施主要包括：钢瓶（常见有 LPG，CNG 瓶组）、过滤器、调压设备、配套管道和燃气器具等。

工业用户指在生产工艺过程中必须使用燃气的工业企业，特别是天然气已在制造业、加工业、食品、纺织、窑炉、冶炼、燃气分布式能源、电力等广泛应用。工业用户设施主要包括：安全放散装置、过滤器、计量器具、补偿器、调压设备、加压设备、自动切断、仪器仪表、阀门、配套管道等。

交通工具用户指燃气加气站用户，已应用于燃气汽车、船、飞行器等。目前燃气加气站的气源有 LPG、CNG、LNG 等，不同气源的加气设施不尽相同，例如 CNG 加气站主要由 6 个系统组成：天然气调压计量系统、天然气净化系统、天然气压缩系统、天然气储存系统、CNG 加气系统、控制系统。输送至加气站的天然气经过稳压计量后，进入净化处理装置进行净化处理，用压缩机加压，再经高压脱水后经顺序控制盘送入储气系统，最后由加气机对外计量加气。

2. 城镇燃气用户服务管理

（1）燃气用户基础管理

燃气经营企业应加强用户结构调整和需求侧管理，保障燃气供应能力。增加自身运行调度和储气调峰能力外，还应优化用户结构，综合考虑社会效益、环保效益和经济效益等因素，加强需求侧管理，合理安排用气增长，确保居民、公用福利设施及重点用户的供气安全。

燃气经营企业应建立用户档案，与用户签订合同或协议，是保障用气安全的重要基础工作。

针对燃气用户用气特点分类管理，提升服务质量。可分为普通用户、关键用户、重点用户。对关键用户、重点用户建立一对一的服务策略，做好设施管理，客户气款回收管理，正确对待客户诉求，保障安全和稳定供气。

用户诉求预约服务管理，包括预约安装、维修、送瓶等服务。公布预约服务的通道，营业厅或服务站点、网上客户中心、用户服务热线等服务渠道，并明确服务时间，如管道燃气经营企业参照《城镇燃气管理办法》《燃气服务导则》，接到用户收费和服务咨询或投诉建议时，应在规定时间内响应。

（2）瓶装燃气经营者的供气服务

瓶装燃气经营者应当依照燃气规划设置瓶装气供应站，从事瓶装气经营服务。因城镇改造需要撤销或者搬迁瓶装气供应站的，应当制订方案，妥善安排用户的用气，并于瓶装气供应站撤销或者搬迁前，按照当地规定的时限，在该供应站公开通知，通知应当具有以下内容：

① 瓶装燃气经营企业名称；② 撤销或者搬迁的瓶装气供应站名称；③ 撤销或者搬迁的日期；④ 妥善安排用户用气措施；⑤ 新设供应站的站名、地址、方位图、服务电话或呼叫中心统一电话。

瓶装燃气经营者为用户提供送气上门服务的，应当按约定的时间，将相关合法收费凭证随同送达。承诺免费送气上门的，不应向用户收取送气上门服务费；实行有偿送气上门的，送气上门服务费应当符合物价行政主管部门的规定，并向用户出具收取送气上门服务费的合法收费凭证。送气上门后，送气人员应当为用户安装好实瓶，并对安装部位进行泄漏检查和点火调试，直到使用正常，要求用户签收；若用户明确提出不要求送气人员安装，送气人员应该告知用户正确的安装、调试方法，并在签收单上注明。搬运燃气容器和液化石油气钢瓶不应在地上拖动、滚动，应当轻置、轻放。

（3）管道燃气经营企业的供气服务

管道燃气用户的供气服务是从启封通气开始，至用户终止用气、燃气设施拆除为止的全过程。

1）燃气业务流程中点火通气环节服务

点火通气指对用户第一次供气，用燃气置换用户燃气设施内的空气，并启用用户燃气燃烧器具或用气设备的过程。燃气经营企业应按照《城镇燃气设施运行、维护和抢修安全技术规程》CJJ 51 的规定执行。入户点火通气工作流程见图 9.2-1。

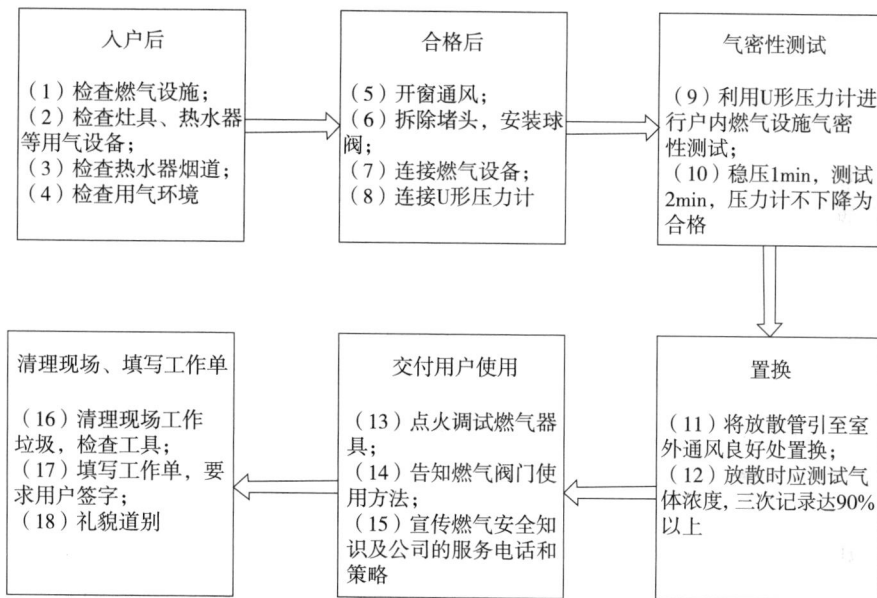

图 9.2-1　管道燃气用户点火通气工作流程

2）临时停气和恢复供气环节的管理和安全服务

《燃气服务导则》GB/T 28885，《城镇燃气设施运行、维护和抢修安全技术规程》CJJ 51 对燃气经营企业的停、复气作了相关规定。燃气经营企业可根据自身实际，采用适宜的停复、气方法，见表 9.2-1。

民用户恢复供气的工作方法及特点　　　　表 9.2-1

| 方法名 | 方法描述 | 特点 |
| --- | --- | --- |
| 自然恢复法 | 即停气前通知用户，在恢复供气时，不对用户燃气设施进行气密性试验，直接开启调压设施或立管阀门向用户供气 | 安全性较低，恢复供气时间快，适宜计划性停气的恢复 |
| 逐户试压恢复法 | 全部逐户进行严密性测试，合格后向用户恢复供气 | 安全性高，恢复供气时间长，花费大量人力、物力，适宜小范围安全事故造成的停气 |
| 公共配气（立）管试压恢复法 | 公共配气（立）管试压，如遇压力降，对该公共配气（立）管涉及用户进行排查，重新试压合格后向用户恢复供气 | 安全性高，恢复供气时间较快，对作业人员技能要求高，需避开早、中、晚高峰期，适应燃气设施抢修、维修造成的停气 |

为了提高用户服务质量，保障供气运行管理顺利，燃气经营企业要从技术管理上采取积极措施。

认真做好各种停、复气的工作预案，并进行演练；实施停、复气工作程序和操作技能标准化、规范化，杜绝违章作业和随意性过错。

落实通知用户的技术措施：燃气经营企业除采取电话通知、到用户处贴停气通知单外，还可采取通过公开网站、报纸、电视、电台、短信、微信等网络媒体发布停气通告等措施。

积极采用不停气施工工艺技术，保证供气服务质量，提高了城镇燃气经营企业的管理水平和技术水平。

员工培训，定期组织员工就停、复气业务流程、作业指导书、风险性作业管控作技能培训。

恢复供气时应对每根立管做气密性测试，确保户内安全。对停气用户的燃气设施逐一进行气密性试验的方法，特别是对公共配气（立）管进行集中检测，有效地解决了逐户进行恢复"入户难，投放人员力量不足"的情况，也对燃气设施进行了一次全面"体检"。

3）用户设施改造和拆除的管理和服务

《城镇燃气管理条例》对用户改造和拆除作了如下规定：

第十九条　管道燃气经营者对其供气范围内的市政燃气设施、建筑区划内业主专有部分以外的燃气设施，承担运行、维护、抢修和更新改造的责任。

第二十八条　燃气用户及相关单位和个人不得有下列行为：擅自安装、改装、拆除户内燃气设施和燃气计量装置。

第三十条　安装、改装、拆除户内燃气设施的，应当按照国家有关工程建设标准实施作业。

城镇燃气经营企业应强化安全宣传和指导，让用户知晓私改、私拆的危险性。燃气用户可以委托城镇燃气经营企业实施用户燃气设施改造、改装。改造、拆除流程工作内容如表 9.2-2 所示。

改造、拆除流程工作内容　　　　　　　　　表 9.2-2

| 序号 | 工作环节 | 工作内容 |
|---|---|---|
| 1 | 用户申请 | 按照《城镇燃气管理条例》由用户向燃气经营企业申请 |
| 2 | 设计 | 燃气经营企业将单位燃气用户设计任务委托给燃气设计单位，由其进行现场踏勘，并出具设计图，完成后交付燃气经营企业 |
| 3 | 工程委托 | 设计审核通过后，选择符合资质的施工单位，与施工单位签订年度改造协议和安全管理协议 |
| 4 | 工程施工 | 施工单位接到改造、改装任务后，与用户进行预约，踏勘现场，完成施工 |
| 5 | 验收安检 | 燃气经营企业组织或参加验收，合格后通知用户 |
| 6 | 安检 | 通气前、停气后进行安检，确认符合安全条件 |
| 7 | 办理完结手续 | 根据用户改造、拆除资料，更新用户及用气设施档案，不再用气的作销户处理。持有关资料向燃气经营企业结清费用 |

燃气经营企业选择的单位应具备燃气工程设计、施工相应的资质。燃气经营企业宜与符合企业管理要求的委托单位签订年度协议。燃气经营企业对委托单位建立考核制度，实施优胜劣汰，从源头上保证燃气工程质量。

对于待拆除用户，燃气经营企业应重点关注报废管线的割封、封堵工作，防止燃气泄漏，造成事故。

组织改造、改装、拆除后的工程质量验收和安全条件检查。

燃气经营企业应加强对燃气用户安全用气的宣传和引导，建立燃气用户改造、变更用气需求的快捷通道。对已擅自安装、改装、迁移和拆除的，对其整改；对有严重事故隐患的可采取停气措施。

（4）液化石油气、液化天然气、压缩天然气等汽车加气服务

随着政府对机动车尾气污染治理力度的加强，以液化石油气、液化天然气、压缩天然气为气源的"汽车加气站"得到大力发展。加气站选址要合理，便于服务。城市加气站的规划布点要总体均衡分布，必须考虑服务半径问题。服务半径不是一个固定的数字，应综合考虑交通频率、交通量、交通流向等因素，不同的区域要分别对待经综合考虑后再加以确定。加气站进行加气服务时，首先要保证气源质量，保证发动机寿命。其次加强站内安全管理，包括设置明显的警示标识，保证车辆按正确的进出口通道安全进出、防止塞车，对顾客抽烟、打手机、修车等不安全行为及时纠正，加气前操作员应对车辆的储气瓶及其仪表、阀门、管道进行安全检查，查看其是否在有效期内等措施。最后要做好加气机计量检定工作，确保气量准确。

3. 合同管理

（1）燃气经营企业应按《民法典合同编》要求，对燃气用户供气需签订《燃气供用气合同》，对燃气用户专用设施部分应签订《燃气设施维护合同》帮助燃气用户管理的义务；合同应符合平等、自愿、公平、诚实守信，遵守法律，不损害社会公共利益的原则。

（2）燃气供用气合同内容包括供气地址，供用气双方的权利与义务，使用燃气种类和质量要求，燃气价格收费，计量和抄表方式，燃气设施维护责任，违约责任等事项。

（3）燃气经营企业应建立用户供气合同档案，详细记载其供用气情况，燃气设施状况，安全检查使用情况等，以便更好地履行合同，不断提高服务质量，确保燃气的正常供应。

（4）合同到期时，燃气经营企业应提前至少 1 个月告知燃气用户，商定续签工作。

（5）供用气合同注销前应对燃气用户进行检查，落实安全措施，并结清账款。

# 9.3　安装及验收

1. 一般规定

（1）燃气经营企业应对市政燃气管网覆盖范围内符合条件的单位或个人供气。

（2）燃气经营企业接到用户安装诉求后应 5 个工作日内答复，对不能安装的用户应说明理由。

（3）燃气经营企业应按国家规定确认安装人员资质，减少安全事故。

（4）燃气经营企业在施工过程做好质量管理，施工工序之间应进行交接检验，交接双方应共同检查确认工程质量，并应做好记录。

（5）燃气经营企业工程所用的管道组成件、设备及有关材料的规格、性能等应符合国家现行有关标准及设计文件的规定，并应有出厂合格文件；燃具、用气设备和计量装置等必须选用经国家主管部门认可的检测机构检测合格的产品，不合格者不得选用。

（6）管道安装前应做清理，不得存有杂物。

（7）管道安装结束后，应进行管道吹扫、强度试验和严密性试验。

（8）燃气经营企业对燃气设施安装进行的场所应安全围护，设立警示标识。

2. 管道燃气用户的工程安装与验收

（1）城镇燃气经营企业应确保燃气管道安装资格及质量保证体系。安装单位必须具备条件有：法人或法人授权的组织，健全的燃气管道安装质量保证体系，适应保证燃气管道安装和管理需要的技术力量，满足现场施工要求的完好生产设备、检测手段和管道预制场地，具有安装合格产品的能力。

（2）燃气经营企业应加强施工安全监督，准确记录监护工程的施工进度全过程并作好记录，在施工区必须遵守安全管理规定，不具备条件不得进行明火作业。在施工中应设置有效标识。

（3）燃气管道安装质量检验，检验内容包括外观检验、无损检测、强度试验、气密性试验等方面。

（4）建设单位组织设计、监理、施工单位共同对整体工程进行验收，验收项目包括管道工程、燃气调压站、燃气门站和储备站、入户燃气管道等，管道投入运行后，由政府质量监督部门主持工程备案工作，确定工程保修期。

（5）燃气管道及附属设施安装应满足后期维修和使用的方便，燃气管道、燃气表等设备的安装应牢固、横平竖直，体现燃气公司的专业、美观、人性化服务。

（6）室内燃气阀门应标识清晰，有开关指示标识，便于用户开关使用。

3. 燃气器具的安装与验收

（1）经营燃气燃烧器具的企业应向销售地燃气管理部门备案。建立生产经营产品和服务制度。燃气器具的产品质量应执行《产品质量法》的相关规定，做到安全可靠，质量保证。

（2）适配性检测要求，必须与当地气源适配，经检测合格并粘贴"气源适配标识"字样。

（3）对燃气器具、连接管和安全装置要求，家用燃气灶具应带有熄火保护装置，当灶具的连接管采用胶管连接时，应不能大于2m，两端管卡固定，中间不得有接口；建议采用不锈钢金属软管连接，且应使用螺纹连接防脱落。禁止安装使用直排式热水器。禁止销售能效不达标的燃气热水器。

（4）对安全装置要求，提倡燃气用户安装使用节能型、环保型燃气设施，建议使用燃气浓度检测报警器、一氧化碳浓度报警器和自动切断阀等安全装置。

（5）燃气具和用气设备的安装前应检查产品合格证、产品安装使用说明书和质量保证书；产品外观的显见位置应有产品参数铭牌，并有出厂日期。

（6）根据《家用燃气燃烧器具安全管理规则》GB 17905—2008的规定，液化气、天然气燃气具从售出使用当日起年限为8年，人工煤气燃气器具使用年限为6年。

# 9.4　用户燃气设施的运行维护服务

1. 用户设施的安全检查与维护

（1）用户燃气设施安全检查的形式

用户燃气设施的检查分为居民用户设施和单位用户设施。用户燃气设施安全检查的形式主要有三种。

1）定期安全检查

城镇燃气经营企业根据《城镇燃气管理条例》、当地的燃气管理条例和燃气管理办法，组织人员有计划地为用户燃气管道、设施及使用情况进行定期的全面性检查，并根据检查结果建立完整的档案，对发现的事故隐患及时予以消除；对发现的违章违规、私改、滥用及时整改；对不了解安全知识、存在误操作的用户进行安全宣传与教育。从而及时发现问题并消除隐患，确保用户安全，履行供气企业安全责任与社会责任，以实现对用户的服务承诺。

2）单元（立管系统）严密性检查

用户燃气设施是否严密不泄漏是用户燃气设施使用条件是否安全的主要指标。通过使用 U 形压力表查看、涂拭漏液、用检漏仪检测、装设可燃气体报警器等方法进行检查、判断，最有效的手段是对燃气设施系统进行气密性试验来检测。例如：对管道气用户，气密性试验可以单户做，也可以成单元、成楼栋、成小区做，分界点分别为表前阀、单元阀、调压箱出口阀、调压柜或站出口阀。燃气使用单元（系统）严密性检查一般用于新用户点火、用户停供气后恢复以及城镇燃气经营企业入户安全检查和对燃气设施维修后，对燃气设施安全性进行判断。

3）用户燃气设施维修后的安全检查

当室内设施发生漏气损坏需要维修时，维修人员对设施修复后要对维修情况进行完整性、安全性验证，一般要通过关闭维修点前控制阀门，对燃气使用系统进行气密性试验，使用 U 形压力表检测以不漏气为准。另外，要通过检漏仪对周围环境进行检测，确认相关单元、相邻用户无漏气源为止。

（2）燃气设施定期安全检查的目的和内容

1）目的和意义

① 提高用户燃气系统的安全性。

燃气供应企业应建立一个标准化及优质的定期安检服务制度与模式，借此降低用户燃气系统的潜在风险，提高燃气使用的安全性。

② 定期安全检查能减少被动维修量与事故发生率。

通过城镇燃气经营企业的主动检查，能及时发现用户燃气设施存在的问题和隐患，并予以及时消除，也可以提前预判设施的老化程度并作重点跟踪，从而有效减少设施与燃气用具的被动维修量，也降低了事故发生概率与频次。

③ 指导用户安全、节约用气，减少失误操作，纠正用户错误安装及使用燃气具。

通过定期安全检查，指导用户安全、节约用气，可现场讲解与演示正确使用燃气，纠正用户错误的使用习惯，如用气后不关闭灶前阀或表前阀，不注意通风等。对用户燃气具与气源种类不符，超年限使用燃气具，安装环境、连接管道不符合要求等现象，通过安全检查及时发现并纠正。

④ 纠正用户违法违规行为。

通过定期安全检查，可以发现用户违法、违章使用燃气情况，可以及时予以整改，从而推进用户合法、合理、正确使用燃气并保护好燃气设施。

⑤ 履行企业安全责任，向用户传达优质服务的理念。

⑥ 通过定期安全检查还可以复核用户用气情况、完善用户信息档案管理等，为燃气经营企业提升管理和服务提供数据信息。

2）检查内容的法规依据

《城镇燃气管理条例》第十七条，燃气经营者应当向燃气用户持续、稳定、安全供应符合国家质量标准的燃气，指导燃气用户安全用气、节约用气，并对燃气设施定期进行安全检查。第二十七条，燃气用户应当遵守安全用气规则，使用合格的燃气燃烧器具和气瓶，及时更换国家明令淘汰或者使用年限已届满的燃气燃烧器具、连接管等，并按照约定期限支付燃气费用。单位燃气用户还应当建立健全安全管理制度，加强对操作维护人员燃气安全知识和操作技能的培训。第二十八条，燃气用户及相关单位和个人不得有下列行为：（一）擅自操作公用燃气阀门；（二）将燃气管道作为负重支架或者接地引线；（三）安装、使用不符合气源要求的燃气燃烧器具；（四）擅自安装、改装、拆除户内燃气设施和燃气计量装置；（五）在不具备安全条件的场所使用、储存燃气；（六）盗用燃气；（七）改变燃气用途或者转供燃气。

《城镇燃气设施运行、维护和抢修安全技术规程》CJJ 51—2016第4.7.1条规定，对商业用户、工业用户、采暖及制冷用户每年检查不得少于1次；对居民用户每2年检查不得少于1次。

《家用燃气燃烧器具安装及验收规程》CJJ 12—2013对已有效使用燃气1年以上的所有燃气居民用户，按照当地燃气管理条例或管理规定的要求，进户检查。

3）室内安全检查的具体内容

① 建筑燃气公共配气管（立管）检查；

② 户内管检查；

③ 连接软管检查；

④ 燃气表检查；

⑤ 燃气灶具检查；

⑥ 燃气热水器／燃气采暖炉等用气设备检查；

⑦ 使用场所及房间通风情况检查；

⑧ 安全设施保护措施检查。

2. 用户设施隐患排查与处理

（1）《城镇燃气管理条例》第四十一条：燃气经营企业应当建立健全燃气安全评估和风险管理体系，发现燃气安全事故隐患的，应当及时采取措施消除隐患。

（2）安全隐患分级与处理原则

1）一级隐患。非常严重的安全隐患，具有实时危险必须马上做出整改或必要时切断燃气供应措施，同时报送燃气主管部门备案。

2）二级隐患。严重安全隐患，具有可预见的危险，须现场给客户建议，如未能及时整改，应联系用户跟进，直至改善。

3）三级隐患。一般安全隐患，须向客户提出改善建议，并日后跟进。

4）不安全燃气具。指客户使用的燃气具超年限，无熄火保护装置等工况不良的所有燃气设备。应出具安检隐患通知单，建议用户更换。

5）不安全连接管。指用户私自安装的非专用燃气管或安装方式不正确的管道。须向客户开具隐患整改单，限期整改，同时将隐患信息上报燃气主管部门。

（3）隐患排查处理

1）对违章行为的用户，检查人员视情况的严重度进行整改建议，情节严重的应及时整改；不能现场整改的，向用户解释违章及引起不安全的情况及应采取的措施，并在醒目位置粘贴"严禁使用"标识，向客户下达《安全隐患整改通知单》，联系整改时间；需用户自行整改的，应向用户说明整改的正确途径。

2）严重腐蚀和漏气处理，所有的严重腐蚀、漏气隐患须现场及时处理。

3）用户盗气行为的处理，首先应核实取证和做好记录，有条件的应制止、纠正盗气行为，拆卸盗气设施，并拍照留证，追究相关法律责任。

4）到访不遇的处理，应在用户进门处悬挂《到访不遇通知单》，通知上应有到访时间、用户服务热线电话，以便用户预约。

5）空房户、长期无人户、间歇住户的隐患处理，应制定监控计划，定期采取措施对其住处进行泄漏探测，包括立管气密性测试、门缝处用检测仪测漏、遥测甲烷测试仪和无人机探测等手段。

6）用户拒绝整改的处理，现场发隐患整改通知单，1个月后发挂号信通知整改，1个月内连续3次挂号信通知整改遇到拒绝，并同时将隐患信息报送燃气主管部门备案，进行切断燃气供应。

（4）建立隐患排查档案，分类存放已整改的隐患，对未整改的隐患制定跟进整改计划，定期联系用户跟进。

（5）隐患整改常用办法

1）政策方面，做好宣传工作，利用媒体、电视和报纸等公共渠道或在小区组织相关活动，并寻求政府相关部门支持。建立一整套隐患整改的服务体系，如收费方式、配件材料等。

2）对严重漏气及其他威胁到公众安全的高风险状况，立即停止供气，如遇客户无理阻挠可启动政府应急系统联动应对。

3）向客户告知相关隐患整改建议，针对严重隐患客户未在规定的时限内整改的，可采取停气处理措施。

4）在处理安全隐患整改处置时，应对用户加强正确安全用气信息宣传。

3. 燃气器具的销售与售后服务

（1）燃气器具生产单位实行生产许可证制度，必须取得管理部门颁发的《生产许可证》，其产品受颁证机关监督。

（2）从2008年6月1日起，低于3级能效等级的燃气热水器将不能生产、销售和进口，应重视节能与环保，推广1级能效燃气器具。

（3）经批准销售的燃气器具，其销售单位应在当地设立维修站点，也可以委托当地燃气经营单位代销代修，并负责提供修理所需要的燃气器具零配件，从事燃气器具安装、维修人员应进行考核，取得政府相关部门认可发证。

（4）建立产品服务制度，设定不低于一年的保修期。从事生产、经营燃气燃烧器具的企业应当在销售地设立或委托设立维修点，向用户提供服务。售后服务点应当有健全的管理制度和规范化服务标准，建立用户服务档案。向用户提供安装、维修完毕后应有合格证书，以便再次维修时查验。

（5）燃气经营企业接到用户燃气器具报修后，应即时安排上门维修，或在 24 小时内和用户预约上门维修。燃气器具安装、维修后应按规定（公司公示）向用户收取费用，并应承担指导燃气用户安全用气。

4. 用户设施的事故处理

（1）进入室内维修作业的规定。进入室内作业应首先检查有无燃气泄漏，当发现燃气泄漏时，应开窗通风、切断气源、消除火源、在安全的地方切断电源、严禁在现场拨打电话，在确认可燃气体浓度低于爆炸下限 20% 时，方可进行检修作业。燃气设施和器具的检修工作，必须由相应资质的单位及专业人员进行。当事故原因未查清或隐患未消除时不得撤离现场，应采取安全措施，直至查清事故原因并消除隐患为止。

（2）建立抢修队伍，实行每日 24h 值班制度，发现燃气事故应在规定时间内到达现场，有组织队伍抢修能力。

（3）接到报修应记录清晰，包括报修人电话、姓名、地址、单位、事故发生的部位或故障情况，商定维修时间；对突发性事件或紧急事件必须及时处理；处理完成后应填写工作记录单，双方签字确认。

（4）维修人员到达事故现场，一定要配齐工具，带足材料，严格执行操作规程和技术规程，迅速果断地处理事故，不留隐患。

（5）燃气事故应及时上报，报告内容包括事故发生时间、地址、伤亡人员、经济损失等情况，以及燃气事故初步原因和经过。

# 9.5 服务窗口要求

燃气经营企业服务窗口的场所和设施应满足用户服务需求，服务设施应齐全、完好，保持整洁；不应设置与服务无关的物品。公示服务营业时间，并在营业时间内用户未办理完事项前，不应终止服务；面对用户的服务窗口场所入口处应设置明显标识牌，设置无障碍通道，并保持畅通，受理业务的柜台高度不应超过 1.4m，采用间隔玻璃式柜台的，应配有扩音器，有公示栏、安全标识、服务电话、时钟、日历牌，有供用户休息的座位和业务办理需要的办公设备等与服务相适应的其他服务设施。电子服务平台等服务窗口应使用得到相同的服务质量；服务窗口公示的内容应利于用户有效地得到服务，包括办理业务的项目、流程、程序、条件、时限、收费标准、收费依据、免费服务项目和应提交相应的资料，有服务规范、服务承诺、服务问责、服务投诉和处理等制度，有用气条件、供气质量的主要参数、燃气销售及相关零配件价格，有安全用气知识、报装指南和节约用气知识，有服务人员岗位工号、服务电话和监督电话以及营业站的地址、营业时间的公示。

　　另外用户服务热线已成为燃气经营企业用户服务最快捷的名片及窗口，它在提高用户满意度的同时，也有效提升了企业生产安全管理水平。

　　用户服务热线系统建设应适应城镇燃气经营企业的供气规模和发展需要，接待人员不仅要接受用户诉求，而且还要提供全面的以燃气为载体的所有服务，要让用户得到及时、方便、全面的服务。用户服务热线系统应建立与其他信息系统（如：地理信息系统、用户管理系统）的数据接口、并及时进行数据交换。用户服务热线系统架构一般由四个部分组成：用户端、呼叫中心、座机端、中心数据库。热线设有统一服务电话，通过人工、自动语音、短信、传真、E-mail 等方式为燃气用户提供 24h 不间断的服务。

# 9.6　燃气用户的安全宣传

　　（1）指导用户安全、节约、科学用气。燃气经营企业应加强内部人员的安全教育培训工作，全面提升工作人员的综合素质和业务能力，以满足指导用户安全用气的需要。在此基础上，燃气企业应在市场开发、工程建设、点火通气、安全运营、安全宣传等各个环节指导用户安全使用燃气。

　　（2）安全用气宣传可通过两种渠道：① 政府和社会层面的宣传教育工作，通过街道、社区宣传培训，通过各种媒体来警示用户，通过教育机构配合在中小学开展燃气安全知识教育等公众服务平台；② 企业与用户面对面接触渠道全面宣传，在开户时让用户明确用气条件，签订供用气合同，发放宣传资料；上门服务中针对性宣传和计划性宣传结合。

　　（3）燃气经营企业应向用户发放《燃气安全使用手册》《报装指南》等用户宣传资料，宣传资料内容包括：① 安全使用燃气的基本知识；② 正确使用燃气器具的方法；③ 安装维修、抢修、抢险、安检和维护等业务的联系电话；④ 防范和处置燃气事故的措施；⑤ 保护燃气设施的义务；⑥ 燃气经营企业须制定安全宣传计划，包括组织人员、设计地点、宣传经费、宣传内容。

# 9.7　服务创新与时俱进

　　（1）以"互联网＋"推动服务管理创新，实现燃气经营企业可持续发展。运用新科技建立智能化管理平台，增加燃气企业与用户的沟通，提高工作效率。加强燃气管网的监管，提升应急事故处置能力。

　　（2）互联网＋服务技术创新，燃气远程智能表运用，减少了入户抄表扰民，同时提升了燃气公司抄表效率。新材料、新工艺使用，增加管道安装的安全指数，同时符合居民生活用户需求，体现燃气经营企业的专业、美观、人性化的服务要求。

　　（3）入社区与客户的零距离接触。建立社区服务中心，面对面将燃气业务带给每个用户，拉近双方的距离，维护客户关系的有力保障。

　　（4）始终坚持以"客户"为中心的服务理念，从客户角度出发推出延伸服务，如用户燃气安全检查的个性化需求。

# 9.8 企业服务体系建设、服务质量保障及评价

1. 服务类型多样化

燃气经营企业根据其供气规模、用户数量建立相适应、可持续改进的服务规范体系，设立不同的服务类型，并落实相关要求。具体参照《燃气服务导则》GB/T 28885。

（1）在接待服务中，应主动接待、热情服务。

（2）在上门服务中，规定服务人员从入门至离开有全过程的行为要求。

（3）在管道燃气供气服务中，公示办事流程、办结时限、办理部门和地点，提供多种方式接受用户申请等服务要求。

（4）信息服务中要求建立信息系统，满足用户查询、咨询、预约、投诉、缴费等业务的需求。

（5）瓶装燃气供应服务中应设立瓶装燃气供应站，向用户提供符合国家规定并经法定检测机构检测合格的燃气气瓶等服务要求，同时也规定了送气人员相关服务要求。

（6）车用燃气供应服务中不应拒绝向符合规定的燃气汽车充装车用燃气等服务要求。

2. 提高服务质量

服务质量是指服务能够满足规定和潜在需求的特征和特性的总和，是企业为使目标顾客满意而提供的最低服务水平，也是企业保持这一预订服务水平的连贯性程度。服务质量的提高需要内部形成有效管理和支持系统。

（1）服务水平是基础。好的服务质量不一定是最高水平，管理人员首先要识别公司所要追求的服务水平。当一项服务满足其目标顾客的期望时，服务质量就可认为是达到了优良水平。

（2）目标顾客是重心。目标顾客是指那些由于他们的期望或需要而要求得到一定水平服务的人。随着经济的发展和市场的日益成熟，市场的划分越来越细，导致每项服务都要面对不同的需求。企业应当根据每一项产品和服务选择不同的目标顾客。

（3）服务连贯性是保障。连贯性是服务质量的基本要求之一，它要求服务提供者在任何时候、任何地方都保持同样的优良服务水平。服务标准的执行是最难管理的服务质量问题之一。对于一个企业而言，服务的分销网络越分散，中间环节越多，保持服务水平的一致性就越难。服务质量越依赖于员工的行为，服务水平不一致的可能性就越大。

3. 建立服务质量评价

（1）燃气服务质量的评价应实行企业自我评价和社会评价结合的方式。

（2）燃气经营企业应根据标准建立以用户对服务满意度为基础的服务质量自我评价体系。宜按照《质量管理体系 要求》GB/T 19001 的规定实施。

（3）社会评价的内容

按照有关标准定期开展用户满意度测评，地方人民政府管理部门、协会、社会评价机构以及消费者组织等对服务质量进行的评价，利用媒体公布燃气服务质量评价结果。评价数据可由以下渠道获得：市民信访、投诉，社会评价、调查机构对燃气服务进行定期评价，燃气用户调查、专项服务项目咨询、社会征求意见、专家评议等以及对企业服务窗口和专题用户的调查。

（4）评价参考指标的内容

1）共性指标

服务电话及时接通率 80%，服务窗口服务用户平均等待时间不应超过 15min，投诉处理及时率大于或等于 99%，投诉办结率为 100%。

2）对管道燃气经营企业的服务质量评价

燃气燃烧器具前压力合格率应大于或等于 99%，管道设施抢修响应率为 100%，管道设施抢修及时率不应低于 99%，对用户设施报修处理响应率 100%，报修处理及时率不应低于 98%。

3）对瓶装燃气经营企业服务质量评价

实瓶出站无泄露，合格率应 100%。液化石油气实瓶（重瓶）充装合格率应大于或等于 98%。对用户设施报修处理响应率应 100%。对用户设施报修处理及时率不应低于 98%。

4）对汽车加气经营企业的服务质量评价

汽车加气经营企业的实瓶出站无泄露合格率应 100%。

4. 投诉处理机制

投诉处理：燃气经营企业应有投诉处理的接待人员。建立投诉处理的全程记录。接到用户的投诉应在 5 个工作日内处置并答复；因非本企业原因无法处理的，应向投诉人做出解释。对重复投诉人，应告知投诉事项的解决办法及联系方式。对处理期限内不能解决的投诉，应向用户说明原因，并确定解决时间。投诉处理应根据调查结果和处理依据，选择合适的处理方式。应依法对投诉人的个人信息保密。

# 10 人　员

## 10.1　燃气从业人员概况

（1）企业主要负责人，是指企业法人代表（董事长）、企业总经理（总裁）。

（2）安全生产管理人员，是指企业负责安全运行副总经理（副总裁），企业生产、安全管理部门的负责人，企业生产和销售分支机构的负责人以及企业专职安全员。

（3）运行、维护和抢修人员，是指负责燃气设施设备运行、维护和事故抢险抢修的操作人员，包括但不仅限于燃气输配场站工、液化石油气库站工、压缩天然气场站工、液化天然气储运工、汽车加气站操作工、燃气管网工、燃气用户检修工，以及燃气燃烧器具安装、维修员、燃气营销人员等省级人民政府根据实际情况确定的人员。

## 10.2　燃气从业人员职业道德标准

（1）熟悉相关法律、法规，热爱公司，以公司为荣，自觉维护公司利益和形象，杜绝有损公司利益和形象的言行。

（2）爱岗敬业，诚信服务，熟悉业务，掌握技能，服务客户，奉献社会。

（3）团结友爱，互相尊重，互相支持，互谅互让；不讲不利于团结的话，不做不利于团结的事。

（4）秉公办事，不牟私利，不借工作之便吃、拿、卡、要，不刁难客户，谢绝客户小费或其他馈赠。

（5）恪尽职守，廉洁奉公，不从事影响本职工作的兼职，不私揽业务，不泄露公司商业秘密，不散布有悖于公司规定的言论。

## 10.3　燃气从业人员的工作要求

（1）岗位基本素质特征：身体健康，口齿清楚，动作协调、灵活、方向、方位感良好；具有职业道德、责任心、稳定性、协作性、服从性、敏锐性；具有一定的学习能力、计算能力、画图识图能力、沟通协调能力、分析和判断能力。

（2）岗位文化基础，具有高中及以上文化基础。

（3）熟悉业务和岗位职责，掌握工作程序和服务方法，遵守职业道德和服务礼仪标准。

（4）岗位应知应会：

1）了解国家、省、市有关燃气管理的法律、法规，会运用法律法规维护正当权益，纠正、制止违规行为；

2）了解国家有关贸易计量的法律、法规，守法守规，遵守职业道德操守，主动进行自我约束，维护用户、企业权益，不参与、不实施违法违规行为；

3）了解城镇燃气设计规范，熟悉户内燃气管道、管件、设备安装工艺、施工及验收规范，会按工艺、规范安装，会按规范试验、检验；

4）熟悉燃气的物理、化学性质及安全知识，掌握各种安全消防技术和排险技能，并能熟练使用消防器材；

5）熟悉管道位置、标识，了解管道、管件的材质、规格型号，会检查，会维修；

6）熟悉燃气设备和品牌、规格型号、工艺参数、运行工况，做到"四懂"（即懂结构、懂原理、懂性能、懂用途）和"三会"（即会操作、会维护保养、会排除故障）；

7）了解常见燃气具的类型，熟悉安装、使用常识、规范，会检查；对煤气灶具会操作，会调试；

8）熟悉各类操作规程、作业指导书；熟悉应急预案及处置流程，会排险、抢险、抢修；

9）熟悉常用备品备料的材质、规格型号，会分类存放；保持备品备料充足、完整、有效；

10）熟悉服务对象所属地的道路、交通、方位情况，尽量做到紧急情况下以最优的路线第一时间到达现场；

11）了解制图的基本方法，知晓符号、标志的基本含义，会识图、画图；

12）熟悉收费标准，会填写、开具工单、表单、票据。

# 10.4 燃气从业人员职业技能标准

（1）岗位定义

燃气用户检修工：是指使用专用工具、设备进行燃气用户管道设施、燃气燃烧器具及附属设施的安装、调试、维护和修理的人员。

燃气管网工：是指使用专用工具、设备进行燃气管网敷设或场所内管道及附属设施的安装、巡检、保养、试验检验、维护、抢修抢险的人员。

液化天然气储运工、液化石油气库站工、压缩天然气场站工、燃气输配场站工：是指使用专用工具、设备进行场站内运行设备设施巡检、操作、维护、保养与维修，燃气的装卸、储存，燃气温度、压力、流量、流速、液位等运行参数的监控、调节与记录的人员。

汽车加气站操作工：是从事汽车所需类别燃气的充装、加气机维护保养、汽车槽车装卸车操作，保障车辆进出站、充装前后安全，充装计量合格的操作类服务人员。

（2）职业等级

初级（国家职业资格五级）、中级（国家职业资格四级）、高级（国家职业资格三级）、技师（国家职业资格二级）。

（3）职业能力特征

有较强的逻辑思维和分析、判断能力，空间感强，手指、手臂、四肢灵活，动作协调性好。

（4）培训要求

全日制职业学校教育，根据其培养目标和教学计划确定。晋级培训期限：初级不少于280学时，中级不少于210学时，高级不少于200学时，技师不少于280学时。

（5）鉴定方式

分为理论知识考试和技能操作考核。理论知识考试采用闭卷笔试等方式，技能操作考核采用现场实际操作等方式。理论知识考试和技能操作考核实行百分制，成绩皆达60分及以上者为合格，技师还须进行综合评审。

（6）鉴定时间

理论知识考试时间不少于90min，技能操作考核时间不少于60min，综合评审时间不少于20min。

（7）技能要求

燃气用户检修工：熟悉燃气燃烧器具与维护，燃气用户管道安装和用户设施运行维护，掌握燃气事故应急救援基本知识，了解户内维修作业指导书。

燃气管网工：熟悉燃气输配系统知识，掌握燃气管道安装技术和验收要求，能正确处理管网巡查和设备维护，掌握燃气事故应急救援基本知识，了解管网运行管理作业的相关指导规程，熟悉PE焊机操作、电弧焊机、发电机、空气压缩机、切管机等设备的操作规程。

液化石油气库站工：掌握液化石油气库站供应、运输和装卸系统和储罐工艺，熟悉液化石油气库站运行维护和安全管理，掌握燃气事故应急救援基本知识，了解液化气站倒瓶换气、钢瓶入站、空瓶出站等工作的作业规程。

液化天然气储运工：熟悉液化天然气场站工艺和设备操作流程，掌握液化天然气场站运行安全管理，掌握场站内装卸车、调压、供气的作业规程，掌握燃气事故应急救援基本知识，熟悉液化天然气站设备故障处理。

压缩天然气场站工：熟悉压缩天然气场站工艺；掌握压缩天然气脱水脱硫、冷却、储存等设备操作；了解压缩天然气场站安全管理；熟悉CNG场站运行作业流程，包括调压、加臭、供气等作业；熟悉CNG场站应急救援基本知识。

燃气输配场站工：熟悉燃气输配场站，包括门站、储配站、调压站的运行维护和安全生产；了解输配场站燃气经营与安全管理；熟悉燃气事故应急救援基本知识；掌握调压、加臭、计量器具等设施运行维护作业规程；掌握场站设备故障应急处理作业指导书。

汽车加气站操作工：熟悉汽车加气站分类，包括LNG、CNG、LPG汽车加气；掌握加气站供应系统、运输与装卸系统；熟悉燃气事故应急救援基本知识；掌握汽车加气运行安全管理。

# 10.5　燃气从业人员权力保障

燃气从业人员有知情权、建议权、批评权和检举、控告权、拒绝权、紧急避险权、要求工伤保险待遇和民事赔偿的权利、获得各项安全生产保护条件和保护待遇的权利、获得安全生产教育和培训的权利，燃气经营企业应根据《安全生产法》及《职业健康安全管理体系》（OHSMS）赋予燃气从业人员以下权力。

（1）知情权：即从业人员有了解其作业场所和工作岗位存在的危险因素、防范的措施和事故应急措施的权利。知情权保障从业人员知晓并掌握有关安全知识和处理办法，从而可以消除许多不安全因素和事故隐患，避免事故发生或者减少人员伤亡。

（2）建议权：即从业人员有对本单位的安全生产工作提出建议的权利。建议权保障从业人员作为安全生产的基本要素发挥积极的作用，做到安全生产，人人有责。

（3）批评权和检举、控告权：即从业人员有对本单位安全生产管理工作中存在的问题提出批评、检举、控告的权利。

（4）拒绝权：即从业人员有拒绝违章作业指挥和强令冒险作业的权利。违章指挥、强令冒险作业是对从业人员生命安全和身体健康的极大威胁，法律赋予从业人员这项权利使其能够能与生产经营单位的违法行为抗衡，保护自身利益。

（5）紧急避险权：即从业人员发现直接危及人身安全的紧急情况时，可以采取紧急避险措施的权利，可以停止作业或者在采取可能的应急措施后撤离作业场所。紧急避险权体现了法律以人为本的精神。

（6）要求工伤保险待遇和民事赔偿的权利：即从业人员因生产安全事故受到损害时，除依法享受工伤社会保险待遇外，依照有关民事法律尚有获得赔偿的权利的，有向本单位提出赔偿要求的权利。

（7）获得各项安全生产保护条件和保护待遇的权利：即从业人员有获得安全生产卫生条件的权利，有获得符合国家标准或者行业标准劳动防护用品的权利；有获得定期健康检查的权利等。

（8）获得安全生产教育和培训的权利：即从业人员获得本职工作所需的安全生产知识，安全生产教育和培训的权利。使从业人员提高安全生产技能，增强事故预防和应急处理能力。

# 10.6　从业人员的教育培训

从业人员的教育培训是提升技能、修养品德，满足客户日益增强的服务需求的能力，包括安全与品行教育。安全教育是提高员工安全生产素质的一项重要手段，只有全体员工安全素质的提高，才能形成企业良好的安全生产环境。根据国家有关法规要求，企业必须开展安全教育、普及安全知识、倡导安全文化，建立健全安全教育制度。品行教育是基础，塑造个人服务态度和理念，对客户真实表达的道德行为，从而树立企业形象。

1. 安全教育基本要求

（1）危险物品的生产、经营、储存单位以及矿山、烟花爆竹、建筑施工单位的主要负责人和安全生产管理人员必须进行安全资格培训，经安全生产监督管理部门或法律法规规定的有关主管部门考核合格并取得安全资格证书后方可任职。

（2）其他单位主要负责人和安全生产管理人员必须按照国家有关规定进行安全生产培训，经培训单位考核合格并取得安全培训合格证后方可任职。

（3）所有单位主要负责人每年应进行安全生产再培训。

（4）危险物品的生产、经营、储存单位以及矿山、烟花爆竹、建筑施工单位主要负责人和安全生产管理人员安全资格培训时间不得少于 48 学时，每年再培训时间不得少于 16 学时；其他单位主要负责人安全生产管理培训时间不得少于 32 学时，每年再培训时间不得少于 12 学时。

2. 对特种作业人员的教育培训

（1）特种作业的范围：特种作业的范围包括电工作业、金属焊接、切割作业、起重机械（含电梯）作业、企业内机动车辆驾驶、登高架设作业、锅炉作业、压力容器作业、制冷作业、爆破作业、矿山通风作业、矿山排水作业、矿山安全检查作业、矿山提升运输作业、采掘作业、矿山救护作业、危险物品作业、经国家安全生产监督管理总局批准的其他作业。

（2）对特种作业人员的培训、考核和取证要求：特种作业人员上岗前，必须进行专门的安全技术和操作技能的培训和考核，并经培训考核合格，取得《特种作业人员操作证》后方可上岗。特种作业人员的培训实行全国统一培训大纲、统一考核标准、统一证件的制度。特种作业人员安全技术考核包括安全技术理论考试与实际操作技能考核两部分，以实际操作技能考核为主。

（3）特种作业人员重新考核和证件复审要求：离开特种作业岗位达 6 个月以上的特种作业人员，应当重新进行实际操作考核，经确认合格后方可上岗作业。取得《特种作业人员操作证》者，每两年进行 1 次复审。连续从事本工种 10 年以上的，经用人单位进行知识更新教育后，每 4 年复审 1 次。复审的内容包括健康检查、违章记录、安全新知识、事故案例教育、本工种安全知识考试。未按期复审或复审不合格者，其操作证自行失效。

3. 对生产单位其他从业人员的教育培训

（1）生产经营单位其他从业人员是指除主要负责人和安全生产管理人员以外，该单位从事生产经营活动的所有人员，包括其他负责人、管理人员、技术人员和各岗位的工作人员，以及临时聘用的人员。

（2）新从业人员应进行厂（矿）、车间（工段、区、队）、班组三级安全教育。新从业人员安全生产教育时间不得少于 24 学时。煤矿、非煤矿山、危险化学品、烟花爆竹等生产经营单位新上岗的从业人员安全培训时间不得少于 72 学时，每年接受再培训时间不得少于 20 学时。

（3）调整工作岗位或离岗一年以上重新上岗的从业人员，应进行相应的车间（部门）级安全生产教育培训。

（4）企业实施新工艺、新技术或使用新设备、新材料时，应对从业人员进行针对性的安全生产教育培训。生产经营单位要确立终身教育观念和全员培训的目标，对在岗的从业人员应进行经常性的安全生产教育培训。

4. 安全教育的内容

（1）管理人员的安全教育培训内容是：国家和企业有关职业安全卫生的方针、政策、法律、法规、制度和标准；安全管理、安全技术、职业卫生和安全文化等知识；易发事故的基本知识；有关事故案例及事故应急管理等。

（2）生产岗位员工安全教育内容是：国家和企业有关职业安全卫生的方针、政策、法律、法规、制度和标准；安全技术、职业卫生和安全文化等知识；本班组和有关岗位的危险因素、安全注意事项、本岗位安全生产职责；典型事故案例及事故应急处理措施等。所有新员工（包括学徒工、外单位调入员工、合同工、代培人员和大中专院毕业生、技术岗位的季节性临时工等）上岗前应接受三级安全教育，考试合格后方可上岗。

1）一级安全教育时间不少于 24 学时，主要内容是：国家和集团公司有关安全生产和职业安全卫生法律、法规；通用安全技术、职业卫生基本知识，本单位安全生产的一般状况、性质、特点和特殊危险部位的介绍；集团公司、直属企业和本单位安全生产规章制度和五项纪律（劳动、操作、工艺、施工和工作纪律）；典型事故案例及其教训，事故预防基本知识。

2）二级安全教育时间不少于 24 学时，主要内容是：本单位的生产概况，安全卫生状况；本单位主要危险因素，安全技术操作规程和安全生产规章制度；安全设施、个人防护用品、急救器材性能和使用方法，预防工伤事故和职业病的主要措施等；典型事故案例及事故应急处理措施。

3）三级安全教育时间不少于 8 学时，主要内容是：岗位生产工艺流程、工作特点和安全注意事项；岗位职责范围，应知应会；岗位安全技术操作规程，岗位间衔接配合的安全注意事项；岗位事故预防措施，安全防护设施、个人防护用品的性能、作用和使用操作方法。

员工调动、转岗、下岗再就业、脱岗 6 个月以上者，应进行二、三级安全教育，经考试合格后，方可从事新岗位工作。

（3）其他人员的安全教育内容是：特种作业人员应按国家有关要求进行专业性安全技术培训，经考试合格，取得特种作业操作证后上岗，并定期参加复审。非技术岗位且风险小的季节性临时工的安全教育时间不应少于 8 学时，内容为生产工艺特点、入厂须知、所从事工作的性质、安全注意事项和事故教训、有关的安全规章制度等。外来检查人员的安全教育，按相关安全管理规定执行。参观人员的安全教育，由接待部门负责，内容为本企业的有关安全规定及安全注意事项。

5. 日常安全教育

除了定期开展的安全教育培训以外，还要经常组织以班组为单位的安全教育。学习国家和政府颁发的有关安全生产法令和法规；学习有关安全生产文件、安全通报、安全技术规程、安全管理制度及安全技术知识；结合集团公司安全备忘录、工具箱会议和安全信息，讨论分析典型事故，总结和吸取事故教训；开展防火、防爆、防中毒及自我保护能力的训练，以及异常情况紧急处理的演练；开展岗位安全技术练兵、比武活动；开展查隐患、纠违章活动；开展安全技术座谈，观看安全教育电影和录像等其他活动。

6. 从业人员服务理念、行为道德教育

子曰"不学礼，无以立"。优质服务就是建立给客户的第一好印象，从身体语言、语气、笑容和专业整洁的形象开展对员工的教育。某燃气公司实行的"三宜、三求、三礼"活动是从业人员道德教育良好典范。"三宜"：宜惯、宜行、宜通；"三求"：求变、求精、求通；"三礼"：礼貌、礼让、礼仪。"三宜、三求"是强调的流程和工艺上的提升，"三礼"是对人的品质、品味和品德的提升。

7. 安全教育的方式

企业安全教育的方式方法多种多样，宣传海报、安全科教电影、电视以及幻灯片，报告、讲课以及座谈，开展安全竞赛及安全生产日活动、安全教育展览及资料图；另外可实地参观、现场教育、介绍案例事故、安全会议、班前班后会议、工具箱会议和简报等。

# 第3篇

# 城镇燃气标准规范

（强制性条文及其他燃气安全相关条文节选）

# 11 《燃气工程项目规范》基本概况

## 11.1 《燃气工程项目规范》编制背景

为适应国际技术法规与技术标准通行规则，2016年以来，住房和城乡建设部陆续印发《深化工程建设标准化工作改革的意见》等文件，提出政府制定强制性标准、社会团体制定自愿采用性标准的长远目标，明确了逐步用全文强制性工程建设规范取代现行标准中分散的强制性条文的改革任务，逐步形成由法律、行政法规、部门规章中的技术性规定与全文强制性工程建设规范构成的"技术法规"体系。

强制性工程建设规范体系覆盖工程建设领域各类建设工程项目，分为工程项目类规范（简称项目规范）和通用技术类规范（简称通用规范）两种类型。项目规范以工程建设项目整体为对象，以项目的规模、布局、功能、性能和关键技术措施等五大要素为主要内容。通用规范以实现工程建设项目功能性能要求的各专业通用技术为对象，以勘察、设计、施工、维修、养护等通用技术要求为主要内容。在全文强制性工程建设规范体系中，项目规范为主干，通用规范是对各类项目共性的、通用的专业性关键技术措施的规定。

强制性工程建设规范实施后，现行相关工程建设国家标准、行业标准中的强制性条文同时废止。现行工程建设地方标准中的强制性条文应及时修订，且不得低于强制性工程建设规范的规定。现行工程建设标准（包括强制性标准和推荐性标准）中有关规定与强制性工程建设规范的规定不一致的，以强制性工程建设规范的规定为准。

## 11.2 《燃气工程项目规范》的适用范围和主要内容

### 11.2.1 适用范围

《燃气工程项目规范》GB 55009—2021适用于城市、乡镇、农村的燃气工程项目，为强制性工程建设规范，但不适用于下列工程项目：

1. 城镇燃气门站以前的长距离输气管道工程项目。
2. 工业企业内部生产用燃气工程项目。
3. 沼气、秸秆气的生产和利用工程项目。
4. 海洋和内河轮船、铁路车辆、汽车等运输工具上的燃气应用项目。

### 11.2.2 主要内容

《燃气工程项目规范》GB 55009—2021的主要内容包括：

1. 燃气工程项目建设、运行、维护、拆除等全生命期所遵循的基本要求。
2. 保证燃气工程安全建设和稳定运行所涉及的燃气气质、燃气厂站、管道和调压设施及燃具和用气设备所必须遵守的功能、性能要求。

3. 实现燃气工程供气连续稳定所必须采取的基本技术措施。

规范从总则、基本规定、燃气质量、燃气厂站、管道和调压设施以及燃具和用气设备6个章节对以上内容作出了要求。燃气工程项目的建设和运行、维护根据此规范严格执行。

## 11.3　强制性条文按《燃气工程项目规范》执行的标准列表

《燃气工程项目规范》GB 55009—2021 实施后，以下标准规范中的强制性条文废止，并依据本规范执行：

1.《城镇燃气设计规范（2020 年版）》GB 50028—2006。

2.《压缩天然气供应站设计规范》GB 51102—2016。

3.《燃气冷热电联供工程技术规范》GB 51131—2016。

4.《液化石油气供应工程设计规范》GB 51142—2015。

5.《家用燃气燃烧器具安装及验收规程》CJJ 12—2013。

6.《城镇燃气输配工程施工及验收规范》CJJ 33—2005。

7.《城镇燃气设施运行、维护和抢修安全技术规程》CJJ 51—2016。

8.《聚乙烯燃气管道工程技术标准》CJJ 63—2018。

9.《城镇燃气室内工程施工与质量验收规范》CJJ 94—2009。

10.《城镇燃气埋地钢质管道腐蚀控制技术规程》CJJ 95—2013。

11.《燃气冷热电三联供工程技术规程》CJJ 145—2010。

# 12 燃气工程设计

## 12.1 燃气质量

天然气、液化石油气和人工煤气质量，以及加臭、燃气与空气混合的相关要求详见《燃气工程项目规范》GB 55009—2021 第 3 章。

### 12.1.1 天然气

天然气质量详见《燃气工程项目规范》GB 55009—2021 中 3.0.3 的规定。

### 12.1.2 液化石油气

液化石油气质量详见《燃气工程项目规范》GB 55009—2021 中 3.0.4 的规定。

### 12.1.3 人工煤气

人工煤气质量详见《燃气工程项目规范》GB 55009—2021 中 3.0.5 的规定。

### 12.1.4 液化天然气

《液化天然气》GB/T 38753—2020

3.1 液化天然气的质量要求应符合表 1 的规定。

表 1 液化天然气质量要求

| 项目 | 贫液类 | 常规类 | 富液类 |
| --- | --- | --- | --- |
| 甲烷摩尔分输（%） | ＞ 97.5 | 86.0～97.5 | 75.0～＜ 86.0 |
| $C_4{}^+$烷烃摩尔分数（%） | ≤ 2 | | |
| 二氧化碳摩尔分数（%） | ≤ 0.01 | | |
| 氮气摩尔分数（%） | ≤ 1 | | |
| 氧气摩尔分数（%） | ≤ 0.1 | | |
| 总硫含量（以硫计）[a]（$mg/m^3$） | ≤ 20 | | |
| 硫化氢含量[a]（$mg/m^3$） | ≤ 3.5 | | |
| 高位体积发热量[a]（$MJ/m^3$） | ≥ 37.0 且＜ 38.0 | ≥ 38.0 且≤ 42.4 | ＞ 42.4 |
| a 本标准中使用的计量参比条件是 101.325kPa，20℃，燃烧参比条件是 101.325kPa，20℃ | | | |

### 12.1.5 车用液化石油气

《车用液化石油气》GB 19159—2012

3.1 产品分类

根据发动机正常运行所需的最小蒸气压和燃料使用的环境温度，将车用液化石油气划分为 -10 号、-5 号、0 号、10 号、20 号共 5 个牌号，其中：

-10 号车用液化石油气应在环境温度不低于 -10℃时使用；

-5 号车用液化石油气应在环境温度不低于 -5℃时使用；

0 号车用液化石油气应在环境温度不低于 0℃时使用；

10 号车用液化石油气应在环境温度不低于 10℃时使用；

20 号车用液化石油气应在环境温度不低于 20℃时使用；

**4.1 车用液化石油气技术要求应符合表 1 的规定。**

表 1 车用液化石油气技术要求

| 项目 | | 质量指标 | 试验方法 |
|---|---|---|---|
| 密度（15℃）（kg/m³） | | 报告 | SH/T 0221[a] |
| 马达法辛烷值 MON | 不小于 | 89.0 | 附录 A |
| 二烯烃（包括 1，3-丁二烯）摩尔分数（%） | 不大于 | 0.5 | SH/T 0614 |
| 硫化氢 | | 无 | SH/T 0125 |
| 铜片腐蚀（40℃，1h）（级） | 不大于 | 1 | SH/T 0232 |
| 总硫含量（含赋臭剂[b]）（mg/kg） | 不大于 | 50 | ASTMD 6667[c] |
| 蒸发残留物（mg/kg） | 不大于 | 60 | EN 15470 |
| C5 及以上组分质量分数（%） | 不大于 | 2.0 | SH/T 0614 |
| 蒸气压（40℃表压）（kPa） | 不大于 | 1550 | 附录 B[d] |
| 最低蒸气压（表压）为 150kPa 的温度（℃）[e] | | | |
| -10 号 | 不高于 | -10 | |
| -5 号 | 不高于 | -5 | ISO 8973 和附录 C |
| 0 号 | 不高于 | 0 | |
| 10 号 | 不高于 | 10 | |
| 20 号 | 不高于 | 20 | |
| 游离水[f] | | 通过 | EN 15469 |
| 气味 | | 体积浓度达到燃烧下限的 20% 时有明显异味 | 附录 E |

a 测定方法也包括用 ISO 8973。

b 气味检测未通过时，需要添加赋臭剂。

c 试验方法也包括用 SH/T 0222，结果有争议时，以 ASTM D6667 为仲裁方法。

d 试验方法也包括用 ISO 8973 和附录 C，结果有争议时，以附录 B 为仲裁方法。

e 在指定温度下，应采用 ISO 8973 和附录 C 来共同确定产品分级。对于生产企业内部质量控制，可以利用附录 D 提供的方法确定分级。

f 在 0℃和饱和蒸气压下，目测车用液化石油气中不含游离水。允许加入不大于 2000mg/kg 的甲醇，但不允许加入除甲醇外的防冰剂及其他非烃化合物。

### 12.1.6 车用压缩天然气

《车用压缩天然气》GB 18047—2017

**4.1 车用压缩天然气的技术指标应符合表 1 的规定。**

表 1 压缩天然气的技术指标

| 项目 | | 技术指标 |
|---|---|---|
| 高位发热量 a（MJ/m³） | ≥ | 31.4 |
| 总硫（以硫计）a（mg/m³） | ≤ | 100 |
| 硫化氢 a（mg/m³） | ≤ | 15 |
| 二氧化碳 mol：mol/% | ≤ | 3.0 |
| 氧气 mol：mol/% | ≤ | 0.5 |
| 水 a（mg/m³） | | 在汽车驾驶的特定地理区域内，在压力不大于 25MPa 和环境温度不低于 −13℃的条件下，水的质量浓度应不大于 30mᵍ/m³ |
| 水露点（℃） | | 在汽车驾驶的特定地理区域内，在压力不大于 25MPa 和环境温度低于 −13℃的条件下，水露点应比最低环境气温低 5℃ |
| a 本标准中气体体积的标准参比条件是 101.325kPa，20℃。 | | |

5 储存和使用

5.1 压缩天然气的储存容器应符合 TSGR0004 或 GB/T 19158 的有关规定。车用压缩天然气钢瓶应符合 GB/T 17258 的有关规定。

5.2 在操作压力和温度下，车用压缩天然气中不应存在液态烃。

5.3 车用压缩天然气中固体颗粒直径应小于 5μm。

5.4 车用压缩天然气应具有可以察觉的臭味。无臭味或臭味不足的天然气应加臭。加臭剂的最小量应符合当天然气泄漏到空气中，达到爆炸下限的 20% 浓度时，应能察觉。加臭剂常用具有明显臭味的化合物配制。

5.5 车用压缩天然气在使用时，应考虑其抗爆性能。附录 A 给出了天然气甲烷值的计算方法。

5.6 车用压缩天然气在使用时，应考虑其沃泊指数（华白数），同一地区的压缩天然气，其燃气类别宜应保持不变。附录 B 给出了压缩天然气的燃气类别。

6.2 正常生产时，必须每天对产品水含量进行检验，以确保压缩天然气中不存在液态水。

6.3 在下列情况下，车用压缩天然气产品应按本标准规定的技术要求进行全面检验：

（1）初次投入生产时。

（2）正常生产时，定期或积累一定产量后。

（3）工艺发生重大变化时。

（4）检验结果与上次全面检验有较大差异时。

# 12.2 燃气厂站设计强制性条文及安全相关条文

本节主要摘录除《燃气工程项目规范》GB 55009—2021 以外，涉及燃气厂站站址选择、站区布置、工艺设施、储运设施和配套工程的相关国家现行规范、标准中的部分强制性条文以及安全相关的推荐性条文。

## 12.2.1　站址选择

燃气厂站站址选择的主要强制性条文详见《燃气工程项目规范》GB 55009—2021 第4.1节相关条文。其他相关国家现行规范、标准的部分强制性条文以及安全相关的推荐性条文摘录如下：

Ⅰ　一般规定

**1.《建筑设计防火规范（2018 年版）》GB 50016—2014**

**3.4.2　甲类厂房与重要公共建筑的防火间距不应小于 50m，与明火或散发火花地点的防火间距不应小于 30m。**

**3.4.4　高层厂房与甲、乙、丙类液体储罐，可燃、助燃气体储罐，液化石油气储罐，可燃材料堆场（除煤和焦炭场外）的防火间距，应符合本规范第 4 章的规定，且不应小于 13m。**

**10.2.1　架空电力线与甲、乙类厂房（仓库），可燃材料堆垛，甲、乙、丙类液体储罐，液化石油气储罐，可燃、助燃气体储罐的最近水平距离应符合表 10.2.1 的规定。**

表 10.2.1　架空电力线与甲、乙类厂房（仓库）、可燃材料堆垛等的最近水平距离（m）

| 名称 | 架空电力线 |
| --- | --- |
| 甲、乙类厂房（仓库），可燃材料堆垛，甲、乙类液体储罐，液化石油气储罐，可燃、助燃气体储罐 | 电杆（塔）高度的 1.5 倍 |
| 直理地下的甲、乙类液体储罐和可燃气体储罐 | 电杆（塔）高度的 0.75 倍 |
| 丙类液体储罐 | 电杆（塔）高度的 1.2 倍 |
| 直埋地下的丙类液体储罐 | 电杆（塔）高度的 0.6 倍 |

**2.《工业企业总平面设计规范》GB 50187—2012**

3.0.12　厂址应位于不受洪水、潮水或内涝威胁的地带，并应符合下列规定：

**1　当厂址不可避免地位于受洪水、潮水或内涝威胁的地带时，必须采取防洪、排涝的防护措施。**

**3.0.13　山区建厂，当厂址位于山坡或山脚处时，应采取防止山洪、泥石流等自然灾害危害的加固措施，应对山坡的稳定性等作出地质灾害的危险性评估报告。**

3.0.14　下列地段和地区不应选为厂址：

**1　发震断层和抗震设防烈度为 9 度及高于 9 度的地震区。**

**2　有泥石流、流沙、严重滑坡、溶洞等直接危害的地段。**

**3　采矿塌落（错动）区地表界限内。**

**4　爆破危险区界限内。**

**5　坝或堤决溃后可能淹没的地区。**

**6　有严重放射性物质污染的影响区。**

**7　生活居住区、文教区、水源保护区、名胜古迹、风景游览区、温泉、疗养区、自然保护区和其他需要特别保护的区域。**

**8** 对飞机起落、机场通信、电视转播、雷达导航和重要的天文、气象、地震观察，以及军事设施等规定有影响的范围内。

9 很严重的自重湿陷性黄土地段，厚度大的新近堆积黄土地段和高压缩性的饱和黄土地段等地质条件恶劣地段。

10 具有开采价值的矿藏区。

**11 受海啸或湖涌危害的地区。**

**3.《农村防火规范》GB 50039—2010**

**3.0.9 既有的厂（库）房和堆场、储罐等，不满足消防安全要求的，应采取隔离、改造、搬迁或改变使用性质等防火保护措施。**

**3.0.13** 消防车道应保持畅通，供消防车通行的道路严禁设置隔离桩、栏杆等障碍设施，不得堆放土石、柴草等影响消防车通行的障碍物。

Ⅱ 液化天然气站场站址相关要求

**《石油天然气工程设计防火规范》GB 50183—2015**

**10.2.2** 站址应远离下列设施：

**1** 大型危险设施（例如，化学品、炸药生产厂及仓库等）；

**2** 大型机场（包括军用机场、空中实弹靶场等）；

**3** 与本工程无关的输送易燃气体或其他危险流体的管线；

**4** 运载危险物品的运输线路（水路、陆路和空路）。

Ⅲ 汽车加气站站址相关要求

**1.《建筑设计防火规范（2018 年版）》GB 50016—2014**

**3.4.9** 一级汽车加油站、一级汽车加气站和一级汽车加油加气合建站不应布置在城市建成区内。

**2.《汽车加油加气加氢站技术标准》GB 50156—2021**

**4.0.2** 在城市中心区不应建一级汽车加油加气加氢站、CNG 加气母站。

**4.0.12** 架空电力线路不应跨越汽车加油加气加氢站的作业区。架空通信线路不应跨越加气站、加氢合建站中加氢设施的作业区。

**4.0.13** 与汽车加油加气加氢站无关的可燃介质管道不应穿越汽车加油加气加氢站用地范围。

Ⅳ 燃气厂站与汽车库、修车库、停车场安全相关要求

**《汽车库、修车库、停车场设计防火规范》GB 50067—2014**

**4.1.3** 汽车库不应与火灾危险性为甲、乙类的厂房、仓库贴邻或组合建造。

**4.2.1** 除本规范另有规定外，汽车库、修车库、停车场之间及汽车库、修车库、停车场与除甲类物品仓库外的其他建筑物的防火间距，不应小于表 4.2.1 的规定。其中，高层汽车库与其他建筑物，汽车库、修车库与高层建筑的防火间距应按表 4.2.1 的规定值增加 **3m**；汽车库、修车库与甲类厂房的防火间距应按表 4.2.1 的规定值增加 **2m**。

表4.2.1　汽车库、修车库、停车场之间及汽车库、修车库、停车场与除甲类物品仓库外的其他建筑物的防火间距（m）

| 名称和耐火等级 | 汽车库、修车库 | | 厂房、仓库、民用建筑 | | |
|---|---|---|---|---|---|
| | 一、二级 | 三级 | 一、二级 | 三级 | 四级 |
| 一、二级汽车库、修车库 | 10 | 12 | 10 | 12 | 14 |
| 三级汽车库、修车库 | 12 | 14 | 12 | 14 | 16 |
| 停车场 | 6 | 8 | 6 | 8 | 10 |

注：1　防火间距按相邻建筑物外墙的最近距离算起，如外墙有凸出的可燃物构件时，则应从其凸出部分外缘算起，停车场从靠近建筑物的最近停车位置边缘算起。

　　2　厂房、仓库的火灾危险性分类应符合现行国家标准《建筑设计防火规范》GB 50016 的有关规定。

**4.2.4　汽车库、修车库、停车场与甲类物品仓库的防火间距不应小于表4.2.4的规定。**

表4.2.4　汽车库、修车库、停车场与甲类物品仓库的防火间距（m）

| 名称 | | 总容量（t） | 汽车库、修车库 | | 停车场 |
|---|---|---|---|---|---|
| | | | 一、二级 | 三级 | |
| 甲类物品仓库 | 3.4 项 | ≤ 5 | 15 | 20 | 15 |
| | | > 5 | 20 | 25 | 20 |
| | 1.2.5.6 项 | ≤ 10 | 12 | 15 | 12 |
| | | > 10 | 15 | 20 | 15 |

注：1　甲类物品的分项应符合现行国家标准《建筑设计防火规范》GB 50016 的有关规定。

　　2　甲、乙类物品运输车的汽车库、修车库、停车场与甲类物品仓库的防火间距应按本表的规定值增加5m。

**4.2.5　甲、乙类物品运输车的汽车库、修车库、停车场与民用建筑的防火间距不应小于25m，与重要公共建筑的防火间距不应小于50m。甲类物品运输车的汽车库、修车库、停车场与明火或散发火花地点的防火间距不应小于30m，与厂房、仓库的防火间距应按本规范表4.2.1的规定值增加2m。**

## V　燃气厂站与民用机场航站楼安全相关要求

### 《民用机场航站楼设计防火规范》GB 51236—2017

3.1.2　除加油加气站的埋地储罐外，航站楼与可燃液体和可燃、助燃气体储罐及林地的防火间距不应小于表3.1.2的规定。

表3.1.2　航站楼与可燃液体和可燃、助燃气体储罐及林地的防火间距（m）

| 液化石油气储罐 | 500.0 |
|---|---|
| 甲、乙类液体储罐和可燃、助燃气体储罐 | 300.0 |
| 丙类液体储罐 | 150.0 |
| 林地 | 300.0 |

注：1　直埋地下的甲、乙、丙类液体储罐与航站楼的防火间距可按本表规定值减少50%。

　　2　航站楼与储罐的防火间距应为储罐外壁与相邻航站楼外墙的最近水平距离。

　　3　航站楼与林地的防火间距应为林地边缘与相邻航站楼外墙的最近水平距离。

　　4　当航站楼外墙上有凸出的可燃或难燃构件时，应从其凸出部分外缘算起。

### Ⅵ 燃气厂站与小型民用爆炸物品储存库安全相关要求

**《小型民用爆炸物品储存库安全规范》GA 838—2009**

7.5 储存库距露天爆破作业点边缘的距离应按 GB 6722 的要求核定，且最低不应小于 300m。

### Ⅶ 燃气厂站与公路安全相关要求

**《公路安全保护条例》中华人民共和国国务院令第 593 号**

第十八条 除按照国家有关规定设立的为车辆补充燃料的场所、设施外，禁止在下列范围内设立生产、储存、销售易燃、易爆、剧毒、放射性等危险物品的场所、设施：

（一）公路用地外缘起向外 100m；

（二）公路渡口和中型以上公路桥梁周围 200m；

（三）公路隧道上方和洞口外 100m。

## 12.2.2 站区布置

燃气厂站工程站区布置的主要强制性条文详见《燃气工程项目规范》GB 55009—2021 第 4.1 节。其他相关规范标准摘录如下：

**1.《石油天然气工程设计防火规范》GB 50183—2015**

5.1.8 石油天然气站场内的绿化，应符合下列规定：

**4 液化石油气罐组防火堤或防护墙内严禁绿化。**

5.3.1 一、二、三级油气站场，至少应有两个通向外部道路的出入口。

**2.《汽车加油加气加氢站技术标准》GB 50156—2021**

5.0.5 加油加气加氢站作业区内，不得有"明火地点"或"散发火花地点"。

5.0.10 当汽车加油加气加氢站内设置非油品业务建筑物或设施时，不应布置在作业区内，与站内可燃液体或可燃气体设备的防火间距，应符合本标准第 4.0.4 条～第 4.0.8 条有关三类保护物的规定。当站内经营性餐饮、汽车服务、司机休息室等设施内设置明火设备时，应等同于"明火地点"或"散发火花地点"。

5.0.11 汽车加油加气加氢站内的爆炸危险区域，不应超出站区围墙和可用地界线。

**3.《建筑设计防火规范（2018 年版）》GB 50016—2014**

4.1.3 液化石油气储罐组或储罐区的四周应设置高度不小于 1.0m 的不燃性实体防护墙。

## 12.2.3 工艺设施

燃气厂站工程工艺设施的主要强制性条文详见《燃气工程项目规范》GB 55009—2021 第 4.2 节。其他相关规范标准摘录如下：

**1.《石油天然气工程设计防火规范》GB 50183—2015**

6.1.1 进出天然气站场的天然气管道应设截断阀，并应能在事故状况下易接近且便于操作。三、四级站场的截断阀应有自动切断功能。当站场内有两套及两套以上天然气处理装置时，每套装置的天然气进出口管道均应设置截断阀。进站场天然气管道上的截断阀前应设泄压放空阀。

**2.《建筑设计防火规范（2018 年版）》GB 50016—2014**

**3.6.2**　有爆炸危险的厂房或厂房内有爆炸危险的部位应设置泄压设施。

**3.6.6**　散发较空气重的可燃气体、可燃蒸气的甲类厂房和有粉尘、纤维爆炸危险的乙类厂房，应符合下列规定：

**1**　应采用不发火花的地面。采用绝缘材料作整体面层时，应采取防静电措施。

**2**　散发可燃粉尘、纤维的厂房，其内表面应平整、光滑，并易于清扫。

**3**　厂房内不宜设置地沟，确需设置时，其盖板应严密，地沟应采取防止可燃气体、可燃蒸气和粉尘、纤维在地沟积聚的有效措施，且应在与相邻厂房连通处采用防火材料密封。

**3.《汽车加油加气加氢站技术标准》GB 50156—2021**

CNG 加气站：

**8.3.1**　天然气进站管道上应设置紧急切断阀。可手动操作的紧急切断阀的位置应便于发生事故时能及时切断气源。

LNG 加气站：

**9.1.8**　LNG 储罐的仪表设置应符合下列规定：

**1**　LNG 储罐应设置液位计和高液位报警器，高液位报警器应与进液管道紧急切断阀联锁；

**2**　LNG 储罐最高液位以上部位应设置压力表；

**3**　在内罐与外罐之间应设置检测环形空间绝对压力的仪器或检测接口；

**4**　液位计、压力表应能就地指示，并应将检测信号传送至控制室集中显示。

加氢站：

**10.5.1**　加氢机应设置在室外或通风良好的箱柜内。

**13.1.6**　当采用电缆沟敷设电缆时，作业区内的电缆沟内必须充沙填实。电缆不得与氢气、油品、LPG、LNG 和 CNG 管道以及热力管道敷设在同一沟内。

**13.4.1**　加气站、加油加气合建站、加油加氢合建站内设置有 LPG 设备、LNG 设备的露天场所和设置有 CNG 设备、氢气设备与液氢设备的房间内、箱柜内、罩棚下，应设置可燃气体检测器。

**13.5.1**　汽车加油加气加氢站应设置紧急切断系统，该系统应能在事故状态下实现紧急停车和关闭紧急切断阀的保护功能。

**14.2.5**　布置有 LPG 或 LNG 设备的房间的地坪应采用不发生火花地面。

## 12.2.4　储运设施

燃气厂站工程中储罐和气瓶的主要强制性条文详见《燃气工程项目规范》GB 55009—2021 第 4.3 节。

## 12.2.5　燃气厂站配套工程

### I　自动化系统设计

**《燃气工程项目规范》GB 55009—2021**

**2.2.2**　燃气供应系统应设置信息管理系统，并应具备数据采集与监控功能。燃气自动化控制系统、基础网络设施及信息管理系统等应达到国家信息安全的要求。

## Ⅱ 防雷设计

**1.《燃气工程项目规范》GB 55009—2021**

4.1.13 燃气场站内的建（构）筑物及露天钢质燃气储罐、设备和管道应采取防雷接地措施。

**2.《石油天然气工程设计防火规范》GB 50183—2015**

9.2.2 工艺装置内露天布置的塔、容器等，当顶板厚度等于或大于 4mm 时，可不设避雷针保护，但必须设防雷接地。

9.2.3 可燃气体、油品、液化石油气、天然气凝液的钢罐，必须设防雷接地，并应符合下列规定：

1 避雷针（线）的保护范围，应包括整个储罐。

3 压力储罐、丙类油品钢制储罐不应装设避雷针（线），但必须设防感应雷接地。

**3.《汽车加油加气加氢站技术标准》GB 50156—2021**

13.2.1 钢制油罐、LPG 储罐、LNG 储罐、CNG 储气瓶（组）、储氢容器和液氢储罐必须进行防雷接地，接地点不应少于两处。CNG 和氢气的长管拖车或管束式集装箱停放场地、卸车点车辆停放场地应设两处临时用固定防雷接地装置。

## Ⅲ 静电接地设计

**1.《燃气工程项目规范》GB 55009—2021**

4.2.19 燃气厂站爆炸危险区域内，可能产生静电危害的储罐、设备和管道应采取静电导消措施。

**2.《汽车加油加气加氢站技术标准》GB 50156—2021**

13.2.4 埋地钢制油罐、埋地 LPG 储罐以及非金属油罐顶部的金属部件和罐内的各金属部件，必须与非埋地部分的工艺金属管道相互做电气连接并接地。

**3.《石油化工静电接地设计规范》SH/T 3097—2017**

5.1.2 直径大于等于 2.5m 或容积大于等于 $50m^3$ 的设备，其接地点不应少于 2 处，接地点应沿设备外围均匀布置，其间距不应大于 30m。

5.2.1 储罐内各金属构件（搅拌器、升降器、仪表管道、金属浮体等），应与罐体等电位连接并接地。

## Ⅳ 电气防爆设计

**《燃气工程项目规范》GB 55009—2021**

4.2.18 燃气厂站内设置在有爆炸危险环境的电气、仪表装置，应具有与该区域爆炸危险等级相对应的防爆性能。

## Ⅴ 灭火器配置

**1.《城镇燃气设计规范（2020 年版）》GB 50028—2006**

门站、储配站：

6.5.19 门站和储配站的消防设施设计应符合现行国家标准《建筑设计防火规范》GB 50016 的规定，并符合下列要求：

6 门站和储配站内建筑物灭火器的配置应符合现行国家标准《建筑灭火器配置设计规范》GB 50140 的有关规定。储配站内储罐区应配置干粉灭火器，配置数量按储罐台数每台设置 2 个；每组相对独立的调压计量等工艺装置区应配置干粉灭火器，数量不少于 2 个。

注：1 干粉灭火器指 8kg 手提式干粉灭火器。

　　2 根据场所危险程度可设置部分 35kg 手推式干粉灭火器。

**液化天然气厂站：**

9.5.6 站内具有火灾和爆炸危险的建、构筑物、液化天然气储罐和工艺装置区应设置小型干粉灭火器，其设置数量除应符合表 9.5.6 的规定外，还应符合现行国家标准《建筑灭火器配置设计规范》GB 50140 的规定。

**表 9.5.6　干粉灭火器的配置数量**

| 场所 | 配置数量 |
|---|---|
| 储罐区 | 按储罐台数，每台储罐设置 8kg 和 35kg 各 1 具 |
| 汽车槽车装卸台（柱、装卸口） | 按槽车车位数，每个车位设置 8kg、2 具 |
| 气瓶灌装台 | 设置 8kg 不少于 2 具 |
| 气瓶组（≤4m³） | 设置 8kg 不少于 2 具 |
| 工艺装置区 | 按区域面积，每 50m² 设置 8kg、1 具，且每个区域不少于 2 具 |

注：8kg 和 35kg 分别指手提式和手推式干粉型灭火器的药剂充装量。

## 2. 《液化石油气供应工程设计规范》GB 51142—2015

**液化石油气厂站：**

11.3.1 液化石油气供应站内干粉灭火器或 $CO_2$ 灭火器的配置应符合现行国家标准《建筑灭火器配置设计规范》GB 50140 的有关规定。干粉灭火器的配置数量应符合表 11.3.1 的规定。

**表 11.3.1　干粉灭火器的配置数量**

| 场所 | 配置数量 |
|---|---|
| 铁路槽车装卸栈桥 | 按槽车车位数，每车位设置 8kg、2 具，每个设置点不宜超过 5 具 |
| 储罐区、地下储罐组 | 按储罐台数，每台设置 8kg、2 具，每个设置点不宜超过 5 具 |
| 储罐室 | 按储罐台数，每台设置 8kg、2 具 |
| 汽车槽车装卸台柱（装卸口） | 8kg 不应少于 2 具 |
| 灌瓶及附属瓶库、压缩机室、烃泵房、汽车槽车库、气化间、混气间、调压计量间、瓶组间和瓶装供应站的瓶库等爆炸危险性建筑 | 按建筑面积，每 50m² 设置 8kg、1 具，且每个房间不应少于 2 具，每个设置点不宜超过 5 具 |
| 其他建筑（变配电室、仪表间等） | 按建筑面积，每 80m² 设置 8kg、1 具，且每个房间不应少于 2 具 |

注：1 表中 8kg 指手提式干粉型灭火器的药剂充装量；

　　2 根据场所具体情况可设置部分 20kg 手推式干粉灭火器。

**3.《压缩天然气供应站设计规范》GB 51102—2016**

压缩天然气厂站：

8.1.7 压缩天然气供应站内储气井应根据储气规模配置干粉灭火器，每25个储气井配置8kg干粉灭火器的数量不得少于2个；工艺装置区配置8kg干粉灭火器的数量不得少于2个；加气柱、卸气柱配置8kg干粉灭火器的数量不得少于2个。建筑物灭火器的配置应符合现行国家标准《建筑灭火器配置设计规范》GB 50140的有关规定。

**4.《汽车加油加气加氢站技术标准》GB 50156—2021**

加气加氢站：

**12.1.1 加油加气加氢站工艺设备应配置灭火器材，并应符合下列规定：**

**1 每2台加气（氢）机应配置不少于2具5kg手提式干粉灭火器，加气（氢）机不足2台应按2台配置；**

**3 地上LPG储罐、地上LNG储罐、地下和半地下LNG储罐、地上液氢储罐、CNG储气设施，应配置2台不小于35kg推车式干粉灭火器，当两种介质储罐之间的距离超过15m时，应分别配置；**

**4 地下储罐应配置1台不小于35kg推车式干粉灭火器，当两种介质储罐之间的距离超过15m时，应分别配置；**

**5 LPG泵、LNG泵、液氢增压泵、压缩机操作间（棚、箱），应按建筑面积每50m²配置不少于2具5kg手提式干粉灭火器；**

# 12.3 燃气管道和调压设施强制性条文及安全相关条文

本节主要摘录除《燃气工程项目规范》GB 55009—2021以外，涉及燃气输配管道、调压设施和用户管道的相关国家现行规范、标准中的部分强制性条文以及安全相关的推荐性条文。

## 12.3.1 输配管道

**燃气输配管道的主要强制性条文详见《燃气工程项目规范》GB 55009—2021第5.1节。其他相关国家现行规范、标准的部分强制性条文以及安全相关的推荐性条文摘录如下：**

Ⅰ 一般规定

**《建筑设计防火规范（2018年版）》GB 50016—2014**

**12.5.4 隧道内严禁设置可燃气体管道；电缆线槽应与其他管道分开敷设。**

Ⅱ 燃气管道与架空输电线路安全相关要求

**《钢质管道外腐蚀控制规范》GB/T 21447—2018**

7.3.5 埋地管道与架空输电线路的距离宜符合下列要求：

1 在开阔地区，埋地管道与高压交流输电线路杆塔基脚间控制的最小距离不宜小于杆塔高度。

2 在路径受限地区，埋地管道与交流输电系统的各种接地装置之间的最小水平距离不宜小于表 8 的规定。在采取故障屏蔽、接地、隔离等防护措施后，表 8 规定的距离可适当减小。

**表 8　埋地管道与交流接地体的最小距离**

| 电压等级（kV） | ≤ 220 | 330 | 500 |
|---|---|---|---|
| 铁塔或电杆接地（m） | 5.0 | 6.0 | 7.5 |

### Ⅲ　燃气管道与铁路安全相关要求

#### 1.《铁路工程设计防火规范》TB 10063—2016

3.1.9　输送甲、乙、丙类液体的管道和可燃气体管道与铁路平行埋设时，原油、成品油管道距铁路线不应小于 25m，液化石油气管道距铁路线不应小于 50m，且距铁路用地界应大于 3.0m，并应符合《铁路安全管理条例》中有关铁路安全保护区的规定。

直接为铁路运输服务的乙、丙类液体和低压可燃气体管道与邻近铁路线的防火间距不应小于 5.0m。中压及次高压可燃气体管道与邻近铁路路堤坡脚的防火间距不应小于 5.0m，困难条件下采取有效的安全防护措施后可适当缩小。

4.1.2　管道穿越铁路位置应符合下列规定：

1　管道宜选择在铁路桥梁、预留管道涵洞等既有设施处穿越。

2　管道不应在既有铁路的无砟轨道路基地段穿越，特殊条件下穿越应进行专项设计，并应符合该路基沉降的限制标准。

3　管道不宜在设计时速 200km 及以上铁路及动车组走行线的有砟轨道路基地段、各类过渡段、铁路桥跨越河流主河道区段交叉。

4.1.3　甲、乙、丙类液体和可燃气体管道与铁路交叉角度应符合下列规定：

1　管道与铁路交叉宜采用垂直交叉或大角度斜交，交叉角度不宜小于 30°。

2　当铁路桥梁与管道交叉条件受限时，在采取安全措施的情况下交叉角度可小于 30°。

3　当管道采用顶进套管、顶进防护涵穿越既有铁路路基时，交叉角度不宜小于 45°。

4.2.1　甲、乙、丙类液体和可燃气体管道严禁在铁路桥梁上敷设，且不应在桥梁范围内的上方跨越，并不宜在铁路桥跨越河流主河道区段交叉。

4.2.2　甲、乙、丙类液体和可燃气体管道穿越既有铁路桥梁或铁路桥梁跨越既有管道时，在铁路桥梁（非主河道区段）下方可直埋通过或设防护涵通过。当设置防护涵时应符合本规范第 4.1.5 条的有关要求，直埋时应符合下列规定：

1　管顶在桥梁下方埋深不宜小于 1.2m，管道上方应埋设钢筋混凝土板。钢筋混凝土板的宽度应大于管道外径 1.0m，板厚不得小于 100mm，板底面距管顶距离不宜小于 0.5m，板的埋设长度不应小于铁路线路安全保护区范围。钢筋混凝土板上方应埋设警示带，穿越段的起始点以及中间每隔 10m 处应设置地面穿越标志。

2　铁路桥梁底面至自然地面的净空高度不应小于 2.0m。

3　管道与铁路桥梁墩台基础边缘的水平净距不宜小于 3.0m。施工过程中应对桥梁墩台、管道进行安全防护。

4.2.3　甲、乙、丙类液体和可燃气体管道穿（跨）越河流段，与上游或下游铁路桥梁之间的距离应符合《油气输送管道穿越工程设计规范》GB 50423 和《油气输送管道跨越工程设计标准》GB/T 50459 的有关规定。

4.2.4　甲、乙、丙类液体和可燃气体管道不应从铁路立交、行洪、灌溉、保护等既有涵洞内穿越，可从为管道预留的涵洞或原功能废弃但结构完好的涵洞内穿越，既有涵洞应满足本规范第 4.1.5 条的有关要求。

4.3.1　甲、乙、丙类液体和可燃气体管道不应在车站两端咽喉区范围内及动车段（所）、机务段（所）、车辆段（所）内穿越或跨越铁路；其中在铁路编组站、旅客车站两端咽喉区范围内及动车段内严禁穿越或跨越铁路。

**2.《油气输送管道与铁路交汇工程技术及管理规定》（国能油气〔2015〕392 号）**

**第十四条　管道和铁路隧道不应在隧道洞门及洞口截水天沟范围内交叉。当埋地管道或管道隧道与铁路隧道洞身交叉时应符合下列规定：**

**（1）新建管道可在既有铁路隧道洞身上方挖沟敷设。当采取非爆破方式开挖管沟时，管沟底部与铁路隧道结构顶部外缘的垂直间距不应小于 10m，输油管道在铁路隧道洞身及其两侧各不小于 20m 范围应采取可靠的防渗措施。当采取控制爆破手段开挖管沟时，管底与铁路隧道顶部的垂直净距不应小于 20m，同时应考虑围岩条件、挖沟爆破规模及隧道结构的安全性等因素。**

**（4）新建铁路隧道在埋地管道下方采用控制爆破开挖时，隧道顶部与埋地管道底部的垂直高度不应小于 20m，同时应考虑铁路隧道断面大小、围岩条件、地面沉降变形及管道结构安全性等因素。**

Ⅳ　燃气管道与公路桥梁安全相关要求

**1.《城市桥梁设计规范（2019 年版）》CJJ 11—2011**

**3.0.19　桥上或地下通道内的管线敷设应符合下列规定：**

**1　不得在桥上敷设污水管、压力大于 0.4MPa 的燃气管和其他可燃、有毒或腐蚀性的液、气体管。条件许可时，在桥上敷设的电信电缆、热力管、给水管、电压不高于 10kV 配电电缆、压力不大于 0.4MPa 燃气管必须采取有效的安全防护措施。**

**2　严禁在地下通道内敷设电压高于 10kV 配电电缆、燃气管及其他可燃、有毒或腐蚀性液、气体管。**

**2.《公路路线设计规范》JTG D20—2017**

12.5.5　公路与油气输送管道相交时，以正交为宜。必须斜交时，其交叉的锐角不宜小于 30°。

12.5.6　油气输送管道与各级公路相交叉且采用下穿方式时，应设置地下通道（涵）或套管。

12.5.7　穿越公路的地下专用通道（涵）的埋置深度，除应符合石油天然气行业标准的荷载相关规定外，尚应符合现行《公路桥涵设计通用规范》JTG D60 的有关规定，并按所穿越公路的车辆荷载等级进行验算。穿越公路的保护套管其顶面距路面底基层的底面应不小于 1.0m。

12.5.8　严禁有毒有害、易燃易爆、高压等管线设施利用公路桥梁跨越河流。输送有毒有害、易燃易爆物质的管线穿（跨）越河流时，管线距特大桥、大桥、中桥的距离，应

204

不小于 100m；距小桥的距离，应不小于 50m。

12.5.9　严禁有毒有害、易燃易爆、高温高压等管线设施通过公路隧道。

**4.《关于规范公路桥梁与石油天然气管道交叉工程管理的通知》（交公路发〔2015〕36 号）**

一、新建或改建油气管道需要穿（跨）越既有公路的，宜选择在非桥梁结构的公路路基地段，采用埋设方式从路基下方穿越通过，或采用架设方式从公路上方跨越通过。受地理条件影响或客观条件限制，必须与公路桥梁交叉的，可采用埋设方式从桥梁自然地面以下空间通过。禁止利用自然地面以上的公路桥下空间铺（架）设油气管道。

二、油气管道从公路桥梁自然地面以下空间穿越时，必须严格遵循《公路工程技术标准》《公路路线设计规范》《公路桥涵设计通用规范》《油气输送管道穿越工程设计规范》等有关标准规范，并同时满足下列条件：

（一）不能影响桥下空间的正常使用功能。

（二）油气管道与两侧桥墩（台）的水平净距不应小于 **5m**。

（三）交叉角度以垂直为宜。必须斜交时，应不小于 **30°**。

（四）油气管道采用开挖埋设方式从公路桥下穿越时，管顶距桥下自然地面不应小于 **1m**，管顶上方应铺设宽度大于管径的钢筋混凝土保护盖板，盖板长度不应小于规划公路用地范围宽度以外 **3m**，并设置地面标识标明管道位置；采用定向钻穿越方式的，钻孔轴线应距桥梁墩台不小于 **5m**，桥梁（投影）下方穿越的最小深度应大于最后一级扩孔直径的 **4～6 倍**。

三、新建或改建公路与既有油气管道交叉时，应选择在管道埋地敷设地段，采用涵洞方式跨越管道通过；受地理条件影响或客观条件限制时，可采用桥梁方式跨越管道通过。采用涵洞跨越既有管道时，交叉角度不应小于 **30°**；采用桥梁跨越既有管道时，交叉角度不应小于 **15°**。桥梁下墩台离开管道的净距、对埋地管道的保护措施（钢筋混凝土盖板、地面标识）依照本通知第二条规定执行。

四、油气管道穿（跨）越公路和公路桥梁自然地面以下空间，以及公路跨越油气管道前，各地公路管理机构或油气管道管理机构，应按照有关规定，委托具有相应资质的单位，开展安全技术评价，出具评价报告。

## Ⅴ　燃气管道与城市综合管廊安全相关要求

**《城市综合管廊工程技术规范》GB 50838—2015**

4.3.4　天然气管道应在独立舱室内敷设。

5.1.7　压力管道进出综合管廊时，应在综合管廊外部设置阀门。

5.4.7　天然气管道舱室的排风口与其他舱室排风口、进风口、人员出入口以及周边建（构）筑物口部距离不应小于 10m。天然气管道舱室的各类孔口不得与其他舱室连通，并应设置明显的安全警示标识。

6.4.2　天然气管道应采用无缝钢管。

6.4.6　天然气调压装置不应设置在综合管廊内。

7.1.1　含有下列管线的综合管廊舱室火灾危险性分类应符合表 7.1.1 的规定：

表 7.1.1　综合管廊舱室火灾危险性分类

| 舱室内容纳管线种类 | 舱室火灾危险性类别 |
|---|---|
| 天然气管道 | 甲 |
| （其余管线种类详见规范） | |

### 12.3.2　调压设施

燃气调压设施的主要强制性条文详见《燃气工程项目规范》**GB 55009—2021** 第 **5.2** 节。

### 12.3.3　用户管道

用户管道的主要强制性条文详见《燃气工程项目规范》**GB 55009—2021** 第 **5.3** 节。
（其他用户管道相关条文见 2.4 节。）

## 12.4　用户燃气设施强制性条文及安全相关条文

本节主要摘录除《燃气工程项目规范》GB 55009—2021 以外，涉及民用建筑用气、工业建筑用气和锅炉房用气的相关国家现行规范、标准中的部分强制性条文以及安全相关的推荐性条文。

### 12.4.1　民用建筑用气

家庭、商业燃具和用气设备相关的主要强制性条文详见《燃气工程项目规范》**GB 55009—2021** 第 **6** 章。其他民用建筑用气相关的国家现行规范、标准的部分强制性条文以及安全相关的推荐性条文摘录如下：

Ⅰ　一般规定

**1.《建筑设计防火规范（2018 年版）》GB 50016—2014**

5.4.17　建筑采用瓶装液化石油气瓶组供气时，应符合下列规定：

**1** 应设置独立的瓶组间。

**2** 瓶组间不应与住宅建筑、重要公共建筑和其他高层公共建筑贴邻，液化石油气气瓶的总容积不大于 **1m³** 的瓶组间与所服务的其他建筑贴邻时，应采用自然气化方式供气。

**3** 液化石油气气瓶的总容积大于 **1m³**、不大于 **4m³** 的独立瓶组间，与所服务建筑的防火间距应符合本规范表 **5.4.17** 的规定。

表 5.4.17　液化石油气气瓶的独立瓶组间与所服务建筑的防火间距（m）

| 名称 | 液化石油气气瓶的独立瓶组间的总容量 $V$（m³） | |
|---|---|---|
| | $V \leqslant 2$ | $2 < V \leqslant 4$ |
| 明火或散发火花地点 | 25 | 30 |
| 重要公共建筑、一类高层民用建筑 | 15 | 20 |
| 裙房和其他民用建筑 | 8 | 10 |

续表 5.4.17

| 名称 | | 液化石油气气瓶的独立瓶组间的总容量 $V$（m³） | |
|---|---|---|---|
| | | $V \leqslant 2$ | $2 < V \leqslant 4$ |
| 道路（路边） | 主要 | 10 | |
| | 次要 | 5 | |

注：气瓶总容积应按配置气瓶个数与单瓶几何容积的乘积计算。

**4**　在瓶组间的总出气管道上应设置紧急事故自动切断阀。

**5**　瓶组间应设置可燃气体浓度报警装置。

6　其他防护要求应符合现行国家标准《城镇燃气设计规范》GB 50028 的规定。

**6.1.5**　防火墙上不应开设门、窗、洞口，确需开设时，应设置不可开启或火灾时能自动关闭的甲级防火门、窗。

可燃气体和甲、乙、丙类液体的管道严禁穿过防火墙。防火墙内不应设置排气道。

6.2.9　建筑内的电梯井等竖井应符合下列规定：

**1**　电梯井应独立设置，井内严禁敷设可燃气体和甲、乙、丙类液体管道，不应敷设与电梯无关的电缆、电线等。电梯井的井壁除设置电梯门、安全逃生门和通气孔洞外，不应设置其他开口。

**2**　电缆井、管道井、排烟道、排气道、垃圾道等竖向井道，应分别独立设置。井壁的耐火极限不应低于 **1.00h**，井壁上的检查门应采取丙级防火门。

**3**　建筑内的电缆井、管道井应在每层楼板处采用不低于楼板耐火极限的不燃材料或防火封堵材料封堵。

建筑内的电缆井、管道井与房间、走道等相连通的孔隙应采用防火封堵材料封堵。

6.4.1　疏散楼梯间应符合下列规定：

**2**　楼梯间内不应设置烧水间、可燃材料储藏室、垃圾道。

**5**　楼梯间内不应设置甲、乙、丙类液体管道。

**6**　封闭楼梯间、防烟楼梯间及其前室内禁止穿过或设置可燃气体管道。敞开楼梯间内不应设置可燃气体管道，当住宅建筑的敞开楼梯间内确需设置可燃气体管道和可燃气体计量表时，应采用金属管和设置切断气源的阀门。

**6.7.2**　建筑外墙采用内保温系统时，保温系统应符合下列规定：

**1**　对于人员密集场所，用火、燃油、燃气等具有火灾危险性的场所以及各类建筑内的疏散楼梯间、避难走道、避难间、避难层等场所或部位，应采用燃烧性能为 **A** 级的保温材料。

**8.4.3**　建筑内可能散发可燃气体、可燃蒸气的场所应设置可燃气体报警装置。

**9.1.4**　民用建筑内空气中含有容易起火或爆炸危险物质的房间，应设置自然通风或独立的机械通风设施，且其空气不应循环使用。

**9.2.3**　下列厂房应采用不循环使用的热风供暖：

**1**　生产过程中散发的可燃气体、蒸气、粉尘或纤维与供暖管道、散热器表面接触能引起燃烧的厂房。

**9.3.2**　厂房内有爆炸危险场所的排风管道，严禁穿过防火墙和有爆炸危险的房间隔墙。

**9.3.9** 排除有燃烧或爆炸危险气体、蒸气和粉尘的排风系统，应符合下列规定：

**1** 排风系统应设置导除静电的接地装置。

**2** 排风设备不应布置在地下或半地下建筑（室）内。

**3** 排风管应采用金属管道，并应直接通向室外安全地点，不应暗设。

**2.《建筑节能与可再生能源利用通用规范》GB 55015—2021（强制性工程建设规范）**

**3.1.14** 外窗的通风开口面积应符合下列规定：

**1** 夏热冬暖、温和 B 区（建筑热工设计分区详见《民用建筑热工设计规范》GB 50176—2016）居住建筑外窗的通风开口面积不应小于房间地面面积的 10% 或外窗面积的 45%，夏热冬冷、温和 A 区居住建筑外窗的通风开口面积不应小于房间地面面积的 5%。

**2** 公共建筑中主要功能房间的外窗（包括透光幕墙）应设置可开启窗扇或通风换气装置。

**3.1.18** 居住建筑的主要使用房间（卧室、书房、起居室等）的房间窗地面积比不应小于 1/7。

**3.4.2** 以燃气或燃油锅炉作为生活热水热源时，其锅炉额定工况下热效率应符合本规范第 3.2.5 条的规定。当采用户式燃气热水器或供暖炉为生活热水热源时，其设备能效应符合表 3.4.2 的规定。

表 3.4.2　户式燃气热水器或供暖热水炉（热水）热效率

| 类型 | | 热效率值（%） |
|---|---|---|
| 户式热水器／户式供暖热水炉（热水） | $\eta_1$ | ≥89 |
| | $\eta_2$ | ≥85 |

注：$\eta_1$ 为热水器或供暖炉额定热负荷和部分热负荷（热水状态为 50% 的额定热负荷）下两个热效率值中的较大值，$\eta_2$ 为较小值。

**3.4.6** 当采用单个燃烧器额定热负荷不大于 5.23kW 的家用燃气灶具时，其能效限定值应符合表 3.4.6 的规定。

表 3.4.6　家用燃气灶具的能效限定值

| 类型 | | 热效率 $\eta$（%） |
|---|---|---|
| 大气式灶 | 台式 | ≥62 |
| | 嵌入式 | ≥59 |
| | 集成灶 | ≥56 |
| 红外线灶 | 台式 | ≥64 |
| | 嵌入式 | ≥61 |
| | 集成灶 | ≥58 |

**3.《民用建筑供暖通风与空气调节设计规范》GB 50736—2012**

**5.6.1** 采用燃气红外线辐射供暖时，必须采取相应的防火和通风换气等安全措施，并符合国家现行有关燃气、防火规范的要求。

**5.6.6**　由室内供应空气的空间应能保证燃烧器所需要的空气量。当燃烧器所需要的空气量超过该空间 **0.5** 次 /h 的换气次数时，应由室外供应空气。

**5.7.3**　户式燃气炉应采用全封闭式燃烧、平衡式强制排烟型。

5.7.5　户式燃气炉的排烟口应保持空气畅通，且远离人群和新风口。

**6.6.16**　可燃气体管道、可燃液体管道和电线等，不得穿过风管的内腔，也不得沿风管的外壁敷设。可燃气体管道和可燃液体管道，不应穿过通风、空调机房。

**4.《民用建筑燃气安全技术条件》GB 29550—2013**

**6.1.1**　燃具应设熄火保护装置。

**6.1.2**　半密闭式燃具应有防倒烟措施。

**6.2.1**　燃具采用界限气和（**0.5～1.5**）$P_n$ 试验压力范围内检验时应有良好的燃烧性能，不应产生不完全燃烧、析碳、回火和脱火现象。

**6.3.1**　家用燃具应采用低压燃气（$P < 10kPa$）。

**6.3.3**　商用燃具采用中压燃气时应有相应的安全保护装置。

Ⅱ　住宅建筑用气安全要求

**1.《住宅建筑规范》GB 50368—2005**

**5.4.1**　住宅的卧室、起居室（厅）、厨房不应布置在地下室。当布置在半地下室时，必须采取采光、通风、日照、防潮、排水及安全防护措施。

**8.4.4**　套内的燃气设备应设置在厨房或与厨房相连的阳台内。

**8.4.5**　住宅的地下室、半地下室内严禁设置液化石油气用气设备、管道和气瓶。十层及十层以上住宅内不得使用瓶装液化石油气。

**8.4.6**　住宅的地下室、半地下室内设置人工煤气、天然气用气设备时，必须采取安全措施。

**8.4.7**　住宅内燃气管道不得敷设在卧室、暖气沟、排烟道、垃圾道和电梯井内。

**8.4.8**　住宅内设置的燃气设备和管道，应满足与电气设备和相邻管道的净距要求。

**8.4.9**　住宅内各类用气设备排出的烟气必须排至室外。多台设备合用一个烟道时不得相互干扰。厨房燃具排气罩排出的油烟不得与热水器或采暖炉排烟合用一个烟道。

**9.1.3**　当住宅与其他功能空间处于同一建筑内时，住宅部分与非住宅部分之间应采取防火分隔措施，且住宅部分的安全出口和疏散楼梯应独立设置。

经营、存放和使用火灾危险性为甲、乙类物品的商店、作坊和储藏间，严禁附设在住宅建筑中。

**11.0.4**　用户应正确使用住宅内电气、燃气、给水排水等设施，不得在楼面上堆放影响楼盖安全的重物，严禁未经设计确认和有关部门批准擅自改动承重结构、主要使用功能或建筑外观，不得拆改水、暖、电、燃气、通信等配套设施。

**2.《住宅设计规范》GB 50096—2011**

**6.9.1**　卧室、起居室（厅）、厨房不应布置在地下室；当布置在半地下室时，必须对采光、通风、日照、防潮、排水及安全防护采取措施，并不得降低各项指标要求。

**6.10.1**　住宅建筑内严禁布置存放和使用甲、乙类火灾危险性物品的商店、车间和仓库，以及产生噪声、振动和污染环境卫生的商店、车间和娱乐设施。

**7.2.1** 卧室、起居室（厅）、厨房应有自然通风。

**8.4.3** 燃气设备的设置应符合下列规定：

**1** 燃气设备严禁设置在卧室内。

**2** 严禁在浴室内安装直接排气式、半密闭式燃气热水器等在使用空间内积聚有害气体的加热设备。

**3** 户内燃气灶应安装在通风良好的厨房、阳台内。

**4** 燃气热水器等燃气设备应安装在通风良好的厨房、阳台内或其他非居住房间。

**8.4.4** 住宅内各类用气设备的烟气必须排至室外。排气口应采取防风措施，安装燃气设备的房间应预留安装位置和排气孔洞位置；当多台设备合用竖向排气道排放烟气时，应保证互不影响。户内燃气热水器、分户设置的采暖或制冷燃气设备的排气管不得与燃气灶排油烟机的排气管合并接入同一管道。

### Ⅲ 商业建筑用气安全要求

**1.《商店建筑设计规范》JGJ 48—2014**

**4.2.11** 大型和中型商场内连续排列的饮食店铺的灶台不应面向公共通道，并应设置机械排烟通风设施。

**2.《大型商业综合体消防安全管理规则（试行）》（应急消〔2019〕314号）**

**第三条** 本规则适用于已建成并投入使用且建筑面积不小于5万 m² 的商业综合体（以下简称"大型商业综合体"），其他商业综合体可参照执行。

**第三十四条** 大型商业综合体内餐饮场所的管理应当符合下列要求：

（1）餐饮场所宜集中布置在同一楼层或同一楼层的集中区域。

（2）餐饮场所严禁使用液化石油气及甲、乙类液体燃料。

（3）餐饮场所使用天然气作燃料时，应当采用管道供气。设置在地下且建筑面积大于150m² 或座位数大于75座的餐饮场所不得使用燃气。

（4）不得在餐饮场所的用餐区域使用明火加工食品，开放式食品加工区应当采用电加热设施。

（5）厨房区域应当靠外墙布置，并应采用耐火极限不低于2小时的隔墙与其他部位分隔。

（6）厨房内应当设置可燃气体探测报警装置，排油烟罩及烹饪部位应当设置能够联动切断燃气输送管道的自动灭火装置，并能够将报警信号反馈至消防控制室。

（7）炉灶、烟道等设施与可燃物之间应当采取隔热或散热等防火措施。

（8）厨房燃气用具的安装使用及其管路敷设、维护保养和检测应当符合消防技术标准及管理规定；厨房的油烟管道应当至少每季度清洗一次。

（9）餐饮场所营业结束时，应当关闭燃气设备的供气阀门。

**第三十五条** 大型商业综合体内其他重点部位的管理应当符合下列要求：

（8）锅炉房、柴油发电机房、制冷机房、空调机房、油浸变压器室的防火分隔不得被破坏，其内部设置的防爆型灯具、火灾报警装置、事故排风机、通风系统、自动灭火系统等应当保持完好有效。

（9）燃油锅炉房、柴油发电机房内设置的储油间总储存量不应大于1m³；燃气锅炉房应当设置可燃气体探测报警装置，并能够联动控制锅炉房燃烧器上的燃气速断阀、供气管道的紧急切断阀和通风换气装置。

第三十六条　大型商业综合体内严禁生产、经营、储存和展示甲、乙类易燃易爆危险物品。严禁携带甲、乙类易燃易爆危险物品进入建筑内。

**3.《关于加强超大城市综合体消防安全工作的指导意见》（公消〔2016〕113号）**

（八）督促落实重点管控措施。餐饮场所严禁使用液化石油气，设置在地下的餐饮场所严禁使用燃气。餐饮场所使用可燃气体作燃料时，可燃气体燃料必须采用管道供气，其排油烟罩及烹饪部位应设置能联动自动切断燃料输送管道的自动灭火装置。建筑内的敞开式食品加工区必须采用电加热设施，严禁在用餐场所使用明火，厨房的油烟管道应当定期进行清洗。

### Ⅳ　农村用气安全要求

**《农村防火规范》GB 50039—2010**

**6.1.12**　燃放烟花爆竹、吸烟、动用明火应当远离易燃易爆危险品存放地和柴草、饲草、农作物等可燃物堆放地。

6.2.1　电气线路的选型与敷设应符合下列要求：

**2**　架空电力线路不应跨越易燃易爆危险品仓库、有爆炸危险的场所、可燃液体储罐、可燃、助燃气体储罐和易燃、可燃材料堆场等，与这些场所的间距不应小于电杆高度的**1.5**倍；1kV及1kV以上的架空电力线路不应跨越可燃屋面的建筑。

6.3.2　瓶装液化石油气的使用应符合下列要求：

**1**　严禁在地下室存放和使用。

**2**　液化石油气钢瓶不应接近火源、热源，应防止日光直射，与灶具之间的安全距离不应小于0.5m。

**3**　液化石油气钢瓶不应与化学危险物品混放。

**4**　严禁使用超量罐装的液化石油气钢瓶，严禁敲打、倒置、碰撞钢瓶，严禁随意倾倒残液和私自灌气。

**5**　存放和使用液化石油气钢瓶的房间应通风良好。

### Ⅴ　民用机场航站楼用气安全要求

**《民用机场航站楼设计防火规范》GB 51236—2017**

**3.3.10**　航站楼内不应设置使用液化石油气的场所，使用天然气的场所应靠近航站楼的外墙布置，使用相对密度（与空气密度的比值）大于或等于**0.75**的燃气的场所不应设置在地下或半地下。燃气管道的布置应符合现行国家标准《城镇燃气设计规范》GB 50028的规定。

## 12.4.2　工业建筑用气

**1.《城镇燃气设计规范（2020年版）》GB 50028—2006**

10.6.6　工业企业生产用气设备燃烧装置的安全设施应符合下列要求：

1　燃气管道上应安装低压和超压报警以及紧急自动切断阀。

**2** 烟道和封闭式炉膛，均应设置泄爆装置，泄爆装置的泄压口应设在安全处。

**3** 鼓风机和空气管道应设静电接地装置，接地电阻不应大于 $100\Omega$。

**4** 用气设备的燃气总阀门与燃烧器阀门之间，应设置放散管。

10.6.7 燃气燃烧需要带压空气和氧气时，应有防止空气和氧气回到燃气管路和回火的安全措施，并应符合下列要求：

**1** 燃气管路上应设背压式调压器，空气和氧气管路上应设泄压阀。

**2** 在燃气、空气或氧气的混气管路与燃烧器之间应设阻火器；混气管路的最高压力不应大于 0.07MPa。

**3** 使用氧气时，其安装应符合有关标准的规定。

**2.《工业建筑供暖通风与空气调节设计规范》GB 50019—2015**

**5.5.2** 燃气红外线辐射供暖严禁用于甲、乙类生产厂房和仓库。

**6.9.2** 下列场所均不得采用循环空气：

**1** 甲、乙类厂房或仓库。

**3** 空气中含有的易燃易爆气体，且气体浓度大于或等于其爆炸下限值的 10% 的其他厂房或仓库。

**4** 建筑内的甲、乙类火灾危险性的房间。

**6.9.3** 在下列任一情况下，通风系统均应单独设置：

**1** 甲、乙类厂房、仓库中不同的防火分区。

**2** 不同的有害物质混合后能引起燃烧或爆炸时。

**3** 建筑物内的甲、乙类火灾危险性的单独房间或其他有防火防爆要求的单独房间。

**6.9.15** 在下列任一情况下，供暖、通风与空调设备均应采用防爆型：

**1** 直接布置在爆炸危险性区域内时。

**2** 排除、输送或处理有甲、乙类物质，其浓度为爆炸下限 10% 及以上时。

**3** 排除、输送或处理含有燃烧或爆炸危险的粉尘、纤维等物质，其含尘浓度为其爆炸下限的 25% 及以上时。

**6.9.19** 排除或输送有燃烧或爆炸危险物质的风管不应穿过防火墙和有爆炸危险的车间隔墙，且不应穿过人员密集或可燃物较多的房间。

**6.9.30** 可燃气体管道、可燃液体管道和电缆线等不得穿过风管的内腔，并不得沿风管的外壁敷设。可燃气体管道和可燃液体管道不得穿过与其无关的通风机房。

## 12.4.3 锅炉房用气

**1.《锅炉房设计标准》GB 50041—2020**

**3.0.4** 地下、半地下、地下室和半地下室锅炉房，严禁选用液化石油气或相对密度大于或等于 0.75 的气体燃料。

**4.1.3** 当锅炉房和其他建筑物相连或设置在其内部时，不应设置在人员密集场所和重要部门的上一层、下一层、贴邻位置以及主要通道、疏散口的两旁，并应设置在首层或地下室一层靠建筑物外墙部位。

**7.0.3** 燃用液化石油气的锅炉间和有液化石油气管道穿越的室内地面处，严禁设有能通向室外的管沟（井）或地道等设施。

11.1.9　液化石油气气瓶间、燃气调压间、燃气锅炉间及油泵间的可燃气体浓度报警装置，应与房间事故通风机联动，并应与燃气供气母管或燃油供油母管的总切断阀联动；设有防灾中心时，应将信号传至防灾中心。

**13.3.13**　燃气管道与附件严禁使用铸铁件；在防火区内使用的阀门，应具有耐火性能。
**2.《建筑设计防火规范（2018 年版）》GB 50016—2014**

**5.4.12**　燃油或燃气锅炉、油浸变压器、充有可燃油的高压电容器和多油开关等，宜设置在建筑外的专用房间内；确需贴邻民用建筑布置时，应采用防火墙与所贴邻的建筑分隔，且不应贴邻人员密集场所，该专用房间的耐火等级不应低于二级；确需布置在民用建筑内时，不应布置在人员密集场所的上一层、下一层或贴邻，并应符合下列规定：

**1**　燃油或燃气锅炉房、变压器室应设置在首层或地下一层的靠外墙部位，但常（负）压燃油或燃气锅炉可设置在地下二层或屋顶上。设置在屋顶上的常（负）压燃气锅炉，距离通向屋面的安全出口不应小于 **6m**。

采用相对密度（与空气密度的比值）不小于 **0.75** 的可燃气体为燃料的锅炉，不得设置在地下或半地下。

**10**　燃气锅炉房应设置爆炸泄压设施。燃油或燃气锅炉房应设置独立的通风系统，并应符合本规范第 **9** 章的规定。

5.4.15　设置在建筑内的锅炉、柴油发电机，其燃料供给管道应符合下列规定：

**1**　在进入建筑物前和设备间内的管道上均应设置自动和手动切断阀。

3　燃气供给管道的敷设应符合现行国家标准《城镇燃气设计规范》GB 50028 的规定。

**9.3.16**　燃油或燃气锅炉房应设置自然通风或机械通风设施。燃气锅炉房应选用防爆型的事故排风机。当采取机械通风时，机械通风设施应设置导除静电的接地装置，通风量应符合下列规定：

**1**　燃油锅炉房的正常通风量应按换气次数不少于 **3** 次 /h 确定，事故排风量应按换气次数不少于 **6** 次 /h 确定。

**2**　燃气锅炉房的正常通风量应按换气次数不少于 **6** 次 /h 确定，事故排风量应按换气次数不少于 **12** 次 /h 确定。

# 12.5　抗震设计强制性条文

本节主要摘录涉及燃气工程抗震设计的部分强制性条文。
**1.《燃气工程项目规范》GB 55009—2021**

**4.3.6**　燃气储罐的进出口管道应采取有效的防沉降和抗震措施，并应设置切断装置。
**2.《建筑与市政工程抗震通用规范》GB 55002—2021（强制性工程建设规范）**

**1.0.2**　抗震设防裂度 6 度及以上地区的各类新建、扩建、改建建筑与市政工程必须进行抗震设防，工程项目的勘察、设计、施工、使用维护等必须执行本规范。

**6.2.9**　城镇给水排水和燃气热力工程中，管道穿过建（构）筑物的墙体或基础时，应符合下列规定：

**1**　在穿管的墙体或基础上应设置套管，穿管与套管之间的间隙应用柔性防腐、防水材料密封。

**2** 当穿越的管道与墙体或基础嵌固时，应在穿越的管道上就近设置柔性连接装置。

**6.2.10** 城镇给水排水和燃气热力工程中，输水、输气等埋地管道穿越活动断裂带时，应采取下列措施：

**1** 管道应敷设在套管内，管道与套管之间的间隙应用柔性防腐、防水材料密封；套管周围应填充干砂。

**2** 管道及套筒应采用钢管。

**3** 断裂带两侧的管道上，应在适当位置设置紧急关断阀门。

**6.2.11** 燃气厂及储配站的出口处，均应设置紧急关断阀门。

**6.2.12** 管网上的阀门均应设置阀门井。

**6.2.13** 架空管道的滑动支架应设置侧向挡板，挡板应与管道支架协同设计，地震作用不应小于管道支座横向水平地震作用标准值的 **75%**。

# 13 燃气工程施工和验收强制性条文及安全相关条文

**1.《燃气工程项目规范》GB 55009—2021**

《燃气工程项目规范》燃气工程建设和验收强制性条文详见第 2.2 节以及第 4～6 节中的相关条文。

**2.《工业金属管道工程施工质量验收规范》GB 50184—2011**

**3.2.5** 当工业金属管道工程质量不符合本规范时，应按下列规定进行处理：

**4** 经过返修仍不能满足安全使用要求的工程，严禁验收。

**3.《工业金属管道工程施工规范》GB 50235—2010**

**1.0.5** 当需要修改设计文件及材料代用时，必须经原设计单位同意，并应出具书面文件。

**4.《现场设备、工业管道焊接工程施工质量验收规范》GB 50683—2011**

3.2.3 当焊接工程质量不符合本规范规定时，应按下列规定进行处理：

**4** 经过返修仍不能满足安全使用要求的工程，严禁验收。

**5.《现场设备、工业管道焊接工程施工规范》GB 50236—2011**

**5.0.1** 在掌握材料的焊接性能后，必须在工程焊接前进行焊接工艺评定。

**6.《汽车加油加气加氢站技术标准》GB 50156—2021**

**15.8.5** 进行防腐蚀施工时，严禁在站内距作业点 18.5m 范围内进行有明火或电火花的作业。

**7.《钢质管道外腐蚀控制规范》GB/T 21447—2018**

5.2.3 石方段管道及施工过程易造成防腐层损伤的管段宜采取保护措施，保护措施包括但不限于细土回填、加厚防腐层、防腐层保护层等。保护层选择时宜考虑下列因素：

1 与管道防腐层在化学和物理性能上应相匹配。

2 保护层不应对阴极保护有效性产生不利影响。

**8.《城镇燃气管道穿跨越工程技术规程》CJJ/T 250—2016**

4.3.12 当采用钢管穿越时，应对管道外防腐层进行防护，并应符合下列规定：

1 防护层材料宜与管道防腐层兼容；

2 当防腐层为三层聚烯烃类材料时，防护层宜采用改性环氧玻璃钢或玻璃纤维增强类材料；

3 当防腐层为环氧粉末材料时，防护层宜采用改性耐磨环氧类涂料。

5.3.18 施工完毕后，应测量出、入土点坐标，做好施工记录；并进行防腐层完整性评价，检测合格后方可与两端管道进行连接。

# 14 运行、维护和抢修强制性条文及安全相关条文

## 14.1 基本规定

本节主要摘录燃气设施运行维护的基本规定和要求。

**1.《燃气工程项目规范》GB 55009—2021**

《燃气工程项目规范》燃气设施运行维护的基本规定详见第 2.3 节。

**2.《城镇燃气设施运行、维护和抢修安全技术规程》CJJ 51—2016**

《城镇燃气设施运行、维护和抢修安全技术规程》燃气设施运行维护的基本规定详见第 3 节。

**3.《燃气系统运行安全评价标准》GB/T 50811—2012**

3.1.1 燃气经营企业在生产经营活动期间，应定期开展安全评价工作。对在评价过程中发现的事故隐患应立即整改或制定治理方案限期整改。当燃气系统发生较大及以上事故时，必须立即对发生事故的燃气系统进行安全评价。

3.1.2 燃气经营企业对本单位燃气系统的自我安全评价，可由熟悉本企业生产技术和安全管理的人员组成评价组，也可委托第三方安全生产专业服务机构，依据本标准对本企业燃气系统安全生产状况进行安全评价。

## 14.2 燃气设施运行维护强制性条文及安全相关条文

本节主要摘录除《燃气工程项目规范》GB 55009—2021 以及《城镇燃气设施运行、维护和抢修安全技术规程》CJJ 51—2016 以外，涉及燃气设施运行维护的相关国家现行规范、标准中的部分强制性条文以及安全相关的推荐性条文。

### 14.2.1 燃气厂站

**1.《燃气工程项目规范》GB 55009—2021**

工艺设施：

《燃气工程项目规范》工艺设施的运行维护强制性条文详见第 4.2 节相关条文。

储运设施：

《燃气工程项目规范》储运设施（储罐与气瓶）的运行维护强制性条文详见第 4.3 节相关条文。

**2.《城镇燃气设施运行、维护和抢修安全技术规程》CJJ 51—2016**

厂站一般规定：

《城镇燃气设施运行、维护和抢修安全技术规程》厂站一般规定详见第 4.1 节。

压缩天然气厂站：

《城镇燃气设施运行、维护和抢修安全技术规程》压缩天然气厂站设备设施运行维护要求详见第 4.4 节。

**液化天然气厂站：**

《城镇燃气设施运行、维护和抢修安全技术规程》液化天然气厂站设备设施运行维护要求详见第 4.5 节。

**液化石油气厂站：**

《城镇燃气设施运行、维护和抢修安全技术规程》液化石油气厂站设备设施运行维护要求详见第 7 节。

**3.《气瓶充装站安全技术条件》GB 27550—2011（全文强制性）**

**3　充装站的职责**

**3.1** 负责气瓶的充装、储运、管理和气瓶使用前办理气瓶使用登记证。

**3.2** 向气体使用者提供气瓶，并对气瓶的安全负责，在所充装的气瓶上粘贴符合国家安全技术规范及国家标准规定的警示标签。

**3.3** 负责向充装作业人员及气瓶和气体的使用用户讲解气瓶和气体的知识及应急处理措施、宣传安全使用知识及危险性警示要求。

**3.4** 负责气瓶在充装前和充装后的检查、填写充装记录和每只气瓶的收发记录，并对气瓶的充装安全负责。

**3.5** 负责气瓶的维护和附件的修理、更换，气瓶颜色标志的涂敷工作。

**3.6** 负责定期向当地质监部门报送自有气瓶的数量、钢印标志、定期检验和建档情况、充装站负责人和充装人员持证情况。

**3.7** 负责将超过检验周期的气瓶或在充装前发现有不合要求的气瓶交送到地、市级以上（含）特种设备安全监察机构指定的气瓶检验机构处理。

**3.8** 确保所充装在气瓶内的气体符合产品的质量标准并出具产品合格证明。

**3.9** 负责向当地相关部门报告企业的生产、安全技术状况、事故报告和紧急处理情况。

### 14.2.2　燃气管网、调压设施

**1.《燃气工程项目规范》GB 55009—2021**

燃气输配管网：

《燃气工程项目规范》燃气输配管网运行维护强制性条文详见第 5.1 节相关条文。

调压设施：

《燃气工程项目规范》调压设施运行维护强制性条文详见第 5.2 节相关条文。

**2.《城镇燃气设施运行、维护和抢修安全技术规程》CJJ 51—2016**

《城镇燃气设施运行、维护和抢修安全技术规程》管道运行维护要求详见第 4.3 节。

**3.《城镇燃气管网泄漏检测技术规程》CJJ/T 215—2014**

**3.2.8** 开挖前，应根据燃气泄漏程度确定警戒区，并应设立警示标志，警戒区内应对交通采取管制措施，严禁烟火。现场人员应佩戴职责标志，严禁无关人员入内。

**3.3.4** 进入阀门井（地下阀室）、地下调压站（箱）等地下场所检测时应符合下列规定：

1　满足下列要求时，检测人员方可进入：

（1）氧气浓度大于 19.5%。

（2）可燃气体浓度小于爆炸下限的 20%。

（3）一氧化碳浓度小于 30mg/m³。

（4）硫化氢浓度小于 10mg/m³。

2 检测过程中，各种气体检测仪器应始终处于工作状态，当检测仪器显示的气体浓度变化超过限值并发出报警时，检测人员应立即停止作业返回地面，并对场所内采取通风措施，待各种气体浓度符合要求后，方可继续工作。

4.0.2 埋地管道常规的泄漏初检周期应符合下列规定：

1 聚乙烯管道和设有阴极保护的钢质管道，检测周期不应超过 1 年。

2 铸铁管道和未设阴极保护的钢质管道，检测周期不应超过半年。

3 管道运行时间超过设计使用年限的 1/2，检测周期应缩短至原周期的 1/2。

4.0.5 新通气的埋地管道应在 24h 内进行泄漏检测；切线、接线的焊口及管道泄漏修补点应在操作完成通气后立即进行泄漏检测。上述两种情况均应在 1 周内进行 1 次复检，复检合格正常运行后的泄漏初检周期应按本规程第 4.0.2 条的规定执行。

4.0.6 管道附属设施的泄漏检测周期应小于或等于与其相连接管道的泄漏检测周期。

4.0.7 厂站内工艺管道、管网工艺设备的泄漏检测周期应根据设计使用年限及环境腐蚀条件等因素确定，也可结合生产运行同时进行，并应符合下列规定：

1 厂站内工艺管道、管网工艺设备的检测周期不得超过 1 个月。

2 调压箱的检测周期不得超过 3 个月。

4.0.8 管道附属设施、管网工艺设备在更换或检修完成通气后应立即进行泄漏检测，并应在 24h～48h 内进行 1 次复检。

**4.《城市地下综合管廊运行维护及安全技术标准》GB 51354—2019**

**6.4.3 天然气管道巡检用设备、防护装备应符合天然气舱室的防爆要求，巡检人员严禁携带火种和非防爆型无线通信设备入廊，并应穿戴防静电服、防静电鞋等。**

6.4.4 天然气管道单位应制定综合管廊内中毒、泄漏、窒息、火灾等天然气生产安全事故应急预案。应急预案制定及演练应与综合管廊运营管理相协同，并应按有关规定进行备案。

6.4.5 应根据天然气管道的压力等级及管廊内外环境制定入廊天然气管道巡检计划，巡检周期不宜大于 1 个月。

**6.4.6 入廊人员进入天然气舱室前，应进行静电释放，并必须检测舱室内天然气、氧气、一氧化碳、硫化氢等气体浓度，在确认符合安全要求之前不得进入。**

**6.4.14 天然气管道及附件严禁带气动火作业。**

6.4.15 当舱室内天然气浓度超过爆炸下限的 20% 时，应启动应急预案。

## 14.2.3 用户燃气设施

**1.《燃气工程项目规范》GB 55009—2021**

《燃气工程项目规范》用户燃气设施运行维护强制性条文详见第 6 章相关条文。

**2.《城镇燃气设施运行、维护和抢修安全技术规程》CJJ 51—2016**

《城镇燃气设施运行、维护和抢修安全技术规程》用户燃气设施运行维护要求详见第 4.7 节。

# 14.3　特种设备和安全设施定期检验规则

本节主要摘录特种设备和安全设施的定期检验规则和要求。

## 14.3.1　特种设备定期检验规则

### Ⅰ　压力管道定期检验规则

**1.《压力管道定期检验规则—长输（油气）管道》TSG D7003—2010**

第三条　管道的定期检验通常包括年度检查、全面检验和合于使用评价。

（一）年度检查，是指在运行过程中的常规性检查。年度检查至少每年1次，进行全面检验的年度可以不进行年度检查；年度检查通常由管道使用单位（以下简称使用单位）长输管道作业人员进行，也可委托经国家质量监督检验检疫总局（以下简称国家质检总局）核准，具有相应资质的检验检测机构（以下简称检验机构）进行；

（二）全面检验，是指按一定的检验周期对在用管道进行基于风险的检验。新建管道一般于投用后3年内进行首次全面检验，首次全面检验之后的全面检验周期按照本规则第二十三条确定；承担全面检验的检验机构，应当经国家质检总局核准，并且在核准的范围内开展工作。

（三）合于使用评价，在全面检验之后进行。合于使用评价包括对管道进行的应力分析计算；对危害管道结构完整性的缺陷进行的剩余强度评估与超标缺陷安全评定；对危害管道安全的主要潜在危险因素进行的管道剩余寿命预测以及在一定条件开展的材料适用性评价。承担合于使用评价的机构（以下简称评价机构）应当具备国家质检总局核准的合于使用评价资质。

定期检验中的全面检验和合于使用评价，应当采用完整性管理理念中的检验检测评价技术，开展基于风险的检验检测，并且确定管道的事故后果严重区。事故后果严重区的确定原则按照附件A。

（编者注：国家质检总局已改组为国家市场监督管理总局。）

**2.《压力管道定期检验规则—公用管道》TSG D7004—2010**

第三条　按照定期检验方式和要求，GB1管道依据设计压力（$P$，单位为MPa）划分为以下级别：

（一）GB1-Ⅰ级（$2.5 < P \leq 4.0$）、GB1-Ⅱ级（$1.6 < P \leq 2.5$）高压燃气管道。

（二）GB1-Ⅲ级（$0.8 < P \leq 1.6$）、GB1-Ⅳ级（$0.4 < P \leq 0.8$）次高压燃气管道。

（三）GB1-Ⅴ级（$0.2 < P \leq 0.4$）、GB1-Ⅵ级（$0.1 < P \leq 0.2$）中压燃气管道。

第四条　GB1管道定期检验的基本方式和要求如下：

（一）GB1-Ⅰ级、GB1-Ⅱ级高压燃气管道，定期检验包括年度检查、全面检验与合于使用评价，定期检验要求（包括报告格式）参照《压力管道定期检验规则——长输（油气）管道》（TSG D7003），其中地区级别划分按照GB 50028—2006《城镇燃气设计规范》执行。

（二）GB1-Ⅲ级次高压燃气管道，定期检验包括年度检查、全面检验与合于使用评价，定期检验要求按照本规则执行。

（三）GB1-Ⅳ级次高压燃气管道、GB1-Ⅴ级和 GB1-Ⅵ级中压燃气管道，定期检验包括年度检查和全面检验，定期检验要求按照本规则执行。

城镇燃气输配系统中的门站、调压站（器）管道及其安全保护装置、附属设施的定期检验参照工业管道、压力容器定期检验有关要求执行。

第六条　年度检查，是指在运行过程中的常规性检查。年度检查至少每年 1 次，进行全面检验的年度可以不进行年度检查。年度检查通常由管道使用单位（以下简称使用单位）公用管道作业人员进行，也可以委托国家质量监督检验检疫总局（以下简称国家质检总局）核准的具有资质的检验检测机构（以下简称检验机构）进行。

第七条　全面检验，是指按一定的检验周期对在用管道进行的基于风险的检验。新建管道的首次全面检验时间不能超过本规则第三十条表 1 的规定，首次全面检验之后的检验周期按照本规则第三十条确定。

承担管道全面检验的检验机构，应当经国家质检总局核准，其中高压燃气管道的全面检验应当由具有长输（油气）管道全面检验资质的检验机构进行。

第八条　合于使用评价，在全面检验之后进行。合于使用评价包括对管道进行的应力分析计算；对危害管道结构完整性的缺陷进行的剩余强度评估与超标缺陷安全评定；对危害管道安全的主要潜在危险因素进行的管道剩余寿命预测；以及在一定条件下开展的材料适用性评价。

承担管道合于使用评价的机构（以下简称评价机构）应当经国家质检总局核准。

第二十九条　对 GB1-Ⅲ级次高压燃气管道，应当结合全面检验结果和合于使用评价结果，确定管道下一次全面检验日期，其全面检验周期不能大于表 1 的规定，并且最长不能超过预测的管道剩余寿命的一半。

除 GB1-Ⅲ级次高压燃气管道外的其他管道，应当结合全面检验结果确定管道下一全面检验日期，其检验周期不能大于表 1 的规定。

**表 1　全面检验最大时间间隔（注）**

| 管道级别 | GB1-Ⅲ级次高压燃气管道 | GB1-Ⅳ级次高压燃气管道、中压燃气管道、GB2 级管道 |
|---|---|---|
| 最大时间间隔（年） | 8 | 12 |

注 1：以 PE 管或者铸铁管为管道材料的管道全面检验周期不超过 15 年。

注 2：对于风险评估结果表明风险值较低的管道，经使用单位申请，负责使用登记的部门同意，全面检验周期可适当延长。

（编者注：国家质检总局已改组为国家市场监督管理总局。）

### 3.《压力管道定期检验规则—工业管道》TSG D7005—2018

1.6　定期检验周期

1.6.1　一般规定

管道一般在投入使用后 3 年内进行首次定期检验。以后的检验周期由检验机构根据管道安全状况等级，按照以下要求确定：

1　安全状况等级为 1 级、2 级的，GC1.GC2 级管道一般不超过 6 年检验一次，GC3级管道不超过 9 年检验一次。

2　安全状况等级为 3 级的，一般不超过 3 年检验一次，在使用期间内，使用单位应当对管道采取有效的监控措施。

3 安全状况等级为4级的，使用单位应当对管道缺陷进行处理，否则不得继续使用。

**4.《压力管道安全技术监察规程—工业管道》TSG D0001—2009**

第一百一十六条　管道定期检验分为在线检验和全面检验。

在线检验是在运行条件下对在用管道进行的检验，在线检验每年至少1次（也可称为年度检验）；全面检验是按一定的检验周期在管道停车期间进行的较为全面的检验。

GC1. GC2 级压力管道的全面检验周期按照以下原则之一确定：

（一）检验周期一般不超过6年。

（二）按照基于风险检验（RBI）的结果确定的检验周期，一般不超过9年。

GC3 级管道的全面检验周期一般不超过9年。

Ⅱ　压力容器定期检验规则

**《固定式压力容器安全技术监察规程》TSG 21—2016**

8.1.6.1　金属压力容器检验周期

金属压力容器一般于投用后3年内进行首次定期检验。以后的检验周期由检验机构根据压力容器的安全状况等级，按照以下要求确定：

1 安全状况等级为1.2级的，一般每6年检验一次。

2 安全状况等级为3级的，一般每3年至6年检验一次。

3 安全状况等级为4级的，监控使用，其检验周期由检验机构确定，累计监控使用时间不得超过3年，在监控使用期间，使用单位应当采取有效的监控措施。

4 安全状况等级为5级的，应当对缺陷进行处理，否则不得继续使用。

**14.3.2　安全设施定期检验规则**

Ⅰ　电气防爆设备设施定期检验规则

**《危险场所电气防爆安全规范》AQ 3009—2007**

**7.1.1　通则**

为使危险场所用电气设备的点燃危险减至最小，在装置和设备投入运行之前、工程竣工交接验收时，应对他们进行初始检查；为保证电气设备处于良好状态，可在危险场所长期使用，应进行连续监督和定期检查。检查项目见表10～表18的相应条款。初始检查和定期检查应委托具有防爆专业资质的安全生产检测检验机构进行，检查程序见附录A。

注：某些检查项目如果制造商已进行了同等的检查，并且安装过程不可能影响到被制造商检查过的那些零部件，就不要求全部的初始检查。例如，不要求隔爆型电机内部隔爆间隙的初始详细检查，但是，为方便现场导线连接而拆下的接线盒盖在装配后宜进行检查。

**7.1.2　人员**

防爆电气设备的检查和维护应由符合规定条件的有资质的专业人员进行，这些人员应经过包括各种防爆型式、安装实践、相关规章和规程，以及危险场所分类的一般原理等在内的业务培训，这些人员还应接受适当的继续教育或定期培训，并具备相关经验和经过培训的资质证书。

### 7.1.3 连续监督和定期检查

#### 7.1.3.1 连续监督

连续监督应由企业的专业人员按要求进行，并做好相应的检查记录，发现的异常现象应及时处理。连续监督应包括下列主要项目：

**1** 防爆电气设备应按制造厂规定的使用技术条件运行。对于防爆合格证书编号带有后缀"X"的产品，应符合其有关文件规定的安全使用特定条件。

**2** 防爆电气设备应保持其外壳及环境的清洁，清除有碍设备安全运行的杂物和易燃物品，应指定化验分析人员经常检测设备周围爆炸性混合物的浓度。

**3** 设备运行时应具有良好的通风散热条件，检查外壳表面温度不得超过产品规定的最高温度和温升的规定。

**4** 设备运行时不应受外力损伤，应无倾斜和部件摩擦现象。声音应正常，振动值不得超过规定。

**5** 运行中的电动机应检查轴承部位，须保持清洁和规定的油量，检查轴承表面的温度，不得超过规定。

**6** 检查外壳各部位固定螺栓和弹簧垫圈是否齐全紧固，不得松动。

**7** 检查设备的外壳应无裂纹和有损防爆性能的机械变形现象。电缆进线装置应密封可靠。不使用的线孔应用适合于相关防爆型式的堵塞元件进行堵封。

**8** 检查充入正压外壳型电气设备内部的气体，是否含有爆炸性物质或其他有害物质，气量、气压应符合规定，气流中不得含有火花，出气口气温不得超过规定，微压（压力）继电器应齐全完整，动作灵敏。

**9** 检查油浸型电气设备的油位应保持在油标线位置，油量不足时应及时补充，油温不得超过规定，同时应检查排气装置有无阻塞情况和油箱有无渗油、漏油现象。

**10** 设备上的各种保护、闭锁、检测、报警、接地等装置不得任意拆除，应保持其完整、灵敏和可靠性。

**11** 检查防爆照明灯具是否按规定保持其防爆结构及保护罩的完整性，检查灯具表面温度不得超过产品规定值，检查灯具的光源功率和型号是否与灯具标志相符，灯具安装位置是否与说明规定相符。

**12** 在爆炸危险场所除产品规定允许频繁启动的电机外，其他各类防爆电机，不允许频繁启动。

**13** 正压外壳型防爆电气设备通风或换气的时间及保护功能须符合产品的使用说明书和警告牌上的规定要求。

**14** 电气设备运行中发生下列情况时，操作人员可采取紧急措施并停机，通知专业人员进行检查和处理：

（1）负载电流突然超过规定值时或确认断相运行状态。

（2）电动机或开关突然出现高温或冒烟时。

（3）电动机或其他设备因部件松动发生摩擦，产生响声或冒火星。

（4）机械负载出现严重故障或危及电气安全。

**15** 为使粉尘危险场所电气设备的点燃风险减到最小，应检查原设计条件（粉尘类型、粉尘层的最大厚度等）是否发生变化。

**16**　移动式（手提式、便携式和可移动式）电气设备特别易于受损或误用，因此检查的时间间隔可根据实际需要缩短。移动式电气设备至少每 12 个月进行一次一般检查，经常打开的外壳（如电池盖）应进行详细检查。此外，这类设备在使用前应进行目视检查，以保证该设备无明显损伤。

### 7.1.3.2　定期检查

定期检查可按表 10～表 18 所示进行的目视检查或一般检查。

定期的目视检查或一般检查可能会需要进一步的详细检查。

检查登记和定期检查的时间间隔的确定应考虑设备形式、制造商指南、影响损坏程度的因素、使用的区域和以前的检查结果。在确定类似设备、装置和环境的检查等级和时间间隔时，应该利用这些经验确定检查方案。

注：造成设备劣化的主要因素包括：易受腐蚀、暴露在化学制品或溶剂中，可能堆积粉尘或灰尘、可能进水、暴露在过高环境温度中、机械损坏的危险、受到激烈的振动、工作人员的培训和经验、未经批准的修改或调整、不适当的维护。例如，未按制造商的建议进行维护。

定期检查应委托具有防爆专业资质的安全生产检测检验机构进行，时间间隔一般不超过 3 年。企业应当根据检查结果及时采取整改措施，并将检查报告和整改情况向安全生产监督管理部门备案。

初始、定期和连续监督的所有结果应记录。

Ⅱ　安全阀定期检验规则

#### 《安全阀安全技术监察规程》TSG ZF 001—2006

B6.3.1　校验周期

安全阀的校验周期应当符合以下要求：

1　安全阀定期校验，一般每年至少一次，安全技术规范有相应规定的从其规定；

2　经解体、修理或更换部件的安全阀，应当重新进行校验。

Ⅲ　压力表定期检验规则

#### 《弹性元件式一般压力表、压力真空表和真空表检定规程》JJG 52—2013

7.5　检定周期

压力表的检定周期可根据使用环境及使用频繁程度确定，一般不超过 6 个月。

# 14.4　防腐及阴极保护系统运行维护安全相关条文

本节主要摘录燃气厂站阴极保护系统，以及输配管道防腐及阴极保护系统的运行维护相关要求。

## 14.4.1　燃气厂站阴极保护系统

#### 《场站内区域性阴极保护》GB/T 35508—2017

本标准适用于新建或已建场站内的埋地钢质管道、设备及储罐罐底外壁的区域性阴极保护。其他埋地金属结构的区域性阴极保护可参照执行。

8.1 阴极保护系统应首先建立阴极保护系统管理制度，并安排专人对阴极保护系统进行定期维护和测试。

8.2 阴极保护系统的电源设备应持续运行，并由阴极保护专业技术人员定期进行测试和维护，发现异常时，应及时排查、纠正。运行和备用的电源设备应定期切换运行。

8.3 阴极保护系统的常规检测应按照表1的周期进行。

**表1 常规功能性检测项目及周期**

| 项目 | 检测内容 | 周期 |
|---|---|---|
| 牺牲阳极系统 | 阳极运行和状态、阳极保护电位、输出电流、开路电位 | 至少每年1次 |
| 强制电流系统 | 电源设备的运行和状况、仪器输出电压、电流（每日记录一次）、阳极地床电阻（视需要进行检测） | 根据运行条件（如雷电、杂散电流、附近的施工活动等），每1个月至3个月1次 |
| 通电点 | 通电点电位和电流 | 至少每月1次 |
| 与外部管道的连接 | 电流流动 | 至少每年1次 |
| 跨界装置及接地系统 | 电连续性 | 至少每年1次 |
| 安全与防护装置 | 设定值与功能性 | 至少每年1次 |
| 极化电位 | 瞬间断电电位 | 每年1次[a] |

[a] 对于稳定的系统，可在所有测试装置处，每3年测量1次瞬时断电电位。

8.5 阴极保护系统检测内容应包括：

1 电源设备输出电流、输出电压、控制电位。

2 保护电位。

3 辅助阳极地床的接地电阻。

4 交、直流干扰电压。

5 外部金属构筑物对地电位。

6 现有临近阴极保护系统运行参数。

8.6 应对检测结果进行综合分析，判断保护区域内的阴极保护状况是否达到了阴极保护准则的要求；找出欠保护和未保护区域，并提出整改措施。

8.7 保护区内有新、改、扩建工程时，应对阴极保护系统进行全面测试和评价。

8.8 定期对测试桩进行全面检查、维护，如遇盗损，应及时恢复。

## 14.4.2 燃气管道防腐及阴极保护系统

### I 管道防腐层管理和检测

**1.《城镇燃气埋地钢质管道腐蚀控制技术规程》CJJ 95—2013**

8.1.1 管道防腐层的检测周期应符合下列规定：

1 高压、次高压管道每3年不得少于1次。

2 中压管道每5年不得少于1次。

3 低压管道每8年不得少于1次。

4 再次检测的周期可依据上一次的检测结果和维护情况适当缩短。

**2.《钢质管道外腐蚀控制规范》GB/T 21447—2018**

9.1.2　管道检测

9.1.2.1　管道外腐蚀检测可采用内检测、外腐蚀直接评价或其他适宜的方法。管道内检测应按 GB 32167 的规定执行，外腐蚀直接评价应按照《钢制管道及储罐腐蚀评价标准　第 1 部分：埋地钢质管道外腐蚀直接评价》SY/T 0087.1 规定执行。

9.1.2.3　管道管理部门应根据管道外腐蚀检测结果，对外腐蚀控制措施的有效性进行评价，对外腐蚀控制措施失效的管段，应及时采取应对措施。

9.1.3　防腐层管理

9.1.3.1　管道防腐层管理宜结合完整性评价结果进行。有内检测报告时，应优先根据内检测结果指导防腐层的维修与管理。

9.1.3.4　应定期对管道外防腐层、补口材料、保温材料以及可能产生阴极保护屏蔽的防腐材料进行开挖检查。对管道外腐蚀控制采用的新材料、新工艺、新结构，应缩短检查周期。检查评价方法应按《钢制管道及储罐腐蚀评价标准　第 1 部分：埋地钢质管道外腐蚀直接评价》SY/T 0087.1 的规定执行。

9.1.3.7　当管道运行工况与环境发生重大变化，应对防腐层的服役性能重新评价。

Ⅱ　阴极保护系统管理和检测

**1.《城镇燃气埋地钢质管道腐蚀控制技术规程》CJJ 95—2013**

8.2.1　阴极保护系统的检测周期和检测内容应符合下列规定：

1　牺牲阳极阴极保护系统检测每 6 个月不得少于 1 次。

2　外加电流阴极保护系统检测每 6 个月不得少于 1 次。

3　电绝缘装置检测每年不得少于 1 次。

4　阴极保护电源检测每 2 个月不得少于 1 次。

5　阴极保护电源输出电流、电压检测每日不得少于 1 次。

6　检测内容应符合本规程 6.4.2 条的规定。

**2.《钢质管道外腐蚀控制规范》GB/T 21447—2018**

9.1.4.4　管道线路阴极保护系统的保护率应达到 100%，阴极保护设备的运行率应大于 98%，阴极保护系统的保护度宜大于 85%。

（1）保护率计算公式：

$$\eta_P = \frac{L_0 - L_1}{L_0} \times 100\%$$

（2）运行率计算公式：

$$\eta_O = \frac{T_1}{T_0} \times 100\%$$

（3）保护度计算公式：

$$\eta_C = \frac{G_1/S_1 - G_2/S_2}{G_1/S_1} \times 100\%$$

式中：

$\eta_P$——阴极保护系统的保护率；

$\eta_O$——阴极保护设备的运行率；

$\eta_C$——阴极保护系统的保护度；

$L_0$——阴极保护对象为管道时，管道总长度，单位为千米（km）；

$L_1$——阴极保护对象为管道时，未达有效阴极保护管道的长度，单位为千米（km）；

$T_0$——全年小时数，8760h；

$T_1$——年度有效投运时间，单位为小时（h）；

$G_1$——未施加阴极保护试片的失重，单位为克（g）；

$S_1$——未施加阴极保护试片的裸露面积，单位为平方厘米（cm²）；

$G_2$——施加阴极保护试片的失重，单位为克（g）；

$S_2$——施加阴极保护试片的裸露面积，单位为平方厘米（cm²）。

**3.《埋地钢质管道阴极保护技术规范》GB/T 21448—2017**

10.1.3 阴极保护管理人员，上岗前应进行专门的技术培训。

10.1.4 应定期对阴极保护系统进行检查与测试，确保阴极保护系统运行正常、管地电位符合阴极保护准则。

10.3.1 日常测量与检查频次应符合表 13 的要求。所有的测量与检查结果应记录。

**表 13 日常测量与检查最小频次**

| 项目 | 内容 | 检查周期 |
|---|---|---|
| 强制电流系统 | 1）检查阴极保护电源运行情况；<br>2）记录阴极保护电源设备的运行参数 | 每天 |
| 强制电流系统 | 综合测试强制电流阴极保护系统的性能，宜包括：<br>1）阴极保护电源运行情况检测；<br>2）阳极地床的接地电阻测试；<br>3）阴极保护电源接地系统性能测试；<br>4）电源设备控制系统检测；<br>5）电源设备输出电压与输出电流校核 | ≤6个月 |
| 与外部构筑物的连接<br>（电阻跨接或者直接跨接） | 设备功能的全面测试、电流大小与方向、电位 | ≤6个月 |
| 长效硫酸铜参比电极 | 测量与校准参比电极的误差 | ≤3个月 |
| 安装阴极保护检查片或者<br>极化探头的测试桩 | 1）检查片的 ON/OFF 电位；<br>2）检查片上的电流 | ≤3个月 |
| 关键测试桩 | 测量通电电位 | ≤6个月 |
| 所有测试桩 | 测量断电电位 | ≤三年 |
| 牺牲阳极系统 | 综合测试牺牲阳极系统，宜包括：<br>1）输出电流；<br>2）管地电位；<br>3）接地电阻；<br>4）电缆连接的有效性 | ≤6个月 |
| 所有的电绝缘装置 | 电绝缘装置的有效性 | ≤6个月 |
| 防浪涌保护器 | 防浪涌保护器的有效性 | ≤6个月 |

10.3.4 阴极保护系统的管理与维护应基于管道监测和检测数据进行。

——宜结合管道内外检测、日常开挖检测结果，评价阴极保护管理是否有效；尤其是内检测数据、外检测开挖结果，对管道阴极保护效果进行评价。

——识别阴极保护管理存在的不足并加以改进。

——确定是否有必要对管道状况进行更详细评价。

——确定是否需要进行交直流干扰专项测试。

10.4.1　远程监测数据应与现场测量的数据一致。应定期检查远程监测系统的监测结果，确保远程监测系统正常运行。

10.7.1　阴极保护系统应在整个管道服役期内有效。当发现阴极保护系统故障时，应及时进行维修。

10.7.2　阴极保护欠保护或者过保护时，应采取相应的措施。

Ⅲ　干扰防护系统管理和检测

**1.《城镇燃气埋地钢质管道腐蚀控制技术规程》CJJ 95—2013**

8.3.1　干扰防护系统的检测周期和检测内容应符合下列规定：

1　直流干扰防护系统应每月检测1次，检测内容应包括管地电位、排流电流（最大、最小、平均值）；

2　交流干扰防护系统应每月检测1次，检测内容应包括管道交流干扰电压、管道交流电流密度、防护系统交流排流量。

8.3.2　当干扰环境发生较大变化时，应及时对干扰源和被干扰管道进行调查测试，对干扰防护系统进行调整或改进防护措施。

**2.《埋地钢质管道阴极保护技术规范》GB/T 21448—2017**

10.2.7　管道周围进行第三方管道、电气化铁路、高压电力线、地铁、轻轨等可能引起杂散电流干扰的工程建设时，应及时进行干扰测试，并根据测试结果调整或增设阴极保护系统、排流设施等。

**3.《埋地钢质管道直流干扰防护技术标准》GB 50991—2014**

**3.0.8　当确认管道受直流干扰影响和危害时，必须采取防护措施。**

6.1.7　干扰源侧应采取措施减少入地电流及其对管道的影响，其中直流牵引系统和高压直流输电系统应符合下列规定：

1　直流牵引系统应按现行国家标准《轨道交通　地面装置　电气安全、接地和回流　第2部分：直流牵引系统杂散电流防护措施》GB/T 28026.2的有关规定采取控制杂散电流的措施，其中地铁系统还应符合现行国家标准《地铁设计规范》GB 50157的有关规定；

2　高压直流输电系统接地极与管道之间的距离及干扰防护应符合现行行业标准《高压直流输电大地返回系统设计技术规范》DL/T 5224的有关规定。

9.0.1　干扰防护系统的监测应符合下列规定：

1　每月应进行一次常规测试，常规测试应包括以下内容：

（1）管地电位。

（2）排流电流。

（3）排流接地体的接地电阻。

（4）牺牲阳极组的开、闭路电位和输出电流。

（5）强制电流阴极保护系统的控制电位和输出电流。

2 每年应进行一次排流保护效果评定测试和干扰环境的调查，前后两次调查测试的时间间隔不应超过 18 个月。

3 当干扰环境发生较大改变时，应及时进行各项调查测试，并应根据调查测试结果进行干扰防护的调整。

4 干扰防护系统主要元件进行维修或更换后，应进行干扰防护效果评定点的管地电位及排流保护装置排流电流的 24h 连续测试。

9.0.2 干扰防护系统的检查与维护应符合下列规定：

1 每月应对干扰防护系统进行一次一般性检查与维护，一般性检查与维护应符合下列规定：

1）应检查各主要元器件的性能，并应更换失效的元器件。

2）应检查各电气连接点的接触情况，对接触不良的连接点应进行处理并重新连接牢固。

2 每年应对干扰防护系统进行一次全面检查与维护，全面检查与维护应符合下列规定：

（1）应检查各元器件的性能，并应更换失效的元器件。

（2）应检查各电气连接点的接触情况，对接触不良的连接点应进行处理并重新连接牢固。

（3）应检查各指示仪表的准确性，并应维修或更换失效的仪表。

（4）应检查排流接地体的接地情况，在接地电阻过大时应及时采取降阻措施。

（5）前后两次全面检查与维护的时间间隔不应超过 18 个月。

9.0.4 常规测试的数据和记录、干扰防护效果评定测试的数据和记录、干扰环境监测的数据和记录、干扰防护系统调整或改进后测试的数据和记录、干扰防护系统主要元件维修或更换后测试的数据和记录以及干扰防护系统维护记录均应分类归档保存。

**4.《埋地钢质管道交流干扰防护技术标准》GB/T 50698—2011**

8.1.1 交流干扰防护系统的常规功能性检测内容及周期，按表 8.1.1 的规定进行，以确认防护系统是否运行正常，防护效果是否符合指标要求。

表 8.1.1 常规功能性检测内容及周期

| 设施 | 检测内容 | 周期 |
|---|---|---|
| 牺牲阳极防护设施 | 阳极交流排流量、阳极输出电流、阳极开路电位；管地交流电位和直流电位 | 每月一次 |
| 测试桩 | 管地交流电位（每月一次）；通过检查片检测；管地断电电位、交流电流密度 | 至少每年一次 |
| 防护设备 | 防护设备的运行和状况；交流排流量、接地极接地电阻 | 根据运行条件，每 1 月～3 月一次 |
| 防护系统全面维护 | 防护系统全面检查；各主要元件性能检测；失效元件的更换 | 每年一次 |

8.1.3 当干扰环境发生较大改变时，应及时进行各项调查，对防护设施进行调整或改进防护措施。当防护设备主要元件进行维修或更换后，应进行接地点管地交流电位的 24h 连续测试。

8.3.1 处于输电线路、电气化铁路及其接地体附近的管道应加强管理，防止对管道维护人员的伤害。

# 15  《燃气服务导则》条文节选

**《燃气服务导则》GB/T 28885—2012/XG1—2018**

**4  总则**

**4.1  服务体系**

燃气经营企业应建立与其供气规模、用户数量相适应、可持续改进的服务规范体系，满足用户的服务需求。

**4.2  服务原则**

**4.2.1  指导性**

燃气行业服务应遵循安全第一、诚信为本、文明规范、用户至上的原则。

**4.2.2  安全性**

燃气经营企业应向用户持续、稳定、安全供应符合国家质量标准的燃气和提供相应的服务；应为社会公共危机处理提供供气方面的安全保障；应实行全年全天候应急服务；提供的服务过程应保障人员和使用设施的安全；不应因燃气质量和服务质量等问题对人身安全和生产、生活活动及环境等构成不良影响和危害；应依法保护用户信息。

**4.2.3  透明性**

燃气经营企业应向用户公示服务规范业务程序、条件、时限、收费标准、服务电话等与服务有关的各项信息。

**4.2.4  及时性**

燃气经营企业的服务系统应在规定或承诺的时限内，响应用户在使用燃气时，对质量、维修和安全等方面的诉求。

**4.2.5  公平性**

燃气经营企业在其供气范围内，应对符合用气条件的单位和个人提供均等化的普遍服务。

**5  基本要求**

**5.1  供气质量**

**5.1.1**  燃气经营企业供应的燃气应符合《城镇燃气技术规范》GB 50494、《城镇燃气设计规范》GB 50028 和《城镇燃气分类和基本特性》GB/T 13611 的规定并符合相应燃气种类标准。

**5.1.2**  燃气经营企业应向用户公布所供应燃气的燃气种类、组分、热值和供气压力等质量信息。

**5.2  新增用户**

**5.2.1**  燃气经营企业应根据燃气专项规划、适应当地经济发展和满足居民生活需要，制定和公布燃气用户的用气条件，在其经营范围内履行普遍服务义务。

**5.2.2**  燃气经营企业应公示用户申请业务的办事流程、办结时限、办理部门和地点，提供多种方式接受用气申请。

    5.2.3　燃气经营企业应与用户签订供用气合同。供用气合同除应符合国家对燃气供用气合同的规定外，还应包括下列内容：

（1）供应燃气的种类、质量和相关数据。

（2）维护用户信息安全。

（3）燃气设施安装、维修、更新的责任。

（4）免费服务的项目、内容。

    5.3　服务窗口

    5.3.1　燃气经营企业服务窗口的场所和设施应满足用户服务需求。

    5.3.2　燃气经营企业服务窗口应按照公示的工作时间准时营业，在营业时间内用户未办理完事项前，不应终止服务。

    5.3.3　面对用户的服务窗口场所入口处应设置明显标识牌，设置无障碍通道，并保持畅通；服务设施应齐全、完好，保持整洁；不应放置与服务无关的物品。应符合下列要求：

（1）办理业务的服务柜台高度不应超过 1.4m。

（2）采用间隔玻璃式柜台的，应配有扩音器。

（3）有服务电话、时钟、日历牌。

（4）有处理业务需要的办公设备。

（5）有供用户休息的座位。

（6）有公示栏和安全标识。

（7）与服务相适应的其他服务设施。

    5.3.4　电子服务平台等服务窗口应使用户得到相同的服务质量。

    5.3.5　服务窗口公示的内容应利于用户有效地得到服务。应包括下列内容：

办理业务的项目、流程、程序、条件、时限、收费标准、收费依据、免费服务项目和应提交相应的资料：

（1）服务规范、服务承诺、服务问责、服务投诉和处理等制度。

（2）用气条件、供气质量的主要参数、燃气销售价格。

（3）营业站点地址、营业时间。

（4）安全用气、节约用气知识。

（5）服务人员岗位工号。

（6）服务电话和监督电话。

    5.4　接待服务

    5.4.1　服务人员对用户应主动接待、热情服务。

    5.4.2　接待用户应满足下列要求：

（1）对来电、来访人员不应推诿、按规定做好受理记录。

（2）按照燃气经营企业规定或者承诺的时限内答复、办结。

（3）不属于本企业解决的问题，应告知用户。

    5.4.3　燃气服务的通信设施应满足用户规模需要。传统人工电话应做到铃响三声有应答。

    5.4.4　服务人员接待应按下列程序：

（1）问候语。

（2）报企业名称及工号。

（3）问清事由，提供相关服务。

（4）道别语。

5.5　投诉处理

5.5.1　燃气经营企业应有投诉处理的接待人员。建立投诉处理的全程记录。

5.5.2　接待用户的投诉应在5个工作日内处置并答复。因非本企业原因无法处理的，应向投诉人做出解释。

5.5.3　对重复投诉人，应告知投诉事项的解决办法及联系方式。

5.5.4　对处理期限内不能解决的投诉，应向用户说明原因，并确定解决时间。

5.5.5　投诉处理应根据调查结果和处理依据，选择合适的处理方式。

5.5.6　应依法对投诉人的个人信息保密。

5.6　安全宣传

5.6.1　燃气经营企业应履行指导用户安全用气、节约用气和宣传安全用气知识的义务。

5.6.2　燃气经营企业应向用户发放《燃气安全使用手册》（参见附录A），向用户宣传燃气使用的科学知识。安全宣传应包括下列内容：

（1）安全使用燃气的基本知识。

（2）正确使用燃气器具的方法。

（3）抢修，抢险、维修和维护等业务的联系方法、联系电话。

（4）防范和处置燃气事故的措施。

（5）保护燃气设施的义务。

5.7　服务人员

5.7.1　燃气经营企业的服务人员，应按照国家规定取得相应的从业资格，并进行岗位培训。

5.7.2　在瓶装燃气供应站、燃气加气站的服务人员，应熟悉处置服务纠纷和与服务无关人员的危害燃气安全的行为。

5.7.3　服务人员应着装整洁，举止文明、用语规范、熟悉业务、遵守职业道德、有较好的沟通能力及服务技巧，宜使用普通话。

5.7.4　服务人员不应使用伤害用户自尊、人格和埋怨、责怪、讽刺、挖苦用户的语言。

5.7.5　服务人员在营业时间内，应身着企业标识服、佩戴工作证、牌。工作证牌应具有下列内容：

（1）企业名称及签章。

（2）工作证牌编号。

（3）持证人员的姓名、工号、照片及岗位名称。

5.8　信息服务

5.8.1　燃气经营企业应建立服务信息系统，满足用户查询、咨询、预约、投诉、缴费等业务的需求。

5.8.2　燃气经营企业因建立健全真实、完整的用户服务档案，实现服务的可追溯性。

5.8.3　对用户信息服务的提供方式包括：

（1）电子服务平台。

（2）电话、传真、短信等和自助终端设施。

（3）营业站点。

（4）气费账单。

（5）《燃气安全使用手册》和其他宣传材料。

（6）电视、报纸及其他媒体。

5.8.4　信息服务渠道应保持畅通，并方便用户使用。

5.9　上门服务

5.9.1　服务人员因遵循上门服务规范，规范应包括从入门至离开时全过程的行为要求。应避免多名服务人员为相同的目的或分解服务程序上门干扰用户。

5.9.2　上门服务实行预约制度，应按照与用户约定的时间，准时到达。对不能按时应约的，应及时告知用户需要等待的时间，对不能应约的，应在预约时间前采用有效方式及时通知用户，提前时间不宜小于2h。

5.9.3　服务人员应着企业标识服，带工作牌，主动说明来因和出示相关证件。

5.9.4　入户服务应尊重用户隐私，非经用户同意，不应进入与服务项目内容无关的场所。

5.9.5　服务完成，应清理现场，并带走作业垃圾。

5.9.6　服务结束，涉及作业记录的，应准确记录，并请用户签字。

5.9.7　对上门服务质量实行跟踪回访。

5.9.8　应有对残、障、孤、老等特殊服务对象的服务规定。

5.10　供气保障

5.10.1　燃气经营企业的燃气安全事故应急预案中应具有保证临时供气和维持服务的措施。

5.10.2　燃气经营企业遇到自然灾害、极端性气候、社会治安、生产事故和气源短缺等严重影响正常供气服务的事件，应遵照燃气应急预案采取相应的措施。

5.10.3　燃气经营企业应向用户宣传燃气安全事故应急预案，适时组织用户参加培训或演习。

5.10.4　燃气经营企业应向社会公布24h报险、抢修电话。

5.10.5　燃气经营企业应协助地方人民政府对特殊情况或残、障、孤、老等特殊人群的用气需求提供服务。

5.10.6　燃气计量和调度等信息应有利于燃气计量技术水平提高和对供求状况监测、预测和预警的实施。

5.11　用户燃气设施的安全检查

5.11.1　燃气经营企业应按照相关法规的规定组织对用户燃气设施的安全检查。

5.11.2　检查前，应提前告知用户，并按照约定的时间实施，检查服务的人员应主动表明身份并说明来由。

5.11.3　对初次使用燃气的用户和新住宅用户装修后的供气设施投用前，应按规定或约定进行上门安装检查。不符合安全使用条件的，不应供气。

5.11.4　安全检查记录应有用户签字。

5.11.5　安全检查应符合《城镇燃气设施运行、维护和抢修安全技术规程》CJJ 51 的规定，并检查下列事项：

（1）嵌入式燃气灶和在隐蔽及不易观察位置安装的连接管道情况。

（2）采用不脱落连接方式的情况。

（3）燃气热水器排烟管道的完好情况。

（4）用户燃气存放和使用场所的安全条件及通风情况。

5.11.6　对检查发现存在安全隐患的事项，应履行告知义务，并按照规定的燃气设施维护、更新责任范围实施相关工作，或者提示用户自行整改。向用户发出隐患整改通知书，整改通知书应要求用户签收。

5.11.7　用户要求燃气经营企业协助对其用户燃气设施维护、更新责任范围内的安全隐患整改时，燃气经营企业应组织有资质的施工单位实施。

5.11.8　燃气经营企业在入户检查时，发生下列情况，应做好相关记录。

（1）用户拒绝入户安全检查的。

（2）拒绝在安全检查记录上签字的。

（3）不签收整改通知书的。

5.11.9　因用户原因无法进行安全检查的，燃气经营企业应做好记录，并以书面形式告知用户约定安全检查时间及联系电话号码。发现燃气泄漏等严重安全隐患，燃气经营企业应采取相应措施进行及时处理。

6　管道燃气供应服务

6.1　新增用户

6.1.1　用气条件应包括：市政燃气管网覆盖的区域、管道供应能力、用气场所的安全用气条件。

6.1.2　新增燃气用户办理流程包括下列内容：

（1）报装受理。

（2）现场查勘。

（3）接气方案确定。

（4）设计。

（5）施工。

（6）工程验收。

（7）签订供气合同。

（8）置换通气。

6.1.3　管道燃气经营企业不应拒绝符合用气条件的用气申请者。对超出市政燃气管道负荷能力的地段的用气申请者，应告知原因和解决建议。

6.1.4　管道燃气经营企业接受用气申请后，经勘测符合用气条件的，并需要管道燃气经营企业提供安装施工的，应与申请用气者签订施工合同，按照合同约定期限完工。

6.1.5　新增用户的程序、时限应符合下列要求：

（1）管道燃气经营企业应公布新增燃气用户的报装受理流程和申请资料清单。

（2）对于新增建设项目，施工许可证核发之日后，即可申请报装；对于既有的建设项目可随时申请。

（3）报装受理应当场核验申请资料，符合条件的当场受理，对不符合申报要求的应一次性告知原因。

（4）管道燃气经营企业自报装受理之日起，完成现场查勘、接气方案确定和工程验收的累计时间不得超过 16 个工作日，其中接气方案确定的技术论证时间和非管道燃气经营企业原因造成的耗时不计算在内。

（5）工程应由具备相应施工资质的单位施工。

（6）管道燃气经营企业组织或参与工程竣工验收。

（7）验收合格后方可通气交付使用。

6.2 供气服务

6.2.1 对于符合国家质量标准，管道燃气经营企业参与工程竣工验收并验收合格的用户燃气设施，应依据供用气合同予以供气。

6.2.2 管道燃气计量、抄表与结算。

6.2.2.1 管道燃气经营企业应向用户提供、安装经法定机构检测合格的燃气计量表。选用的燃气计量表应便于燃气经营企业的统一管理和安装、维修。使用预存款方式的燃气计量表应具有余额不足报警提示或者有限透支功能。管道燃气经营企业应按照规定定期更新、检定燃气计量表。非在线检测燃气计量表时，应向用户提供备用燃气计量表或者与用户商定监测期内的计量方式。

6.2.2.2 管道燃气经营企业应在供用气合同中，与用户明确燃气费的结算周期和方式。

6.2.2.3 燃气销售价格调整时，管道燃气经营企业应按照调价时间和价格，分别结算调价前后的燃气费，并告知用户。对使用非预存款方式燃气计量表的用户应及时抄表结算燃气费。

6.2.2.4 管道燃气经营企业应做到抄表作业及时准确：

（1）抄表应按照约定的时间周期进行。若需要变更抄表周期，应提前通知用户。

（2）对居民用户长期不在家而无法上门抄表或暂时无法正确抄表的，计量可按以下方法进行估量并告知用户：

——估量不应高于该用户以往实际用气一年中最高的单月用气量。

——估量后第一次进户抄表作业时，应按照"多退少补"的原则与用户结算。

（3）管道燃气经营企业不应对非居民用户进行估量抄表。

6.2.2.5 管道燃气经营企业抄表后，应按照承诺的时间通知用户缴纳燃气费。缴纳燃气费的期限除非合同另有约定不宜少于 10 日。

6.2.2.6 管道燃气经营企业的缴纳燃气费通知应包括下列内容：

（1）企业名称。

（2）用户编号、户名、地址。

（3）抄表数和用户当期使用的燃气量。

（4）燃气的价格和用户应缴纳的燃气费金额。

（5）缴纳燃气费的地址、时间和时限及缴费方式的提示。

（6）企业的缴费查询电话、服务投诉电话、监督电话或其他联系方式。

6.2.2.7 管道燃气经营企业应提供多种方式方便用户缴纳燃气费，并向用户提供合法收费凭证。

6.2.2.8　用户逾期未缴纳燃气费时，管道燃气经营企业应以有效方式提醒用户缴费，同时告知违约责任。

6.2.3　管道燃气经营企业接到用户改装、拆除、迁移燃气设施的申请后，应在5个工作日内予以答复。对受理的，居民用户按照约定时间的5个工作日内、非居民用户按照合同约定的时限，实施相关工程；对不予受理的，应以书面形式向用户说明理由。迁移、改装燃气设施的质量保证期应符合国家有关规定。

6.2.4　对燃气计量有异议的，可向法定检测机构提出检定申请。

（1）检定结果超出规定误差标准的，由管道燃气经营企业提供更换使用的燃气计量表并承担相关检定费用。检定结果符合规定的，由提供检定申请方承担检定燃气表的相关费用。

（2）对于超出的误差，应给予损失方按照计量误差累积量补偿，累计时间按照自拆表检定之日前1年计算。该表安装使用不足1年的，按实际使用时间计算。

（3）燃气用户的用气量以基表显示的数据为基准数据。

6.2.5　管道供应临时中断，应进行下列处置：

（1）管道燃气经营企业因管道施工、维修、检修等计划性而非突发性原因确需降压或暂停供气的，应提前48h将暂停供气及恢复供气的时间公告和通知用户及燃气管理部门。降压或暂停供气的开始时间应避免用气高峰，暂停供气的时间一般不应超过24h，并按时恢复供气。

（2）供气管道发生泄漏或突发性事件停气，应采取不间断的抢修措施，直至修复投用。

（3）对突发、意外造成停气、降压供气或者停气时间超过24h以上，应及时通知停气影响范围内的用户，向用户说明情况，并通知用户恢复供气时间和安全注意事项。

（4）居民用户恢复供气时间等事项应按照相关法规的规定实施。再次停气或超时停气应再次通知用户。通知内容包括：停气原因、停气范围、停气开始时间、预计恢复供气时间等。

（5）管道施工、维修和检修提倡采取措施实现不停气作业。

6.2.6　用户燃气管道设施发生故障，向管道燃气经营企业报修，管道燃气经营企业应受理，并按照相关法规规定的时限响应；管道燃气经营企业接到用户室内燃气泄漏的报告，应在接报的同时，提示用户采取常规应对措施，按照相关法规的规定响应并立即赶到现场处置；管道燃气经营企业管理的燃气表井、阀门井等井盖缺损，应自接到报告或发现之时起24h内修复，未能及时修复的，应采取监护措施。

6.2.7　管道燃气经营企业停业、歇业的，应提前90个工作日报经燃气管理部门同意，由燃气管理部门、管道燃气经营企业事先对供应范围内的用户的用气做出妥善安排并告知用户。

6.2.8　燃气燃烧器具前压力检查应符合下列要求；

（1）管道燃气经营企业应在调压装置出口的近端和最远端实施监测。定期抽查用户燃气燃烧器具前压力，每2个月不应少于一次，每次测试户数按当地实际确定。中压进户的用户燃气燃烧器具前压力检测按照有关规定实施。

（2）检测点应具有随机性和符合燃气种类特性。

（3）燃气燃烧器具前压力应符合《城镇燃气设计规范》GB 50028的规定。

6.2.9　管道燃气经营企业应按照规定定期在管网末端抽查燃气加臭的质量。

6.2.10　管道经营企业建立用户燃气设施隐患整改及跟踪的工作机制，督促用户整改。

6.3　燃气种类转换

6.3.1　管道燃气经营企业应在以下情况下对用户转换供应燃气种类：

（1）燃气专项规划要求转换燃气种类。

（2）其他种类燃气并入城镇燃气市政管网。

6.3.2　管道燃气经营企业在进行燃气种类转换时，应与转换地区的街镇、社区、物业管理等单位取得联系，告知相关工作，并提前7个工作日通知用户转换原因、流程、时间、注意事项、收费项目及标准、新燃气种类的特性、使用新种类燃气的价格及需要用户配合事项等。

6.3.3　管道燃气经营企业应在发布燃气种类转换通知前，至少应完成以下工作：

（1）检查用户燃气设施的安全情况。

（2）登记燃气燃烧器具品牌、型号。

（3）向用户告知安全检查结果并要求用户签字。

（4）对存在安全隐患的，应按照规定，向用户发出整改通知书，要求用户签收。

（5）因用户不在家无法入室进行安全检查的，应做好记录，并以书面形式告知用户联系方式，另行约定安检时间。

6.3.4　管道燃气经营企业应将普查的燃气燃烧器具相关数据提供给相关企业，并组织相关企业做好燃气燃烧器具更换或者改装的前期准备工作。

6.3.5　燃气燃烧器具的更换、改装应符合国家相关标准要求，改装后的燃气燃烧器具应有明显标识，改装情况应详细记录，包括改装企业名称、人员工号、改装内容、检测情况等内容并有用户签字。

管道燃气经营企业应对改装后的燃气燃烧器具和设施进行安全检查；未更新或未改装的燃气燃烧器具不得使用，并应告知用户。

6.3.6　除6.3.3（5）项外，管道燃气经营企业应在燃气种类转换前完成抄表和结算工作。

6.3.7　管道燃气经营企业应按公示的时间恢复正常供气，因特殊情况延时供气的应及时公示。

7　瓶装燃气供应服务

7.1　供气服务

7.1.1　瓶装燃气经营企业应向用户提供符合国家规定并经法定检测机构检测合格的燃气气瓶。

7.1.2　瓶装燃气经营企业的瓶装燃气供应站应符合国家设立瓶装燃气供应站的安全技术要求，应配备检查充装质量及检查泄漏的器具和器材。

7.1.3　瓶装燃气经营企业应依照燃气专项规划设置瓶装气供应站，开展瓶装气经营业务。需要撤消或者搬迁瓶装气供应站的，应制定方案，妥善安排用户的用气，并于瓶装气供应站撤消或者搬迁前，按照相关法规规定的时限，在该供应站公开通知。通知应包括下列内容：

（1）瓶装燃气经营企业名称。

（2）撤消或者搬迁的瓶装气供应站名称。

（3）撤消或者搬迁的日期。

（4）妥善安排用户用气措施。

（5）新设或改设供应站的站名、地址、方位图、服务电话或呼叫中心统一电话。

7.1.4　瓶装燃气经营企业应不断提高瓶装燃气的信息化管理水平，实现全过程信息的可追溯性，增强瓶装燃气的使用安全性。

7.1.5　瓶燃气经营企业的燃气充装质量应符合国家有关规定。并应对其销售的瓶装燃气提供合格标识。

7.1.6　瓶装燃气经营企业应提供多种方式方便用户缴纳燃气费，向用户提供合法收费凭证。

7.1.7　瓶装燃气经营企业应使用本企业的燃气气瓶向用户销售瓶装燃气，用户有权选择瓶装气供应站。

7.1.8　瓶装燃气经营企业应向用户提供瓶装燃气搬运、检查充装质量和检查泄漏等服务。

7.1.9　瓶装燃气经营企业应在燃气气瓶（含检修、检测合格的燃气气瓶）首次投用前，对其进行抽真空处理，并做好记录。

7.1.10　瓶装燃气经营企业接到用户关于换气后，燃气燃烧器具无法正常燃烧的报告时，应提示用户暂停用气，并根据征询的情况及时告知用户可以处置的单位及联系方式，属于本企业解决的问题，应按约定的时间上门解决。

7.1.11　瓶装燃气经营企业接到用户报告瓶装燃气泄漏时，应提示用户采取常规措施，同时按照相关法规规定的时限响应，立即赶到现场处置。

7.1.12　瓶装燃气经营企业受理瓶装燃气用户设施维修的申请，应及时安排具有相应资格的维修人员处置。

7.1.13　瓶装燃气经营企业在服务窗口公示内容还应包括下列内容：

（1）残液标准、超标补偿时限和方法。

（2）国家规定的充装质量标准。

（3）国家规定的燃气气瓶强制检测、报废时间标准。

7.1.14　供应瓶装液化石油气还应符合下列要求；

（1）液化石油气钢瓶应符合《液化石油气钢瓶》GB 5842 的规定。

（2）瓶装液化石油气充装质量应符合《气瓶充装站安全技术条件》GB/T 27550 的规定。

（3）瓶装液化石油气经营企业应保证液化气钢瓶内液化气残液量符合下列规定：

1）YSP-5 型钢瓶内残液量不大于 0.15kg；

2）YSP-10 型钢瓶内残液量不大于 0.30kg；

3）YSP-12 型钢瓶内残液量不大于 0.36kg；

4）YSP-15 型钢瓶内残液量不大于 0.45kg；

5）YSP-50 型钢瓶内残液量不大于 1.50kg。

（4）液化石油气残液量超出前款规定的，瓶装燃气经营企业应对用户予以补偿。补偿后请用户签收。

7.2　送气服务

7.2.1　瓶装燃气经营企业应按约定的时间，为用户提供送气服务，并将相关合法收费凭证随同送达。

7.2.2 送气人员应为居民用户安装好燃气气瓶，并对安装部位进行泄漏检查和点火调试，直到使用正常，要求用户签收；若用户明确提出不要求送气人员安装，送气人员应该告知用户正确的安装、调试方法，并在签收单上注明。

7.2.3 应轻搬、轻放燃气气瓶、不应有在地上拖动、滚动燃气气瓶的不当行为。

8 车用燃气供应服务

8.1 加气服务

8.1.1 燃气汽车加气经营企业应保证加入燃气汽车气瓶的充装介质与气瓶规定的充装介质一致，充装程序和加气压力符合国家规定。

8.1.2 燃气汽车加气经营企业使用的加气机计量装置符合国家关于计量器具的规定。

8.1.3 燃气汽车加气经营企业收取加气费时，应向用户出具合法收费凭证。

8.1.4 不应拒绝向符合规定的燃气汽车充装车用燃气。

8.1.5 加气前应问清加气数量，将加气机显示归零并向用户告知。加气结束，应唱收唱付。

8.1.6 加气服务的人员应对有泄漏的燃气气瓶按程序立即处置。

8.1.7 加气站的安全设施应符合国家相关规定，加气站应有明确的运气槽车停车区域并有隔离设施与标识。

8.1.8 在向燃气汽车加气前，加气服务人员应按照规定检查气瓶、气瓶定期检验有效合格证件和气瓶充装合格证，符合规定方可为相应的汽车加气；对临近气瓶检验期限的气瓶，应提示用户检修。应采取措施提高气瓶信息化管理水平，实现全过程信息的可追溯性，增强瓶装燃气的使用安全性。

8.1.9 交接班时应对加气设施进行泄漏检查。

8.1.10 加气站的加气车辆进、出通道应符合要求并明示，有人员维持车辆秩序。

8.1.11 向燃气汽车加气时，应请车内人员下车并熄灭发动机。

8.1.12 不应从事超出经营范围的充装业务。

8.1.13 不应容许用户使用加气设施自行加气。

8.2 服务窗口

除应符合5.3的规定外，还应具有以下设施：

（1）安全监控系统。

（2）卫生间。

9 服务质量评价

9.1 评价方式

燃气服务质量的评价应实行企业自我评价和社会评价结合的方式。

9.2 燃气经营企业自我评价

燃气经营企业应依据本标准建立以用户对服务满意度为基础的服务质量自我评价体系。宜按照《质量管理体系要求》GB/T 19001的规定实施。

9.3 社会评价

社会评价包括：

（1）按照有关标准定期开展用户满意度测评。

（2）地方人民政府管理部门、协会、社会评价机构以及消费者组织等对服务质量进行的评价。

（3）利用媒体公布燃气服务质量评价结果。

评价数据可由以下渠道获得：市民信访、投诉；社会评价、调查机构对燃气服务进行的定期评价；燃气用户调查、专项服务项目咨询、社会征求意见、专家评议等以及对企业服务窗口和专题用户的调查。

### 9.4　评价参考指标及计算方法

#### 9.4.1　共性指标

##### 9.4.1.1　服务电话及时接通率

呼叫中心或服务电话及时接通率应大于80%。计算方法应按（1）计算：

$$电话及时接通率 = （按时接通的电话数量 \div 打进电话总数量）\times 100\% \cdots\cdots（1）$$

##### 9.4.1.2　服务窗口服务用户平均等待时间

服务窗口服务用户平均等待时间不应超过15min。计算方法应按式（2）计算：

$$平均等待时间 = （被现场抽查人数的等待时间之和 \div 现场抽查人数）\times 100\% \cdots（2）$$

##### 9.4.1.3　投诉处理及时率

投诉处理及时率应大于或等于99%。计算方法应按式（3）计算：

$$投诉处理及时率 = （规定时间内及时投诉处理次数 \div 投诉总次数）\times 100\% \cdots（3）$$

##### 9.4.1.4　投诉办结率

投诉办结率应100%。计算方法应按式（4）计算：

$$投诉办结案 = （规定时间内投诉办结次数 \div 投诉总次数）\times 100\% \cdots\cdots\cdots（4）$$

#### 9.4.2　对管道燃气经营企业的服务质量评价考核指标

##### 9.4.2.1　燃气燃烧器具前压力合格率

燃气燃烧器具前压力合格率应大于或等于99%；计算方法应按式（5）计算：

$$燃气燃烧器具前压力合格率 = （规定时间内合格数 \div 检测总数）\times 100\% \cdots\cdots（5）$$

##### 9.4.2.2　管道设施抢修响应率

管道设施抢修响应率应100%。计算方法应按式（6）计算：

$$管道设施抢修响应率 = （规定时间内检查合格次数 \div 检查总次数）\times 100\% \cdots\cdots（6）$$

##### 9.4.2.3　管道设施抢修及时率

管道设施抢修及时率不应低于99%。计算方法应按式（6）计算。

##### 9.4.2.4　报修处理响应率

对用户设施报修处理响应率应100%，响应率计算方法应按式（7）计算：

$$报修处理响应率 = （规定时间内报修处理响应次数 \div 报修处理总数）\times 100\% \cdots（7）$$

##### 9.4.2.5　报修处理及时率

对用户设施报修处理及时率不应低于98%。及时率计算方法应按式（8）计算：

$$报修处理及时率 = （规定时间内报修处理及时次数 \div 报修处理总数）\times 100\% \cdots（8）$$

#### 9.4.3　对瓶装燃气经营企业的服务质量评价考核指标

##### 9.4.3.1　无泄漏合格率

实瓶出站无泄漏，合格率应100%。计算方法应按式（9）计算：

$$实瓶出站无泄漏合格率 = （检测无泄漏合格瓶数 \div 检测总瓶数）\times 100\% \cdots\cdots（9）$$

9.4.3.2　充装合格率

液化石油气实瓶（重瓶）充装合格率应大于或等于98%。计算方法应按式（10）计算：

液化石油气实瓶(重瓶)充装合格率＝(检测实瓶合格数÷检测实瓶总数)×100%…( 10 )

9.4.3.3　报修处理响应率

对用户设施报修处理响应率应100%。计算方法应按式（7）计算。

9.4.3.4　报修处理及时率

对用户设施报修处理及时率不应低于98%。计算方法应按式（8）计算。

9.4.4　对汽车加气经营企业的服务质量评价考核指标

实瓶出站无泄漏，合格率应100%。无泄漏合格率计算方法应按式（9）计算。

9.4.5　燃气服务满意度应按照构成满意度的因素和满意度分级的符合性进行测评。